河南方言研究

刘雪霞 ◯ 著

東方出版中心

图书在版编目（CIP）数据

河南方言研究 / 刘雪霞著. —上海：东方出版中心，2021.10
ISBN 978-7-5473-1909-3

Ⅰ. ①河… Ⅱ. ①刘… Ⅲ. ①北方方言－方言研究－河南 Ⅳ. ①H172.1

中国版本图书馆CIP数据核字（2021）第201240号

河南方言研究

著　　者　刘雪霞
责任编辑　黄　驰
装帧设计　钟　颖

出版发行　东方出版中心
地　　址　上海市仙霞路345号
邮政编码　200336
电　　话　021-62417400
印 刷 者　山东韵杰文化科技有限公司

开　　本　710mm × 1000mm　1/16
印　　张　14.25
字　　数　213千字
版　　次　2021年11月第1版
印　　次　2021年11月第1次印刷
定　　价　85.00元

前言

方言的音韵结构是由声母、韵母和声调组成的整体，其中各组成要素都处于纵向的替换和横向的拼合关系之中，方言之间的差异就决定于这种关系。但语言并不是一个同质的系统，而是一种有序异质（orderly heterogeneous）的结构。变异不只是“使语言结构逐渐败坏的破坏性力量”，而是一种有序之源，语言在有序的变异中不断地改进自己的结构。

随着有序异质理论的不断深入人心，汉语学者越来越多地关注汉语共时平面中的层次问题，系统的理论探讨越来越多。但是，何为“历史层次”，在汉语方言学界却有着不同的观点和定义。争议的焦点在于历史层次所应涵盖的范围，主要有两种不同的意见：一是认为不同语言（方言）系统在一种语言（方言）中的共时平面上的叠置，即只有语言接触造成的异源系统的叠置，才算历史层次；二是把不同时间层面的叠置，即同一个方言内部演变速度不一致而产生的词汇扩散现象，和语言接触造成的异源系统的叠置都当作历史层次。潘悟云先生曾提出过把由于语言接触产生的历史层次叫“外积型历史层次”，把语言的历史演变造成的时间层次的叠置叫“内衍型历史层次”。前者可以说是比较狭义的概念，后者是广义的概念，也是多数学者赞同的观点。

作为中原官话的核心成分，河南方言在音韵结构的表现与演变形式、条件、方向与层次上，都不同于南方方言。南方方言中有较多因方言接触而引发的音变，表现为存在大量的文白异读。但中原官话并非一直是语言的“输出”者，也有外来方言的“输入”。历史上北方少数民族多次入主中原，带来语言与文化的融合，这种融合必定会在中原官话中留下痕迹。中原官话不会纯净得只有内部的历史演变而没有语言接触造成的异源叠置。笔者在 2005 年发表的《中原官话有无历史层次》一文，就曾讨论过这个问题，认为不管是从广义的概念出发，还是从狭义的概念出发，中原官话都有历史层次。只是，“内衍型历史层次”，是河南方言中原官话音韵结构变迁的主要表现形式。

对河南方言的音韵结构作系统的研究，描写其特殊音变的表现形式，找出其音变条件、方向与层次，解释其音变机制，可以解决当前学界关于中原官话有无历史层次的纷争，也有助于揭示中原官话的历史演变轨迹，为解决官话方言研究中一些未决的问题提供有益的思路。

本书运用历史比较与内部拟测相结合的研究方法，以中古的《切韵》音系和近代《中原音韵》音系为历史参照点，结合亲属方言的比较和中原官话的内部比较，参考西方现代语言学理论，试图对河南方言音韵结构内部的演变形式、条件、方向与层次，做出解释；讨论了中原官话与《中原音韵》的关系，为《中原音韵》的基础方言是以汴洛方言为核心的中原官话，提供了新的证据；在研究“同质结构内语音演变机制”的同时，也研究了由于语言的竞争而形成的异质结构的历史层次。

对于语法音变及其形态特征，本书作为重点在最后一章进行了详细考察。河南方言中存在大量的动词韵母发生音变来表示语法意义的内部屈折形式，也有丰富的名词变韵，包括子变韵与地名变韵。汉语一向被认为是孤立语，缺少形态变化。河南方言中的语法音变，可否看作上古汉语内部屈折的遗留，从而支撑“古汉语为屈折语说”？在对河南方言语法音变的性质作了细致的讨论之后，笔者认为河南方言中的语法音变不是上古汉语内部屈折的遗留，而是历史音变过程中的创新现象。根据河南方言语法音变特征，结合上古汉语，得出结论：汉语方言中的内部屈折形式有些是“创新”，有些是存古，它们有不同的来源，也处于不同的历史层次当中。

本书是笔者就读复旦大学时的博士毕业论文，写作于 2006 年。论文写作时，关于河南方言语法音变的研究还比较薄弱，只有零星的平面描写语料。如今，十五年过去了，汉语方言中的语法音变现象已经引起学界广泛关注，相关研究增加了很多，语料也更加丰富。本书为保持论文原貌，除了书名一些细节之外，对整体内容未做修订，特此说明。

在此书出版之际，我首先要感谢我的导师杨剑桥先生。在复旦三年的学习期间，先生亲炙其教，耳提面命，给我很多指导与帮助。方言学的研究需要广博的知识和宽广的眼界，没有古汉语知识，尤其是坚实的音韵学知识作为根基，就无法结合历史文献，无法以《切韵》为历史参照点去考察现代方言的历史演变；没有现代语言学理论作指导，很多语音形式与音变规则无法得到解释；没有亲属语言的比较，孤立地去研究汉语的各种语言现象，往往走入死角而找不到出路。传统的音韵学研究以文献考据为主要方法，1949 年以来以至 20 世纪 80 年代的方言学研究主要是以方言材料的调查和平面的描写为主。这个层面的研究虽然是必不可少的，但停留于此，很多理论问题无法得到解决，最终会举步维艰。运用西方语言学理论作指导，以现代方言和历史文献为材料，以亲属语言的比较为参照，方言和音韵学的研究才能达到一个新的高度。在这方面，复旦大学的语言研究一直走在最前面。作为复旦的一名博士生，我有幸得以浸润在这种活跃的学术氛围之中，受益之多，难以一言道尽。

吾师剑桥先生学养深厚，心胸豁达，思维严密。先生的指导不仅教授了我汉语史和音韵学方面的知识，更教授了我治学的理论和方法，尤其是先生的治学风格对我影响至深。先生不主张“厚积薄发”，而是鼓励学生多思多写。厚积薄发固然是一种很好的理念，但常常是给惰性找了借口，最终导致积之不厚，无物可发。先生鼓励学生勤思勤写，提醒学生要善于接受新的语言学理论，并提出自己的看法和观点，有了灵感就动笔。多思加上多写，才能思得深入，并形成系统。“思而不学则殆”，对于学术而言，这个“学”，不是浅尝辄止式泛泛涉猎，而应是对某一个问题穷尽式的系统探究，这深度探究的方法就包括了多写多练。多写不但能锻炼写作能力，也是学术思维的必要训练步骤，又能在查资料的过程中拓宽视野，发现更多问题。其实，多写何尝不是一个厚积的过程。

授之以鱼，不如授之以渔，先生正是这种“授之以渔”的导师。

毕业之初，尚有壮志，默默发愿要谨遵先生教诲，在学问之路上走得更远。然而，十五年光阴，倏忽而过，由于种种原因，我渐渐偏离了音韵学方向，更多兴趣投向了文学与先秦古典，生活俗务也消耗掉很多精力。岁月蹉跎，华发徒增。丢掉了十几年涵咏其间的专业，内心不免有无言的苦涩，想到先生，也每每因此难掩惭愧之情。埋头古籍，与其说是扎根学问，不如说是回归上古寻找心灵安放之所。聊以自慰之处，是确然找到了这个所在。想来先生也会因此而谅解我的学无所成。

在感谢导师的同时，我还要深深地感谢游汝杰先生。复旦三年，游先生给我很多学术上的帮助。先生温和、宽厚、大师风范，每次就方言中的问题求教于他，他总是立刻停下手头的工作，耐心地帮我解答。在论文的写作中，遇到难点与疑点，先生从不断然否定我的看法，总是循循诱导，给我启发。先生给予过我的帮助与鼓励，让我终身铭记。

汉语言文字学丰厚、客观，作为学术背景，它已然成为我生命的底色，使我受益终生。先生们宽广又严谨的作风，影响我的也不只是学术，而是渗透到生活的方方面面。仅就这一点来说，我何其有幸。

刘雪霞

2021 年 1 月 23 日

目　录

第一章
总　论

1.1　河南的地理、历史、人文概况与行政区划

河南省简称豫，位于中国中东部，因大部分地区在黄河以南，故名“河南”。河南又被称为“中州”“中原”。它位于黄河中下游，黄淮海平原的西南部，介于北纬 31°23′—36°22′，东经 110°21′—116°39′之间。全省总面积约 16.7 万平方公里，耕地 1.1 亿亩，常住人口 9 937 万（2020 年），主要有汉、回、蒙古、满等民族，现辖 18 个省辖市，省会郑州市。河南以其特殊的区位优势、丰富的农副产品资源、品种繁多的矿藏物产、四通八达的陆空交通、光辉灿烂的历史文化、快速发展的经济，成为中国重要的省份之一。

河南位居中原，自古乃狭义之“中国”，是中华民族先祖活动的重要地区，为中华民族主要发祥地之一。远在四千年前的新石器时代，中原人民就创造了著名的“裴李岗文化”“仰韶文化”和“龙山文化”。先后有夏、商、周、春秋、战国、东汉、西晋、曹魏、隋、唐、北宋等 20 多个朝代、200 多位帝王在此建都立业。中国七大古都河南就占有三个：“九朝古都”洛阳、“七朝都会”开封及以“殷墟”而名扬中外的商都安阳。从南召县云阳镇发现的古人类臼齿化石，连同渑池、许昌、安阳等地出土的各种旧石器，证明距今四五千万年前这里已有人类居住。七八千年前的裴李岗文化（在新郑县境），五六千年前的仰韶文化（渑池县境），四千年前的龙山文化，这些新石器时代的文化遗址，迄今已发现千处之多，说明河南在原始社会晚期的文化已达到一定的高度。

自有史以来，夏王朝在河南建都的地方有阳城（登封）、阳翟（禹县）、帝丘（濮阳）等地。商朝7次迁都，4次都在河南境内，安阳殷墟是著名的商代后期都城遗址。西周以洛阳为东都，营造为王城和成周城，在河南境内分封的诸侯国有数十。春秋时期，境内属秦、晋、楚、宋、卫、郑、陈、蔡诸国。战国时属韩、魏、赵、楚之疆。秦统一中国后，设郡、县。河南分属三川、颍川、南阳、河内、陈郡、东郡和砀郡7郡。西汉承秦制，仍设郡、县两级，并实行分封诸侯王国与中央直辖的郡交错分布的制度。为了加强对郡、国的控制，又将全国分为司隶校尉部及13州刺史部，实际是监察区。河南分属司隶校尉部及豫、兖、荆、冀4州管辖，设有弘农、河内、河南、颍川、汝南、陈留、南阳和魏郡及淮阳和梁国2个诸侯王国。东汉都雒阳（洛阳）、实行州辖郡、郡统县。河南分属司隶校尉部及豫、兖、荆、冀、扬5州管辖，设有弘农、河内、颍川、南阳、汝南、陈留、东郡、魏郡等郡及陈、梁2国。三国时河南属魏，先都许昌，后迁洛阳，仍实行州、郡（国）、县3级。设有12郡和梁国1国。西晋都洛阳，河南境内有18郡国。南北朝时，河南分属于北魏和南齐。北魏在河南设8州26郡；南齐在河南设3州12郡。隋统一南北后，在河南设20郡（州）。唐朝先都长安，后迁洛阳。河南分属京畿及河南、河北、淮南、山东南等道，领有21州郡及河南1府。五代时，梁、晋、汉、周4朝都汴（今开封），后唐都洛阳。河南境内多数称州，少数称军、府。北宋建都汴梁（今开封）。河南境设有京东、京西、河北诸路，路辖有府、州，有些军、监也隶属于路。府、州、军均辖县。宋室南迁后以淮河与金为界，河南大部属金。元朝将中央辖区直属中书省，其他地区分设行中书省，简称“行省”，行省之制始于此。“行省”之下统路、府，府领州、县，也有府、州不隶路而直属省。时河南境内黄河以北地区属中书省，黄河以南属河南江北行中书省。中书省在河南管辖的有大名、彰德、卫辉、怀庆等路和濮州。河南行省下属河南府路、汴梁路、南阳府、汝宁府、归德府。明朝改行中书省为承宣布政使司，司（省）下辖府、州，再下为县。明末，河南领有开封、归德、河南、南阳、汝宁、彰德、卫辉、怀庆等府和汝州直隶州及京师之大名府，山东之东昌府的一小部分县。共计府属州31，县96。清朝恢复行省，省下为府，再下为州、县。终清之世，河南领有开封、归德、河南、南阳、汝宁、陈州、彰德、卫辉、怀庆等9府，郑、许、汝、陕、光5直隶州和淅川直隶所。府属州5，县96。民国初年，改道制。河南设有开封、河北、河洛、汝阳4道，5直隶州，100余县。1927年废道尹，实行省、县两级制。省下分设行政区（监察区），区管县。1946年河南分为12区，共108县。

1949年中华人民共和国成立后，河南省行政区划，北界止于黄河，有郑州、洛阳、陕州、陈留、商丘、许昌、淮阳、南阳、信阳、潢川等10专区和开封、郑州2省辖市、8专辖市，86县，省会设开封市。1952年中央人民政府政务院决定撤销平原省，将所属之新乡、安阳2省辖市及新乡专区及所属14县（区），濮阳专区及所属7县，安阳专区及所属6县，菏泽专区的东明县划归河南省。同年，中央人民政府政务院决定，将旧属河南省在建国初期划入安徽省的永城县划归河南省。1954年，河南省府由开封市迁驻郑州市。1963年中华人民共和国国务院决定，将东明县划归山东省。1964年中华人民共和国国务院决定，将山东省之范县、寿张2县金堤河以南地区和范县县城附近划归河南省，取名范县。1978年中华人民共和国国务院决定，将范县东部的9个公社划出，成立台前县。

截至2001年底，全省辖17个省辖市，1个省直管市，21个县级市，48个市辖区，89个县，2123个乡镇，4.8万个行政村。省辖市为：郑州、开封、洛阳、平顶山、安阳、鹤壁、新乡、焦作、濮阳、许昌、漯河、三门峡、南阳、商丘，省辖地区为：周口、驻马店、信阳，省直管市为济源市。

在漫长的历史长河中，河南在中国的政治、军事、经济、文化上始终占据重要地位。

1.2 河南方言的历史形成与区域归属

1.2.1 河南方言的历史成因

河南方言与中原官话不是一个概念。河南方言大部分属于中原官话，惟黄河以北地区17个县市，属于晋语。中原官话的范围比河南方言广，除了河南的大部分，河北南部、山东西南部、江苏北部、安徽北部、山西南部、陕西中部、甘肃东部南部、宁夏南部、青海东北部、新疆南疆等地区，共392个县市，都是中原官话的范围。本书把研究范围界定为“河南方言”，主要是从行政区域来说，而非方言归属。第七章，语法音变及其形态特征，所举的一些方言点，即包括了豫北地区一些属于晋语区的县市，比如获嘉、新乡方言。

在研究一种语言或方言的共时的音韵结构时，必须结合历史的演变，了解这种语言或方言的历史面貌，进而了解这种语言分化的模式与类型。我们要详细考察河南方言音韵结构的演变与层次，必须了解河南方言的历史形成。

河南方言是北方方言的一支，了解河南方言的历史形成，需置之于整个北方方言大背景下，了解其发展过程。

潘悟云先生在谈到南方方言的形成时，认为汉语的南方方言与北方方言的发展模型属于两种不同的类型。他认为汉语南方方言并不是从北方方言中分化出来的，而是古代的百越语在北方汉语的不断影响下，通过语言的混合，旧质不断消亡，新质不断增加而形成的新语言。[1] 一般语言分化的模型是：

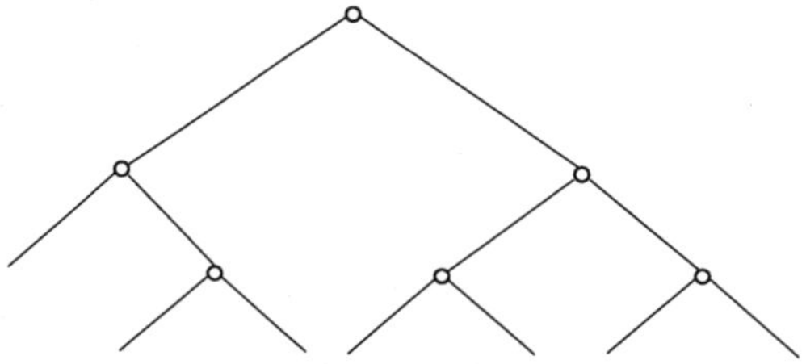

语言分化模型

但这个模型似乎只适用于汉语北方方言，而不适用于汉语南方方言。西方历史比较法完全是以这种语言发展模型建立起来的，这种方法必须有两个前提，第一，所比较的语言从同一母语发展而来；第二，这些语言从母语分化出来以后，互相之间没有影响。从图上可以看出，这个模型的每一个节点（node）只有一个入口。而汉语南方方言不属于这一种模型。

我们暂且以古百越语到现代东南方言的演变模式作为南方方言演变模式的代表。那么，下面的模型可以看作是汉语北方方言与南方方言的两种分化模型。如图所示：

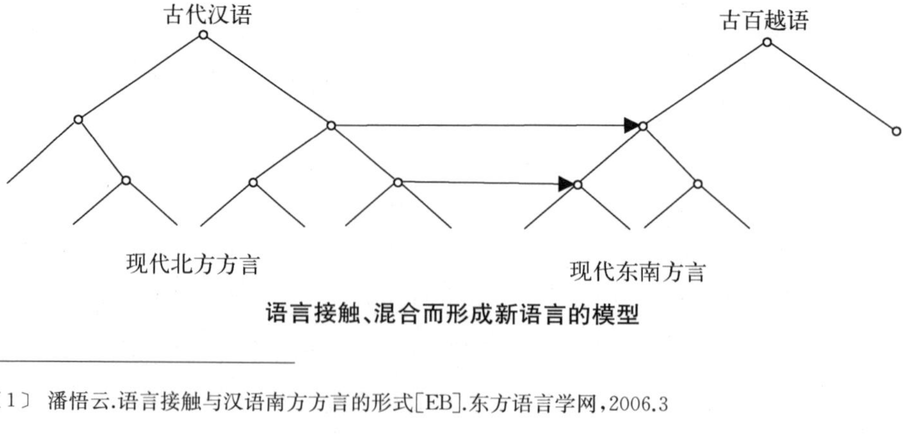

语言接触、混合而形成新语言的模型

[1] 潘悟云.语言接触与汉语南方方言的形式[EB].东方语言学网，2006.3

从这两种不同的模型我们可以看出，汉语北方方言的分化模式比南方方言要简单得多。

中原官话分布在远古华夏族的传统居住区，今陇海线南北。中原官话又细分为河南方言、关中方言东府话、关中方言西府话、秦陇方言、陇中方言、南疆方言。中原地区是汉族文化主要发祥地之一，中原官话的形成也必然与原始汉语有更多的内在联系。

原始汉语最初分布于黄土高原（含渭河流域—洛阳地区—汾河流域南部）和华北平原西半部。其中炎黄融合而成的华夏语是汉语的一支，分布于渭河流域—洛阳地区—汾河流域南部和华北平原西部。陕北、晋中北的高原汉语与突厥语组融合，成为目前秦晋方言的源头。河北平原的华夏语与蒙古语组融合，成为燕赵方言的源头；炎帝部落统治了大半个河南省，百越通古斯融合的东夷语也被华夏语所函化，成为中原官话的源头。中原官话的几个源头：

（1）夏朝统治今河南省西部，山西省南部，其语言是受东夷一定程度影响的华夏语。

（2）商族语言最初是华夏化很深的东夷语，流行于中原东部（今鲁西南—冀南—豫北—皖北—徐州），商朝统治中原几百年后，商语、半华夏化的中原东部东夷语被中原地区的华夏语所函化，成为今日中原官话的雏形——洛阳华夏语。

（3）隋炀帝杨广以洛阳为首都，把数万户富商大贾从全国各地迁徙到洛阳，推广以洛阳为代表的正音和正语。唐朝时，洛阳话仍然被看作汉民族共同语的基础。如孔颖达对经学的传述和注疏，韩愈、柳宗元等在文学上的创作活动等，促进了汉民族书面形式的共同语的广泛流传。唐代科举时赋诗作文也提出了语音方面的要求，即要符合从魏晋南北朝流传下来的以洛阳语音为标准音的《切韵》的规范。北宋都汴梁（今开封），洛阳话和汴京话十分接近，两地流传的语音被称为“中原雅音”。南宋定都于杭州，中原雅音也随之在杭州扩大了影响，以至于今天的杭州话还同中原官话有许多相似之处。但当时洛阳话仍处于标准音的地位，“中原惟洛阳得天下之中，语音最正”（陆游《老学庵笔记》卷六）。北宋时期中原之音基本定型，与今日河南方言几乎完全一样。今日北方官话之所以与河南方言大同小异，是历史上北方官话区长期以河南方言为标准来规范自己的语汇和语法系统而形成的。

1.2.2 河南方言的区域归属

河南方言大部分属于中原官话，豫南、豫北、豫东有些县市的方言归属问题比较复杂。豫北一些地区的方言因有入声而归为“晋语”，豫南和豫东一些地区的方言归属有待讨论。

李荣先生在《官话方言的分区》一文中把“晋语”从北方官话中独立出去。他根据入声的有无来区别中原官话和晋语，把河南省黄河以北的17个有入声的县市，归入晋语。比如安阳、林县、新乡、博爱、鹤壁等(李荣，1985)。张启焕等人的《河南方言研究》认为，河南省内有入声的县市是19个。而贺巍《中原官话的分区(稿)》(贺巍，2005)则认为是18个县市。丁邦新先生曾提出“以汉语语音史为根据，用早期历史性的条件区别大方言，用晚期历史性的条件区别次方言，用现在平面性的条件区别小方言”(丁邦新，1998：168)。李荣先生的分区标准，虽然被丁邦新先生批评为“单一”，但基本是符合这个原则的，也因此而得到学界的认可，目前官话方言的分区命名一直是沿用李荣先生的这一标准和名称。

中原官话与河南方言的分区，目前有一定的分歧。根据李荣的划分，中原官话被分为8片，这8片是：郑曹片、蔡鲁片、洛徐片、信蚌片、汾河片(又分“平阳、绛州、解州”3个小片)、关中片、秦陇片、陇中片。加上中原官话南疆片合为9片。这个分区结果，还有值得商榷的空间。比如河南东部的商水、周口，中南部的驻马店与山东境内的济宁等，相隔千里，却划为一个次方言片，是不太合理的。另外，由于地理环境差异，使得豫北、豫南地区的方言，与中原一带差异较大，到了无法交流的地步。笔者家乡地处豫东，完全听不懂豫北、豫西南地区方言，甚至曾误以为他们在说日语。如前所述，豫北地区17个县市的方言因有入声而归入晋语，但信阳地区一些县市的方言，与中原官话的语感差异上不亚于豫北，却被划归中原官话。这样的划分，很可能是因为对这些地区的方言内部研究不够深入导致的。比如商城方言，处于江淮官话、中原官话和西南官话的交界处，受西南官话影响更大，与中原官话差异明显，是否应该划归西南官话，已有学者进行讨论。

张启焕等人的《河南方言研究》(张启焕、陈天福、程仪，1993)从河南的行政区划出发，结合各地方言特征，把河南方言分为5片：第一方言片(开封、郑州片)、第二方言片(淮阳片)、第三方言片(洛阳片)、第四方言片(安阳片)、第五方言片(信阳片)。张启焕等人的分区从把“河南方言”作为一个整体，而不与汉语其他方言联系来说，有一定的合理性，但把“河南方言”作为一个孤立的整体，本身不够科学。从行政区域的角度来划分方言区，会导致一是不能很好地反映各地方言的特征，如“河南方言”的分区，在方言内部不能完全反映出各片的特征；二是用“第一片”“第二片”等的名称，让人无法理解各地平等的方言分出“第一”“第二”等的依据，“并且”也不够科学。

在中原官话的分区问题上，研究较多较深入的是贺巍先生。贺巍在《中原官话的分区（稿）》（贺巍，2005）一文对中原官话的分区作了一些改动。主要改变之处：关中官话独立，不再属于中原官话；调整了《中国语言地图集》的洛徐片等地理上相隔万里的错误。这里对河南方言的研究，沿用的是贺巍的分区标准。

下面按照贺巍的分区，说明河南境内中原官话的分布与分片情况：

（1）兖菏片 33 个县市。河南省：范县、郸城县、台前县。

（2）郑开片 24 个县市。河南省：郑州市、开封市、开封县、荥阳市、荥阳县、滑县、长垣县、封丘县、原阳县、兰考县、民权县、杞县、通许县、中牟县、尉氏县、荣阳市、新密市、新郑市、鄢陵县、南乐县、内黄县、清丰县；河北省：魏县县城以东、大名县。

（3）洛嵩片 16 个县市。河南省：洛阳市、嵩县、巩义市、登封市、偃师市、孟州市、孟津县、伊川县、新安县、宜阳县、渑池县、洛宁县、三门峡市、义马市、栾川县、卢氏县。

（4）南鲁片 30 个县市。河南省：南阳市、鲁山县、长葛市、临颍县、郾城县、许昌市、许昌县、平顶山市、舞钢市、襄城县、郏县、禹州市、汝州市、汝阳县、宝丰县、叶县、舞阳县、西平县、遂平县、方城县、南召县、西峡县、淅川县、内乡县、镇平县、社旗县、泌阳县、唐河县、邓州市、新野县。

（5）漯项片 14 个县市。河南省：漯河市、项城市、扶沟县、西华县、周口市、淮阳县、商水县、上蔡县、汝南县、驻马店市、确山县、正阳县、平舆县、新蔡县。

（6）商阜片 23 个县市。河南省：商丘市、睢县、太康县、宁陵县、柘城县、虞城县、鹿邑县、夏邑县、永城市、郸城县、沈丘县。

（7）信蚌片 21 个县市。河南省：信阳市、桐柏县、息县、淮滨县、罗山县、潢川县、光山县、新县、商城县、固始县。

豫北 18 个县市的方言归入晋语。豫西的灵宝、卢氏归入汾河片。

根据贺巍的分区，除了豫西的灵宝、卢氏归入汾河片外，河南方言主要分为两大类，一类是豫北地区的方言，在汉语方言分区上被归入晋语。属于晋语的主要有豫北安阳、林州、新乡、获嘉、济源、辉县等 18 个县市。这一地区被归入晋语的主要依据是保留入声，有阴平、阳平、上声、去声、入声 5 个调类。这一地区的方言区别于河南其他方言的特征除了入声外，还有丰富的鼻化元音。丰富的语法音变在这一地区存在的形式也多于河南中部和中东部地区的方言。另一类是中原官话。河南境内方言是中原官话的核心成分，整个中原官话区共有 381 个县市，河南境内有 107 个；根据贺巍的分区，中原官话 8 个次方言片中，河南境内有 7 个方言片，其中郑开片、洛嵩片、南鲁片、漯项片 4 个方言片内的方言是纯粹的河南方言。

1.3　河南方言的研究背景

在过去的很长时间里，官话方言的研究阵营和研究成果与南方方言比较起来，一直相对薄弱。直到现在，在很多人的观念里，仍然认为北方官话和普通话没有太大的差别，没有太多的研究价值。近年来，官话方言的研究队伍在不断壮大，随着研究的深入和越来越多的资料出现，官话方言研究的价值也逐渐被凸显出来。它让我们认识到官话方言中同样蕴藏着无限丰富的资源，这些资源对于汉语史和方言史的研究价值都是不可低估的。

中原官话作为官话方言的一个次方言区，即便是在官话方言中比较，其目前的研究现状也是远远不能令人满意的。其一，深入细致的大面积的调查远远不够，有很多的空白有待挖掘。其二，目前的研究只局限于零星的方言点，而没有一个综合的研究。其三，现有的研究大多是平面的描写，综合的理论分析很少。建立在许多方言点比较基础上的历史层次的分析还没有，可说是一个空白。

张启焕等人的《河南方言研究》是目前见到的有关中原官话研究较深入的一本著作，但该书以“河南方言”为出发点，也就是说是以行政区域和地理的概念出发的。故它包括了河南省内黄河以北属于晋语区的 18 个县市，这 18 个县市都是有入声的方言区因而归入晋语。而山西、甘肃、青海、安徽、山东等省内的属于中原官话的方言都不在该书研究范围之内。并且该书也基本限于平面的描写——前面章节是5个代表方言点的音系，后面是特点列举。虽然该书涉及中原官话的4个片，但还是存在有待深入研究的地方，不能全面反映中原官话的面貌。

一、该书所选取的方言点太少。它所涉及的四个中原官话小片，每个片只有一个代表方言点，很多的语音现象都没有挖掘出来。如在写到“淮阳片”（该书对河南方言的分片不同于《中国语言学地图集》上对中原官话的分区。基本上以河南的行政区划为基点）的音韵特点时，它提道：

> “德、陌、麦”三韵开口一、二等字，其声纽为见系时，今读舌面中音[c、c^h、ç]，或舌面前音[tɕ、$tɕ^h$、ɕ]，例如：
>
> 革、隔、格，ciɛ 或 tɕiɛ
>
> 刻、客、克，c^hiɛ 或 tɕiɛ

离淮阳30多公里的周口市和商水县，这些韵的声母不是舌面音而是舌根音[k、k^h、x]，韵母相同。这两地的读音反映了“德、陌、麦”三韵见系开口一二等字的声母变化的三个阶段：

k、k^h、x＞c、c^h、ç＞tɕ、$tɕ^h$、ɕ

所以由于取点太少，这样笼统地概括一个片的方言特点就有失偏颇。同时，也无法看清某一语言现象的真实面貌，更无法理清其语音演变的历史轨迹。

二、该书所列举的河南方言的特点，都是以北京话作为参照方言进行比较的，（该书的写作目的是为推广普通话提供依据），而不是从历史比较语言学出发，去理清这些语音特点所体现的时间层次，也没有对语音的演变机制作出解释。比如上文所提到的例子，见系一等读细音的现象，在商水方言中的声母是[k、k^h、x]，在淮阳方言中就是[tɕ、$tɕ^h$、ɕ]。为什么声母会有不同的演变方向？它们分别处于什么语言层中？见系一等字为什么会产生[i]介音，是何时产生的？它属于什么性质的语音层次？这些都是需要解决的问题，而该书都未加以解决。

从总体上来说，河南方言目前的研究现状基本上是零星的，并且停留在平面的描写层面，缺少音变机制与历史层次方面的理论研究。即便是平面的描写的研究层面，河南方言也是远远不够的，比起其他各地的汉语方言来说，大规模、深入的调查是急需做的工作，有此工作，才能为理论的探讨提供前提条件。

1.4 河南方言的研究意义

方言的音韵结构是由声母、韵母和声调组成的整体，其中各组成要素都处于纵向的替换和横向的拼合关系之中。方言之间的差异就决定于这种关系。但语言并不是一个同质的系统，而是一种有序异质(orderly heterogeneous)的结构。变异不只是“使语言结构逐渐败坏的破坏性力量”，而是一种有序之源，语言在有序的变异中不断地改进自己的结构。方言的语音变化主要有两种，一种是来自语言内部的原发性音变，是同质结构内的音韵变迁；一种是由语言接触引发的音变，较多地表现为异质结构在同源系统内的叠加。

作为中原官话的核心成分，河南方言在音韵结构的表现与演变形式、条件、方向与层次上，都不同于南方方言。南方方言中有较多的方言接触而引发的音变，表现为存在大量的文白异读。文白异读的本质是不同系统的同源音类的叠置，文白异读的“异”隐含着语言发展的时间层次。而方言同质结构的历史层次则是河南方言的音韵结构变迁的主要表现形式。

随着有序异质理论的不断深入人心，汉语学者越来越多地关注汉语共时平面中的层次问题，比较系统的理论探讨也逐渐多起来。但是何为“历史层次”，在汉语方言学界却有着不同的观点和定义。争议的焦点是历史层次所应涵盖的范围，主要有两种不同的意见：一是认为不同语言(方言)系统在一种语言(方言)中的共时平面上的叠置，即只有语言接触造成的异源系统的叠置，才算历史层次。陈忠敏先生持此观点。二是不同时间层面上的叠置，即同一个方言内部演变速度不一致而产生的词汇扩散现象，和语言接触造成的异源系统的叠置都当作历史层次。潘悟云先生曾提出过把由于语言接触产生的历史层次叫“外积型历史层次”，把语言的历史演变造成的时间层次的叠置叫“内衍型历史层次”。前者可以说是比较狭义的概念，后者是广义的概念，这也是多数学者赞同的观点。

在谈到汉语方言的历史时，一般的共识是，中原地区长期以来是我国政治经济文化的中心地区，洛阳一带的中原雅音是秦汉以至唐宋我国的标准音。由于中原文化历来高于周边文化，文化通过语言向外传播，从而中原语音不断影响到周边地区的语音，汉语南方方言是经过北方方言的输入和当地土族语言（方言）融合而逐渐形成的，故南方方言的主体层大都来自中古或中古以后的中原官话，自身的土语层反而作为残存形式保留在一些口语里。这种说法比较符合汉语方言历史的实际情况。但若由此认定，中原官话一直是语言的"输出"者，而从没有"输入"，中原官话的音系只是在内部发展，而没有外部接触，故而中原官话内部一些复杂的语言现象只是历史演变的结果，实在是一种过于简单化的假想，不符合历史事实，也不符合语言接触的规律。颜之推《颜氏家训·音辞篇》中说："自五胡乱华，驱中原之人于江左，而河淮南北间杂夷言。声音之变或自此始。"五胡乱华，少数民族入主中原，时间长达几百年。尔后金、蒙古、满入主中原，北方方言也必定会受到影响。中原官话并非一直是语言的"输出"者，而从来没有"输入"。北方方言长期与少数民族语言融合，不可能不留下痕迹。中原官话乃至整个北方官话方言都不会纯净得只有内部的历史演变而没有语言接触造成的异源叠置。

由于语言接触而造成的语言现象在北方方言中的叠置现象，已被学者所证明。江蓝生在《语言接触与元明时期的特殊判断句》一文，发现元代白话文献中有一种介绍人物称谓的新型判断句——"S＋是＋N(的)＋便是"(如"贫道是司马德操的便是")。这种判断句出现两次判断动词。江蓝生经过考证，认为这种判断句是汉语与蒙古语等阿尔泰语的判断句相融合而产生的叠加式，是语言接触的结果。我国北方少数民族语言大多数都属于阿尔泰语系，阿尔泰语是黏着语，靠格附加成分（也称后置词）表达语法意义。如突厥语、蒙古语、满语、朝鲜语（另有日语）语言的判断句有一个共同的特点——在主语和谓语之间没有系词，名词谓语后边有表示肯定的判断动词或助词。比如"我是学生"这句话，在以上各语言中的语序是"我学生是"。"贫道司马德操的便是"是汉语的"我是学生"与以上诸语言的"我学生是"这两个判断句式的叠置。

> 语言接触是元明特殊判断句产生的直接动因，但由语言接触而产生的新句型能否立得住，能立多久，还要看它与汉语语法有无相容性，能否真正融入汉语语法中去。由于元明时期的特殊判断句跟汉语的判断句结构差异太大，所以它们随着元朝的灭亡逐渐退出了汉语史舞台。（江蓝

生,2003：58)

江蓝生研究中的这种语法句式的出现与消失,其实就是语言接触中两种语言的竞争的结果之一。要么借用,要么融合(叠置),要么是一种语言取胜,另一种语言退出系统。这一研究为北方方言与少数民族语言接触在语言中的影响提供了证据。语法比起语音来更具有稳定性,语音系统中也就更容易留下语言接触的痕迹。如果说元代北方少数民族的南下会在语法中留下痕迹,北方语音中肯定也会有这种语言接触造成的异源成分的叠置,只是看我们是否注意到它们,或是否能认清它们的性质而已。

但是北方官话异源叠置成分不如南方方言丰富,也是一个事实。南方方言中有较多的方言接触而引发的音变,表现为存在大量的文白异读。文白异读的本质是不同系统的同源音类的叠置。文白异读的"异"隐含着地域层次,即由于语言发展过程中的语言接触造成的异源系统层次,同时也隐含了语言发展中的时间层次。

中原官话在音韵结构的变迁方面的特征表现为有较多的"内衍型历史层次",即方言同质结构内的历史演变造成的时间层次。这种历史层次是中原官话的音韵结构变迁的主要表现形式。但如前所述,中原官话不可能纯净如一不受其他语言或方言的影响,方言中也会有异源成分的叠置,即"外积型历史层次"。考察河南方言的音韵变迁时,我们发现主要有以下 5 种不同性质的层次类型：

(1) 由于语音演变的不平衡性,会造成同一方言内部演变速度不一致而产生词汇扩散现象,形成一些滞后音变。

(2) 例外音变。

(3) 不同时间层次上叠置造成的异读现象。这种"异读"一般都有其音变的条件,不同的条件造成不同的语音形式,往往"滞古"音变形式比规则内的音变形式更难解释。对这类音变进行研究,找出它们的历史层次,可以帮助我们看清河南方言音韵结构变迁的历史进程。

(4) 性质不明的异读。河南方言中有些字有两种异读形式,但这两种异读形式不同于文白异读。文白异读一般有"文"与"白"的对立,而河南方言中的这类特点是：两种异读不受环境限制,即没有"文"与"白"的对立,在同一个词语里可以有两种读音。这些异读音的层次性质不明,难以区分是异源层次的叠置造成的文白异读，还是内部演变造成的分属于两个不同时间层次语音叠置。这一类的异读形式在河南方言中最为丰富。

（5）文白异读。文白异读现象比起其他几类音变形式要少得多，河南方言的研究还不够深入，材料还有待挖掘，河南方言中有否更多的异源层次，难下断语。中原官话的历史层次表现出语言系统内部的时间层次叠置，而异源层次在方言中的叠置现象没有南方方言丰富，是不争的事实，这是中原官话与南方方言不同的历史状况造成的。

前四种音变形式都是内部音韵结构的变迁形式。内部音韵结构中的语音演变形式主要有两种方式——连续式和离散式。这里的四种音变都属于离散式音变，这些音变都有音变条件，即便是“例外”，也是规律中的例外，可进行音理解释。进行中的离散式音变总是按某种音变原理渐次发生，语音条件决定音变进行的顺序。在某项音变中未变项和已变项总是按语音条件排列，渐次发生演变。

第五种音变形式是叠置式音变，是来自外部因素引发的音变。叠置关系是由两个方言的音类对应条例决定的，符合对应条例的文白异读之间不一定能也不需要作音理的解释，因为叠置关系不是由音理演变的结果促成的。

两种不同性质的历史层次，有着两种不同的研究目的，前者侧重于理清一种语言中的异源成分，后者侧重于寻找语言发展演变的规律。内衍型历史层次可以用来进行构拟方言内部的演变历史。对中原官话语音各种性质的层次进行研究，不管是对整个中原官话的研究来说，还是对汉语方言，甚而汉语史的研究来说，都是有必要，且很有价值的。

对河南方言的音韵结构作全面系统的研究，描写其特殊音变的表现形式，找出其音变条件、方向与层次，解释其音变演机制，可以解决当前学界关于中原官话有无历史层次的纷争，也有助于揭示中原官话的历史演变轨迹，为解决官话方言研究中未决的问题提供有益的思路。比如以下的问题，都是河南方言研究中需要解决的问题：

（1）除了前文提到的豫南方言的归属问题外，豫东过渡地带的方言归属，以及和晋语及兰银官话交叉地带的方言归属问题，在官话方言的研究中也是有争议的问题。如果弄清楚它们的语音特征必定可为问题的解决提供参考，并为次方言区的划分提供依据。

(2) 中原官话和《中原音韵》的关系问题，一直以来都是争论的热点。如果对中原官话进行了深入的理论分析和历史层次研究，就可能会理清它和《中原音韵》的关系，为解决《中原音韵》的性质和基础方言问题找到理论根据。

河南方言中存在丰富的语音特色，有很多语言现象需要作出理论上的解释，也有很多理论问题需要进一步的探讨与深入。对河南方言的语音特点进行研究，解释其语音演变的机制，考察其存在的时间层次与地域层次，无论是对中原官话本身的研究来说，还是对汉语方言的研究，乃至汉语史的研究，都具有重要的参考价值。

第二章
方言音韵结构的变迁模式与相关研究方法

2.1 音变的原因

语言是一个复杂系统性装置，语音演变也是一个千头万绪的复杂过程。建立在分化演变模式上的语言系统同质理论把语言当成一个单源的、同质的系统，把所有的音变都归结为"演变"的关系。而建立在分化与整合并存模式之上的有序异质性理论认为，音变的动力可以来自内部和外部。我们把来自内部动力引发的语音的演变称为"原发性"音变，把外部接触造成的语音的演变称为"外扰性"音变。

1. 原发性音变

原发性音变是指来自语言的内部原因引发的音变。它主要有 3 个方面：生理机制、物理机制、语音系统的内部机制。生理机制和物理机制方面的解释，如发音生理与物理，涉及发音器官的构造、发音过程的生理分析，物理机制的解释涉及对各种语音特征的物理表征分析，如声调对应于浊音的基频(音高)和音高变化模式，元音的区别体现为头三个共振峰的绝对值与相对值模式。还有诸如气流机制分析、发音过程的气压分析等等。

语言内部的因素引发的音变还有另外一种，语言系统内部结构的相互作用引发的音变，这种音变解释是结构主义语言学发展起来的。

结构主义语言学认为，语言系统的两个基本单位是"音位"和"语素"。音变必须以音位为单位，只有涉及音位之间关系的变化才算是音变。结构语言学认为"音位变体"没有区别意义的作用。例如北京话零声母合口呼有[0]和

[v]两个变体,“新闻”的“闻”可以读成[uen35],也可以读成[ven35]。结构语言学认为,这两个变体,是一个音位的两个不同变体,就音位而言,没有区别的必要。结构主义语言学这种理论是就语言本身的结构和系统而言的,音位的变体不会影响语言的结构,音位的变化则可能导致语言的系统发生变化。语言是由聚合关系和组合关系构成的系统。在语音系统中最小的单位是音位,音位由一束区别特征构成,由某一共同区别特征的音位构成一个聚合群。在聚合群中,某一音位和其他音位的差别是靠一个区别特征来体现的。音位与音位的组合构成音位的组合关系。音位组合的最小结构是音节。在音节中,音位与音位的组合由于彼此间的相互影响而可能改变某些音值,因而出现音位对立的中和与音位变体。这些都可能为语音的演变提供一些条件。

每一种语言的音位数量有限,音位和音位组合模式也有限,因此语音系统是一个相对封闭的系统,由于它的高度的有序结构性,音位和音位之间的相互影响就特别明显。这种有序体现为结构的对称性。一个音位包含几个区别特征,因此它可以自然地归入几个不同的聚合群中,这样就形成了音位在结构上的平行与对称,以北京话的辅音为例:

	塞音	鼻音	擦音
双唇	p	m	—
舌尖	t	n	s
舌根	k	—	x
送气	k^h	—	—

有些区别特征比另一些更普遍,这是由发音器官的发音能力的不平衡造成的,比如不送气特征比送气特征更普遍,鼻音和擦音在送气特征这个聚合群中往往留下“空位”(slot)。在语音系统中,空位往往为音变提供空间。例如,链移式的音变就是音系中出现空位后,邻近的音位过去填补,然后其他音位依次继续填补,引发出一连串的音变。关于链式音变,以拉波夫为首的一批语言学家做过一系列经典研究,总结出一组音变的定律,如链式音移单向性定律:“在链式音移中,紧元音沿着周边音轨高化”(William Labov, 2001)。在结构内部音变规则中还有一条,处于单向对立位置(即只属于一个聚合群)的音位容易产生变异,要么与其他音位合并,要么消失。例如客赣方言中的日母,作为一个单向对立的音位,现在的音值变得五花八门。

2. 外扰性音变

外扰性音变是来自语言外部因素引发的音变。外部的因素有多种，有政治因素、社会因素、语言接触等各个方面。

结构主义语言学对音变现象的解释是以语言是“同质有序（ordered homogeneity）”为理论基础的。“同质有序”是指一种语言或方言的系统在内部是一致的，在同一个语言社区里，所有的人群在所有的场合，他们所使用的语言或方言的标准是统一的，而其结构和演变是有规律的。

社会语言学则认为语言是异质有序（ordered heterogeneity）的。“异质有序”是指一种语言或方言的系统在内部是不一致的，会因人群、场合而异，不同的阶层有不同的标准，内部是有差异的，但其结构和演变仍然是有规律的。社会语言学基于这种“异质有序”的理论，更多地从外部因素解释音变规律，即对促使音变的社会因素进行解释。

20 世纪中叶以来，社会语言学在音变的社会因素研究方面取得了不小的成就。社会因素往往是语言演变中的“起变”（actuation）因素，很多音变的背后都存在促使这些音变的社会心理因素。对言语社区的社会语言学研究发现，语言变异和一些社会变量相关：年龄、性别、社会地位、城市/农村状况以及特定的社会网络。变异的内部制约往往是相互独立的，但外部因素之间却有相当强的相互作用。

社会语言学采取实证的研究方法，研究结论大都是基于大量的社会调查和数据分析，因而是科学的、可信的。正如拉波夫指出的，发生在现实社会中的活生生的语言演变遵循着客观的规律，因而用现实的音变规则去解释历史上的语音变化是合理的、有效的。汉语方言史的研究目前还没有采用拉波夫等学者倡导的社会语言学研究方法，但我们认为，这是一个新的相当有前途的研究方向。社会语言学的研究结论，能为我们正在进行的历史语言学研究提供有益的启示。

其实对语音演变的许多解释都不是单纯从某一角度，常常是综合的，因为“语言因素与社会因素在语言演变的进程中有着密切的内在联系，任何局限于某一方面的解释，无论建立得多么完善，都无法说明在语言行为的经验性研究中观察到的大量有规律性的事实”（U. Weinreich，W. Labov，M. Herzog，1988）。语言微观演化的原因不是唯一的，有些语音演变的现象很难用社会和文化方面的原因来解释。例如汉语的鼻音韵尾和塞音韵尾的演变过程是这样的：

表 2.1 鼻音韵尾和塞音韵尾的历史演变

	中古汉语	今闽话	今吴语
鼻音韵尾	-m -n -ŋ	-n （-m -n） -ŋ	-ŋ
塞音韵尾	-p -t -k	-t （-p -t） -k	-ʔ

为什么是-m 并入-n，而不是-m 并入-ŋ？为什么是-p 并入-t，而不是-p 并入-k？也许只能以音理和音系结构的同步变化来解释。-m 和-n 发音部位较接近；-p 和-t 发音部位较接近；在中古音系阴声韵、阳声韵和入声韵的搭配关系中，-m 尾和-p 尾相配，-n 尾和-t 尾相配。

语音演变的方向与音理、生理及语音结构本身有关。一旦某一演变方向有了端倪之后，会不会通过词汇扩散、口头流传得以发展和巩固，往往要从社会和文化方面去找原因。换句话说，语音变异出现的初始原因不一定与社会化有关，但对变异的选择往往与之有关。

语言接触也会导致语言发生变化。由于语言接触，作为影响源的外部语言系统的成分会被吸收进目标语言的内部系统中，以“竞争”的形式与系统中相应的内部成分共存，在竞争共存的过程中，外部成分或者受内部系统的拒斥而退出，或者在竞争中生存下来与内部系统成分“和平共处”，进而演化为被系统完全整合的内部成分。更有甚者，外部成分在竞争中占据优势，逐步把相应的内部成分驱赶出系统。有时候外在语言系统的成分进入一个语言系统，甚至会引起该语言系统内部结构的深刻变化。就是说，接触所引发的演变会在固有的系统中造成内在语音结构的改变，典型的例子是英语擦音的演变。上古英语[v]和[z]分别是/f/和/z/音位的变体，但是中古英语里的法语语词本土化以后，[v]和[z]也出现在/f/和/z/的位置，因此也就音位化了。这种例子在汉语中也十分普遍。区分系统内部演变与系统外部演变对汉语研究十分重要。在汉语的整个历史上，整化都是一个非常明显的趋势。整合与分化，这两种不同性质的演变都在汉语中大量存在。

2.2 音变的方式

音变的方式，根据现在的研究，大体上可以分为连续式音变、离散式音变和叠置式音变三种，每一种音变方式都有它自己的特点和适用范围。

连续式音变的特点是“语音规律无例外”，参与变化的语音音位，只要有相同的语音组合条件，就都会整齐地发生变化；如果其中有例外，那也可以找到例外的原因。早期一些语言学家认为音变是以渐变的方式进行的，比如新语法学派就把语音渐变作为音变的一个原则。叶斯泊森提出过一个著名的“锯木头的比喻”，他说音变就像锯木头，后一段木头总是比照前一段木头来锯，这样差异就一点一点地积累起来。这个比喻非常形象，对于某些元音的演变，也的确是事实。但正如王士元先生在他那篇著名的论文中指出的，这种渐变论在很多语音演变类型中并不适用。如：(1) 当 x 和 y 各有不同的发音部位，并且这两个部位之间不存在生理上的连续；(2) 反向变化和换位作用是横的组合关系和纵的聚合关系的相互变项，渐变论者将被迫把正在进行的相撞过程中的成分转轨到人为的弯道上；(3) 浊音化、鼻音化和有关的音变过程中，我们对于发音器官的控制是相当明显的；(4) 增音和减音的变化中，很多语音类型或是出现，或是消失，从来没有出现逐渐量变的情况……更明显的是，渐变论完全不能适用于非语音条件的演变(如词汇的、语素的和句法的)。(Wang，W. S-Y.，1969，45：9—25)

对于语音的演变，我们一般习惯于用“语音规律无例外”的连续式音变来解释，但是很多音变现象无法用这种音变方式来解释。词汇扩散是一种重要的音变方式，我们称这种音变为离散式音变，其特点就是“每一个词都有它自己的历史”。“每一个词都有它自己的历史”原是方言地理学派提出来的一个口号，目的是与青年语法学派的“语音规律无例外”相抗衡；词汇扩散理论是这一口号的复苏。这两个口号所代表的理论都正确，只是各有自己特定的条件和适用的范围；超出自己所适用的范围，它就会走向谬误。

王士元 1969 年在《相竞的变化产生剩余》(Wang，W. S-Y.，1969，45：9—25)一文中论证了演变在词汇上是渐变的，在语音上是突变的。过去的语言学家往往只把音变当成一种结果，认为其中的过程无法观察到，例如，梅耶就这样说过：“比较研究是语言学家用来建立语言史的唯一有效的工具。我们所要观察的是变化的结果，而不是变化本身。所以只有把这些结果结合起来，才能够追溯语言的发展。”(梅耶，1957)而王士元则把音变当成一种过程，在考察音变时引入时间的参量。他用表的形式说明了音变是通过共时变异的形式表现的词汇扩散过程：

表 2.2 通过共时变异的词扩散

阶段 / 词	u	v	c
W_1			$\underline{W_1}$
W_2		$W_2 \sim \underline{W_2}$	
W_3		$W_3 \sim \underline{W_3}$	
W_4	W_4		
W_5	W_5		

W 代表一个词，$W \sim \underline{W}$ 表示正在变异的词，$\underline{W}$ 表示变化完成的词。一个标准的变化包括三个阶段：未变的(u)、共时变异(v)和已变的(c)。表中 W_1 表示变得最快的词，已经到了 c 阶段，W_2 和 W_3 都在 v 阶段，而 W_4 和 W_5 尚在 u 阶段。(Wang, W. S-Y., 1969, 8：353—371)

词汇扩散理论的提出解决了新语法学派面临的音变过程中的逻辑矛盾，突破了音变过程无法观察的旧观念，它和同时兴起的社会语言学在许多观念和目标上殊途同归。更值得注意的是，词汇扩散理论是华人语言学家在汉语研究背景下提出的理论，而且它是 20 世纪较早接受有序异质语言观的理论之一，它启示我们，在有序异质语言观指引下，汉语研究必将给世界语言学的理论宝库作出新贡献。

连续式音变和离散式音变各有自己的演变条件，大体的情况是：连续式音变决定于共时的语音线性结构条件，一个音如处于相同的线性组合条件下就会发生相同的变化，出现"语音规律无例外"的情况；离散式音变决定于历时的语音条件，有共同来源的字(或者说"同部"或"同韵"的字)的读音可能会一个一个地发生变化，出现"每一个词都有它自己的历史"的离散式音变。这种差异的语言结构基础就是：连续式音变与语言的共时线性结构相联系，而离散式音变则与语言的历时的非线性结构相联系。如河南方言中的信蚌片信阳方言的知系字由 tʂ、tʂʰ、ʂ 向 tɕ、tɕʰ、ɕ 的方向转化，正是这种离散式音变的反映。

离散式音变在完成了它的演变过程以后就会呈现出演变的规律性，与"语音规律无例外"的连续式音变没有什么区别，历史上那些已经完成的音变，它们是通过什么样的音变方式实现的，后人难以知晓。但是，离散式音变由于是字的读音一个一个地发生变化，因而经历的时间长，如果出现其他音变力量的干扰，就会产生“中断的变化（thwarted change）”。这是离散式音变中最有特点的变化，也是音系中产生不规则结构的一个重要原因。

叠置式音变是由于两种或多种方言由于接触而造成的结构内成分间的相互影响、相互替代的音变，是由“竞争（compete）”而产生的音变。其特点是通过同源成分的不同表现形式（文与白）的一胜一败的竞争和替代推进音系的演变。A和B两种方言同时并存，相互干扰、相互竞争，最后在共时方言音韵结构中形成异源成分的叠加。

每一种音变方式都有它特定的语言结构的基础，音变的研究应该先弄清楚不同音变现象的音系结构基础，不能用“语音规律无例外”的连续式音变来解释离散式音变，特别是其中的中断的音变现象。

2.3 继承与演变

语言不但是逐渐地改变，也是一贯地改变着的，它不自觉地从一种类型变向另一种类型，在世界上相隔很远的地区可以看到类似的趋势。互不相关的语言可以独立地并且时时地走向大致类似的形式。

两种语言或方言如果彼此之间存在发生学关系，两个音系之间就存在着对应关系。所谓平行演变，就是从同一祖语分化出来的甲语言和乙语言在分化之后音系仍然朝着相同的方向演变。萨丕尔（[美]爱德华·萨丕尔，1997：155—172）把这种语言分化后的同方向演变叫作“语言的沿流”：方言的形成是由于一种语言分裂成地方片断之后，就不能在所有的片段里顺着同一沿流流动……一种语言的沿流有它的深度。表层的速度比较大。某些情节上，方言分流得很快，说明这些情节在语言本性上只占比较非基本的地位，不比变得较慢的情节，那是远在方言已经变成互不相识的形式之后还能共同保持下来的。比较基本的、在方言产生以前就进行着的沿流时常有这样的动态：早就断绝了关系的语言会经历同一的或非常相似的变相……沿流上的这种平行现象可以发生在语音方面，也可以发生在形态方面，还可以同时发生在两方面。梅耶也肯定语言存在这样的演变趋势：

> 语言从共同语分化出来以后的种变化，大部分都受共同语的情况和分化的方式的支配。因此，出于一种“共同语”的各种语言甚至在分离和开始分化之后，还可以有许多同样的相似的变化。这个事实常常为大家所误解。（梅耶，1957）

平行演变与祖语继承非常难以区别。从理论上来说，音变受语音生理的限制，而人类的发音器官是相似的，这就决定了特定的音的演变方向总是有限的，这样，总会有些方言“不约而同”地朝相同的方向变化。“所有的元音都趋向于变得高些或低些，二合元音趋向于合成单元音，无声响的辅音都趋向于变成有声响的，塞音都趋向于变成摩擦。”（[美] 爱德华·萨丕尔，1997：164）比如元音[o]，从理论上说，它的音变方向不外乎这样几种：高化为[u]，低化为[ɔ]，前化为[θ]，展唇化为[ɤ]。在实际的音变中，它还要受音位组合结构和整个音系结构的制约，每个演变方向实际实现的概率是不一样的。萨丕尔在论及语言沿流的这种共同趋向时说：在历史现象的背景上，有很强的趋势把语言（正像其他社会产物）推向稳定的格局，也就是说类型。所以，一些方言的某一音类有相同的读音层，或有相同的音类分合走向，要判断它们是仅有类型学意义上的相同还是有渊源上的关系，是不太容易的。

不同语言之间语音上的联系有三种情况：（1）语音相似，而不对应；（2）语音不相似而对应；（3）语音相似而对应。第一种情况无对应关系，也就是说其相似性不出现于一批语素。如英语 road，man，nib 与汉语的“路、氓、镊”在语音上有某种相似性。但是在英语带 r-的语词中我们不可能选择出一批词，跟汉语中有相同语义而且声母为 l-的语词相对应。在“镊”所在的上古韵部中，我们也不可能找出一批语词，跟它们有语义对应的英语语词都带有韵母 ib。所以，这种语音相似可能带有一种偶合因素。

第一种情况没有发生学上的意义，也只是一种统计学意义上的说法。个别词的语音相似，带有很大程度上的偶合性，但是也并不排除发生学上有关系的可能性。假如在某个历史时期，有一批词在 A 语言中读 P1，在 B 语言中读 P2，P1 与 P2 在语音上相似。后来，这些词语逐渐失去，新出现的词语代替了原先的词语，最后只剩下单独的一个词有这种语音相似。一个词当然不足以构成对应关系，但是，它确实是真正的同源词。

在历史比较语言学中，确定两种语言有没有亲属关系，拿来作比较的词语,要有语音的对应规律,而不要求严格的语义的对应规律。19 世纪印欧系亲属语言比较时,拿来作比较的同源词都是语音上有对应关系而意义并不完全对应,有些甚至有很大的差别的词语。如:

日耳曼语	* moder(母亲)
古希腊语	meter(母亲)
阿尔巴尼亚语	motre(姐妹)
立陶宛语	mote(妻子)
拉丁语	mater(母亲)
梵语	mata(母亲)
古爱尔兰语	mathir(母亲)

这个例子可以说明,“现代所谓同源词,并不一定能告诉我们,某些词有什么较古和较明确的意义”。(布龙菲尔德,1997:16)

白保罗在进行汉藏语言比较研究时,曾提出过两条确定同源关系的原则:一是密切但不严格的语义对应优先于严格的语义对应;二是完善的语音对应优先于有问题的语音对应。(P. K. Benedict,1939,4:218)

徐通锵在对这两条原则进行评价时说:“这两条原则是有道理的。语言是发展的,即使是同一来源的不同语言,也会有各自的发展方向。除了刚开始从母语中脱胎出来的方言外,两个语言之间严格的语义相当或相同,往往是不可靠的,可能是偶合或借用的结果;相反,彼此有密切的关系但是有区别的语义相当是符合语言的发展规律的。至于完善的语音对应优于有问题的语音对应,道理比较明白,因为语音发展的规律性和其所具有的特点必然会形成两种语言之间的完善的语音对应关系。”(徐通锵,2001:61)

一般说来,在分化不太久的语言之间,尽可能采用经典的历史比较法,系统的语音对应关系有统计学上的意义,是决定发生学关系的最重要方法。但是,在分化年代很久的语言之间,真正的同源词留存下来已经很少了,凭少数几个,甚至一个同源词很难建立语音对应关系。即使有一些同源词留存下来,也有可能存在非语音因素的干扰,使其语音对应关系变得模糊不清了。在这种情况之下,经典历史比较语言学就有点力不从心了。一般认为,分化年代超过了五千年,历史比较法就难以奏效了。

---

* 表示古语构拟形式。

2.4 创新与存古

各个语言和方言都不是单一的纯质系统，而是由不同语言层次构成的复杂的层积系统。就方言语音说，常常在本方言的规则读音之外，还有许多非规则读音，仔细分析，各有不同的来源。郑张尚芳先生（郑张尚芳，2006）认为它们分别属于以下层次：

甲，本语语音层：A. 规则音读　B. 历史演变沉积成分　C. 创新变化成分

乙，非本语语音层：D. 底层语言成分　E. 表层语言成分　F. 借入成分

丙，构词构形变音层：G. 词义分化音变　H. 弱化、连读音变　I. 构形音变

丁，文字借读层：J. 通读　K. 训读　L. 冒读

A 层是音读常规，B 层是语音演变滞留的化石。C 层是该方言新出现的变异现象，零星未成规模，如北京话“论”读 lin、“把”读 bai、“比”读 bi；如果字多的也可能是特殊变化的断头或露头，如温州匣云母有读清音晓母的，像“蟹很憾蚬悬鲎”等字，其他吴语也有类似现象。

H 层包括轻声、促化读法，和语流音变、连读音变（连调及“女婿、木犀”后字圆唇同化之类音），及合音“俩、甭、冇”之类。

I 层包括小称变调、变音（儿化韵子变韵）等汉语最发达的名词构形变化，如《方言》97－3《赣语中带[n]尾的女字》即南方儿化式音变；跟表时态的动词构形变化，如《方言》98－1《长葛方言的动词变韵》表完成态。

最重要的是各方言都有丰厚的 B 层滞古层次。据王士元的理论，语音变化是通过词汇扩散来实现的，因而滞留古音成分也都结合一定的词汇而存在。官话三身代词就属于不同古音层次：“你”ni 是“尔”的汉魏音，“他”ta 是歌韵中古音（阿大亦同层），“我”wo 是歌韵近代音（为保留 o 不变 e 故复化为 uo）；“作”字从入声脱尾变“做”，本归暮韵，今读 uo 韵，则正保留暮韵中古音。“堡鸨”读 bu[大鸨俗称地鶇]，“鸠”读 gu[步姑]；“匍”读 pa[假借写爬]，是上古音层。三等的“荤”读 hun、“疣[羽求切]”读 hou；“写瘊”，都属中古以前音。因为保留古音而写成另外形式的还有：“扶疏”保留 *basa 的古读，中古改写“婆娑”，“喉咙”“猴狲”因保留侯韵古读 *o，中古改写“胡咙”“猢狲”。打[搭]da、给 gei

是保留入读上声宋代汴音。敷母“捧”字读 p-、溪母“去”字旗人说 k-，地名“家”字说 g-，是声母存古。赣语“蔸”是“株”的古读，“冒”是“无”*ma、“有”*wɯ 的古音合音。闽语“有灰”读 u 韵，都由古*wɯ 来，歌韵吴语闽语多读 ai，皆属上古层，江山话“猪”ta、“兄”hã，显存古音。

创新音变和古音遗存常常难以分辨。在作方言研究的时候，要判断语言材料的性质时，必须要理清一种语言现象到底是存古还是创新。如，河南方言中内部屈折形式表示“时”“体”等语法范畴的形态特征，是上古汉语屈折形式的遗留还是北方官话在语言发展的历史演变中的创新现象？对这一问题的回答，对于汉语的性质问题、汉藏亲属语言比较中的一些问题，都有重大的意义。但是，要判断一种语言现象是创新还是存古，并非易事。创新音变与古音遗存有它们各自的特征，可以作为判别的方法。

1. *古音遗存以古音类为界线，创新音变以今音类为界线*

所谓“今音类”指的是方言现实的共时音系中的音位。创新音变是现实的语音环境触发的，受现实的语音机制的制约，是实实在在的某个“音”的变化，完全不涉及这些音的历史状况。如福建省连城县隔川话里的鼻音韵尾增生现象是由韵母自身调节而产生的特殊音变现象，是一种由现实的共时语音环境触发的创新音变。

隔川点阴声韵，由-ɤɯ 变为-əŋ。读为-əŋ 韵的前身是与相邻方言灵地的 ɤ 韵、北团的-ʌɯ 韵相近似的-ɤɯ 韵。其韵类的层次、分混情况和这些方言多同步发展。这些韵在连城北部的这几个方言点中都已经整合为一个韵类了（隔川没有周围这些点的喉塞韵尾，因此对隔川而言可看作一个韵类），隔川这个韵类发展为 əŋ 应当是阳声韵和入声韵都失落了原来的韵尾之后才发生的后起音变。从下表可看出隔川方言鼻音韵尾增生的韵母与相邻方言同类韵母的关系。

表 2.3　福建连城隔川话阴声韵增生鼻言韵尾

	禾	胎	盖	赔	吠	飞	肝	割	屑
隔川	vəŋ^{11}	t^{h}əŋ^{33}	kəŋ$^{\underline{31}}$	pəŋ^{11}	pəŋ^{35}	pəŋ^{33}	kəŋ^{33}	kəŋ^{51}	səŋ^{51}
北团	vʌɯ^{11}	t^{h}ʌɯ^{33}	kʌɯʔ$^{\underline{31}}$	pʌɯ^{11}	pai^{35}	pʌɯ^{33}	kʌɯ^{33}	kʌɯ/$^{\underline{51}}$	sʌɯʔ$^{\underline{51}}$
灵地	vɤ^{11}	t^{h}ɤ^{33}	kɤ^{21}	pɤ^{11}	pai^{24}	pɤ^{33}	kɤ^{33}	kɤ/$^{\underline{31}}$	sɤ/$^{\underline{31}}$
罗坊	vei^{11}	t^{h}ei^{33}	kei$^{\underline{31}}$	p^{h}ei^{11}	p^{h}ei^{24}	pei^{33}	kei^{33}	kei/$^{\underline{41}}$	sei$^{\underline{41}}$

（续表）

	端	捋	刷	发	饭	核	村	分
隔川	təŋ^{33}	ləŋ^{55}	səŋ^{51}	pəŋ^{51}	pəŋ^{35}	həŋ^{55}	ts^{h}əŋ^{33}	pəŋ^{33}
北团	tʌɯ^{33}	lʌɯ^{55}	sʌɯ/$^{\underline{51}}$	pʌɯ/$^{\underline{51}}$	pʌɯ^{35}	hʌɯ^{55}	ts^{h}ʌɯ^{33}	pʌɯ^{33}
灵地	tɤ^{33}	lɤ/$^{\underline{55}}$	sɤ/$^{\underline{31}}$	pɤ/$^{\underline{31}}$	pɤ^{24}	hɤ$^{\underline{55}}$	ts^{h}ɤ^{33}	pɤ^{33}
罗坊	tei^{33}	lei^{55}	sei/$^{\underline{41}}$	pei/$^{\underline{41}}$	p^{h}ei^{24}	hei^{55}	ts^{h}ei^{33}	pei^{33}

阴声韵转化为阳声韵的具体原因是：(1) 隔川话里来自咍、戈、寒、曷等演变过来的 ɤɯ 韵与原来 əɯ 韵相冲突，ɤɯ 韵和 əɯ 韵太接近了，不利于区别，妨碍交际。隔川周围方言点北团、罗坊、灵地三地都存有三种带鼻音韵尾的韵母类型，例如：北团：ɛ̃、ɔŋ、aŋ；罗坊：eŋ、ɔŋ、aŋ；灵地：ɤŋ、ɔŋ、aŋ。隔川话若缺了-əŋ韵实际上只有-eŋ 和-aŋ 两种带鼻音韵尾的韵类（其中 uəŋ 韵来自臻摄的魂、文韵，与-eŋ 韵相应，本来当是-ueŋ 韵，该是-əŋ 韵出现后才与之相匹配变为-uəŋ)。隔川点韵类简化得过于厉害，在周围方言影响下就容易走向繁化，-ɤɯ 韵向-ɤŋ(-əŋ)韵演变正是与相邻方言趋同的一个机会。(2) ɤɯ 韵的 ɤ 和 ɯ 又太接近了，为了加大区别度，要么强调韵腹 ɤ，韵尾-ɯ 就向-i 方向发展，那样的结果-ɤi 和原有的-e 又产生矛盾。只好强调韵尾-ɯ，逐渐变为摩擦性强的舌跟浊擦音-ɣ，这个-ɣ 和后鼻音韵尾-ŋ 可接近了，最后-ɤɣ 变成-ɤŋ，再变作如今的-əŋ。(严修鸿，2002)

2. 创新音变有现实的语音条件，古音遗存不体现语音条件

创新音变的一个重要特征是有现实的语音条件。音变往往是由语音环境（音位组合关系）引起的，相同的语音环境导致相同的音变趋向，这就是音变有语音条件的理论依据。如山西南部、河南北部与中部方言中的“子尾变韵”，来源于词根单字与另一后缀虚字的合音。合音时该虚缀的语音形式为 u，语法意义相当于“-子”。其音变的现实语音条件是：

(1) u、əu、ao、iao 收音的特征都是[＋圆][－低]，与 u 的特征相同或相似，再后加 u，就自然合并为一个长 u 或长 o。

(2) i、ɿ 具有[＋前、＋高、－圆]特征，与后加 u 同是高元音，但在前后和圆唇上又完全矛盾，无法平滑衔接，中间就自然带入过渡音 ə。

(3) 其他元音则或为[－高][－圆]，或为[＋高][＋圆]，与 u 可以比较自

然、无须过渡音的衔接，就简单地附加上去，并为一个长音节。

(4) 带有鼻音特征的韵，与后加的 u 合为一个音节后，扩展流动性最强的[+鼻]就自然会扩展到末位 u 的位置。

3. 古音遗存一般是零星的、少量的，而创新音变可能是批量的

年代越久远的历史层次越难以保留，这个道理不讲自明。但是刚刚露头的创新在数量上和历史遗存就难以区分了。河南方言的动词变韵表示“时”“体”形态范畴内部屈折现象，在河南北部和中东部大面积分布，且山东方言也有大面积的分布，这种批量式存在的音变现象，不大可能是上古屈折形式的遗留。

2.5 历史比较法

历史比较法是 19 世纪的欧洲语言学界建立起来以比较方言或亲属语言的差异来探索语言发展规律的一种方法。

历史比较法的核心在于“比较”，特别是比较语言材料的横向的共时的差异以求得纵向的语言历时演变的线索。历史比较法的基本内容是：通过两种或几种方言或亲属语言的差别的比较，找出相互间的语音对应关系，确定语言间的亲属关系和这种关系的亲疏远近，然后拟测或重建(reconstruction)它们的共同源头——原始形式。19 世纪欧洲语言学者通过古印度语言与欧洲语言的对比，发现了大量的具有整齐对应规律的同源成分，证实这些语言来自一个共同的原始语言，是有亲属关系的一个语言群，即印欧语系。以同源成分在各个语言中的现在形式为依据，可以推测出它们的原始形态，进而拟测即“重建”古音系统。

历史比较法的理论前提是：有亲属关系的语言或同一语言的各个方言是从一个共同的母语分化的结果，亲属语言间或方言间的差别是历史演变造成的；由于语言发展的规律性和不平衡性，方言或语言间的差别有的代表着不同的发展方向；有的代表着同一发展方向的变化过程；各语言间或方言之间存在的对应规律暗示着从古到今的变化过程。来自同一祖语的方言或亲属语言之间有对应关系，这是语言发展的一种因果关系。

历史比较法的研究步骤一般分为下面几步：

(1) 收集、鉴别材料，剔除那些于历史比较无用的偶然同音现象、借用现象；

(2) 在方言或亲属语言的有差异的形式中找出语音对应关系，并据此确定同源成分；

(3) 确定那些有差异的形式的先后年代顺序，以便弄清语言发展的时间层次；

(4) 拟测原始形式，并利用各种可能的办法来检验拟测的可靠性。

历史比较法作为一种已被语言的历史研究所证实的理论和方法，为世界语言学界普遍承认。它是建立语言历史的基本方法，在理论假设上虽然存在漏洞，但也有其合理性，因而在语言学史上的贡献是巨大的。梅耶说它是"建立语言史的唯一方法"，"一种语言只要是孤立的就没有历史可言"。也就是说，语言(或方言)只有在与其他语言(或方言)的比较中才能重建历史。

历史比较法，在20世纪传入中国，并极大地影响了中国传统音韵学的研究，使中国语言学开始摆脱传统小学的樊篱，进入现代语言学的新阶段。高本汉20世纪初的《中国音韵学研究》，就是利用了历史比较法研究汉语音韵学，它打开了音韵学研究的新局面，从1930年起，中国学者也加入上古音构拟的研究当中，代表人物有赵元任、李方桂、罗常培、王力、陆志韦、张世禄、董同龢、周祖谟、严学窘等。运用历史比较法研究汉语常用的材料主要有三部分：汉语方言，域外汉字音，汉语的亲属语言。初期的历史比较语言学偏重于原始语的拟测，20世纪50年代以后，则着重探索语言演变规律。汉语的音韵研究在运用历史比较法之前，要描写具体的历史音变是很困难的。清儒的古音学应该说达到了很高的成就，但它也只能整理出《诗经》的韵部与《切韵》的韵部之间的异同，无法勾画出汉语从上古到中古、从中古到现代的发展轮廓和规律。可以说，是历史比较法把中国的音韵学研究带往现代化的道路上。

2.6 内部拟测法

结构学派用来拟测原始结构的方法，一般称为内部拟测法(internal reconstruction)。内部拟测法的"内"是相对于"外部比较"即历史比较法的"外"来说的，因为历史比较法是比较几个方言或亲属语言的差异，从中找出语音对应关系，来探索语音的发展规律的，而内部拟测法则完全限制在一个语言系统之内，从语言结构的系统着眼，利用异常的分布、空格、不规则的形态变化等去探索语音的发展及其从出的始原结构。

内部拟测法是从西方语言学引进到汉语古音研究中的一种方法。内部拟测法着眼于语言系统的“内”，根据语言结构中一些不规则现象提供的线索去探索语言的演变规律。要寻找语言结构基础自然离不开现在“活”的方言的研究，不同方言的音变规律隐含着相同的音变机理，这是音系结构格局控制语音演变的范围和方向的一种具体而有力的证明。只要找出格局控制变化的机制，就能够解释清楚音变的机理、原因和规律。方言的差异是语言的发展在空间上的表现形式，而空间和时间是一对有紧密联系的、相互依存的范畴，因而历史语言学可以在亲属语言或方言的空间差异中去探索语言在时间上的发展历程。由于空间和时间的这种关系，我们可以根据在方言音变的研究中总结出来的音变机理去解释历史上已经完成的音变规律，也就是把空间的研究方法用于时间的研究，把现实方言的音变机理投射到古代的语言结构中去。内部拟测法就是着重在对一个共时音系的内部状态加以分析，从中发现语音变化的痕迹，通过合理的逻辑推理来探究古代的音系。它不是借助于多种方言或语言的比较来研究古音，这是它跟历史比较法的根本区别。

内部拟测法的理论根据是语言结构的系统性和语言发展的不平衡性。由于语言的系统性，各种语言单位的聚合分布和组合分布都趋向于整齐和对称；而语言发展的不平衡性则破坏整齐对称的格局，在语言的共时系统内部结构中造成某些缺口，提供了一些语音演变的线索。它实际上就是从语言系统中的结构差异入手来研究语言的发展。

这种方法在汉语古音的研究中主要用在上古汉语语音的构拟。利用内部拟测法来研究上古音，可以解决历史比较法和文献考证法所不能解决的一些问题。

内部拟测法的弱点在于它是针对一个共时系统内的“异常现象”和“例外现象”，其理论根据是“语音演变无例外”，设想更古老的语言系统内这些异常的现象原本不异常，例外现象也有规律。它的前提是把语言当作一个同质有序的系统，这不符合语言的实际情况。一般说来，一个活的语言系统里，音位的聚合分布和音节组合方式都会存在着缺口或冗余的现象，不会处处整齐划一。

2.7 非线性音系学

历史比较法与内部拟测法是两种不同的研究方法，前者着眼于方言或亲属语言之间的横向比较，根据语音对应关系找出同源词，清理语音演变的规律；后者着眼于系统内部的不规则例外，特别是其中的不规则的形态交替，从中找出语言的有规则的演变规律。这两种方法虽然差异很大，一个着眼于"外"，一个着眼于"内"，但是它们的语言理论基础是一样的，都是把语言看成为一种线性的结构，以音位的组合关系为基础考察语音的演变。

语言是一个非线性结构，线性仅仅是其中的一个侧面，体现语言结构的表层形式。这种形式会不断地发生变化，产生歧异，而历史比较法与内部拟测法所依据的音系结构原理却是结构的统一性，内部没有歧异。这就使理论假设和语言事实发生矛盾。所以，布龙菲尔德在谈到历史比较法的局限时说："比较法预想语支连续的明确分裂，但是反复无常的局部近似明明告诉我们后起的变化散布开来，越过了早期变化遗留下来的同语线；邻近语言间的相似也许由于中间地带方言的消失（波浪理论）；某些方面已经分化的几个语言也会产生相似的变化"，"比较法既不考虑母语内部存在的分歧，也不考虑亲属语言间发生共同的变化，所以只能带领我们走很有限的一段路程。"（布龙菲尔德，1933）理论的片面必然会给语言研究的实践带来重大的影响，布龙菲尔德的论断就是这种影响的一个恰当而实际的说明。

历史比较法和内部拟测法是研究语言演变的方法，但是它们没有办法揭示语言演变的过程，更没有办法揭示语言演变的原因。

20世纪70年代中后期出现的非线性音系学，与生成音系学一脉相承。它基于更广泛的研究语料，和对人类音系的更深入的观察，旨在揭示人类音系的普遍性特点。非线性音系理论对组合方向上音流的结构有了全新的看法，把音流的结构标准看作是非线性的结构：表面看在时间的一维向度上延续的音流，结构上却比一条线复杂得多：音流有多层次、多条的线性配列限制，不同列的线性结构相对独立又彼此关联。

线性是一种表层的结构，人们容易发现它的特点，非线性则是一种深层的结构，不经认真的分析，就很难抓住这种结构的脉络。音系是一种非线性结构；结构的不平衡性产生变异；变异受结构的控制，一般不能超越结构所允许的范围；制约变异的音系结构原理或音系结构非常稳固，很难发生变化；在变异成分的共存变异形式中隐含着漫长的历程。着眼于语言的非线性结构，我们就可以抓住语音的线性结构的易变性和音系结构格局的稳固性这一矛盾对立双方的辩证关系来考察语言的演变。

元音系统的非线性音系结构主要有两条：一、构型（configuration）；二、演变方式。关于构型，特鲁贝茨科依根据百余种语言的元音系统的分析，发现每一种语言的元音分层排列，主要的构型有三角和四角两种。

三角构型			四角构型		
i		u	i		u
e		o	e		o
	a			a ɑ	

现在语音学著作中的元音舌位图是典型的四角构型。不管是哪一种构型，前后元音的结构都呈平行、对称的特点；如果其中的一个系列少了一个音位或多了一个音位，这种不平衡的结构就会产生变异。变异的方式，主要是拉链（drag chain）和推链（push chain），英语长元音的大转移和吴方言的元音变化可以为此提供有说服力的例证。这种构型和演变的方式是语言的一种普遍特征，在语言史的研究中可以用来检验和调整拟测的结果。

汉语是一种典型的语言类型，不能涵盖汉语的语言理论就称不上是普通语言学理论，而汉语作为人类语言的一种，也具有人类语言普遍性特点，要通过汉语与其他语料的比较，才能显示汉语的特性与普遍性。非线性音系学理论在对汉语的研究或在上古音的构拟和方言音变的音理解释上，都是非常有用的。王洪君的《汉语非线性音系学》可以说在把非线性音系学理论与汉语研究结合方面起到了开先河的作用。

第三章
河南方言的音韵结构特征

方言的音韵结构是由声母、韵母和声调组成的整体，其中各组成要素都处于纵向的替换和横向的拼合关系之中。方言之间的差异就决定于这种关系。但语言并不是一个同质的系统，而是一种有序异质（orderly heterogeneous）的结构。变异也不只是“使语言结构逐渐败坏的破坏性力量”，而是一种有序之源，语言在有序的变异中不断地改进自己的结构。方言的语音变化主要有两种：一种是来自语言内部的原发性音变，是同质结构内的音韵变迁；一种是由语言接触引发的音变，较多地表现为异质结构在同源系统内的叠加。

中原地区长期以来是我国政治经济文化的中心地区，洛阳一带的中原雅音自秦汉以至唐宋都是我国的标准音。由于中原文化历来高于周边文化，文化通过语言向外传播，从而中原语音不断影响到周边地区的语音。这使得作为中原官话的核心成分的河南方言在音韵结构的表现与演变形式、条件、方向与层次上，都不同于南方方言。中原官话缺少文白异读，缺少“外积型历史层次”。南方方言中有较多的方言接触而引发的音变，表现为存在大量的文白异读。文白异读的本质是不同系统的同源音类的叠置，文白异读的“异”隐含着语言发展的时间层次。中原官话不像南方方言那样，有丰富的源自语言或方言接触而造成的异源结构的系统叠置。而方言同质结构的历史层次，则是河南方言的音韵结构变迁的主要表现形式。

河南方言主要分为两大类，一是属于晋语的豫北方言。属于晋语的主要有豫北安阳、林州、新乡、获嘉、济源、辉县等 18 个县市。这一地区被归入晋语的主要依据是保留入声，有阴平、阳平、上声、去声、入声 5 个调类。河南的晋语区别于河南其他方言的特征除了入声外，还有丰富的鼻化元音。丰富的语法音变在这一地区存在的形式也多于河南中部和中东部地区的方言。另一类是中原官话。河南境内方言是中原官话的核心成分，整个中原官话共有381个县市，河南境内有107个；根据贺巍的分区，中原官话8个次方言片中，河南境内有7个方言片，其中郑开片、洛嵩片、南鲁片、漯项片4个方言片内的方言是纯粹的河南方言。中原官话区别于晋语与其他北方官话的主要特征是入派二声：古清入与次浊入归阴平，古全浊入归阳平。同时，阴平、阳平、上声、去声在调值上与北京话和其他北方官话也有区别。

河南境内的中原官话在内部表现出一致性的同时，也存在内部的差异。声调方面的差异表现在调值的不同上。声母方面的内部一致性表现在微母依然存在，很多方言片读v声母；影喻疑母开口洪音字大多不读零声母而是带有浊的摩擦音ɣ。声母方面的内部差异主要表现在知系字与精系字的读音不同、尖团音的分布、影疑母字的读音差异等。如知系字与精系在不同的方言片有不同的演变形式。漯项片方言基本上知系字与精系字合并，只有一套ts、tsʰ、s声母。南鲁片知系基本上属于二分型，但同时，又有知系与精系相混的情况，这种相混又是有条件的，曾梗摄一些开口入声字，精系字读如知系。属于晋语的新乡方言与属于中原官话南鲁片的遂平方言，在知系完全与精系合并的情况下，这两系的字儿化时又都读卷舌声母tʂ、tʂʰ、ʂ。

韵母方面的一致性最显著的是宕江摄入声字药觉铎韵读入歌戈韵，通摄合口三等入声屋韵读u韵母，曾梗摄入声德陌麦三韵一般丢失韵尾i。

韵母方面表现出的内部差异比较多，曾梗摄入声德陌麦三韵的读音，在不同方言片也不一样，在同一个方言片也表现出差异。丢失韵尾i的同时，这三韵的主元音在各个方言片不同，且有些方言开口一二等字有i介音现象，i介音的产生与-i韵尾的消失，有着密切的联系。中古车遮韵在中原官话的读音也表现出内部差异。车遮韵在中原官话有两类读音：一是读舌面前、次低、不圆唇元音ɛ，更多地保留了《中原音韵》的读音；另一类读央元音ə。后者与北京话一致，出现元音高化现象。前者表明了中原官话元音系统的一个特征：元音ɛ作为主元音广泛分布于该地区。

另外，《中原音韵》的一些小韵，在今北京话中已经不是同音字，在河南境内中原官话中仍是同音字，且表现出极强的内部一致性。如鱼模韵入声作平声第5小韵“俗续”，北京话中分别读 su、ɕy，中原官话内韵母都读 y，分尖团的与不分尖团的方言声母不同。分尖团方言“俗续”读 sy，不分尖团的，声母腭化，读 ɕy。庚青韵阳平第19小韵“横宏纮闳鋐弘”，在北京话中分读 xəŋ(横)与 xuŋ(宏纮闳鋐弘)，在中原官话都读 xoŋ。“横”保留合口的读音在中原官话内有很强的普遍性，漯项片、郑开片、南鲁片都读 xoŋ。

《中原音韵》基础方言问题一直存在争议，长期不能定论。从河南境内中原官话的音韵结构来看，河南中原官话更多地保留了《中原音韵》的读音。“《中原音韵》的基础方言是宋元时期的河洛方言——今天的中原官话”这个结论，从中原官话的音韵结构特征上可以看到更多的证据。

3.1　调类与调值特征

3.1.1　河南方言的调值与调类特征

河南方言声调系统与北京话的差异，主要表现为入声归派上的差别。中古平、上、去、入四声在现代河南方言中的归派，除了入声以外，平、上、去的演变与分化规律都与普通话一致：中古平声按照声母的清浊，分阴平、阳平(洛阳一些方言除外)，清声母归阴平，浊声母归阳平；古上声也按声母的清浊，归入现代的上声与去声，清与次浊声母归上声，全浊声母归去声；去声除了保留了中古的去声外，也包括了中古上声中的全浊字。

入声的分派是中原官话区别于其他官话方言的主要特征。河南方言中原官话区的入声主要表现为“入派二声”，即古入声清声母和次浊声母归入阴平，全浊声母归阳平。而北京话古入声清声母是“无规律”地归入阴平、阳平、上声和去声，次浊归去声，全浊归阳平，即北京话入声归派是“入派三声”。

此外，河南方言与北京话声调系统的区别还有调类和调值的差别。河南方言的调类主要有三类。(1) 晋语区18个县市保留入声，有五个调类。(2) 洛宁、渑池、义马只有平声、上声、去声。(3) 其他河南中原官话区的调类都与北京话一致，有四个调类。

表 3.1 河南方言调值、调类表

方言片	古音类 / 方言点	调类 调值											
		平			上			去			入		
		清	全浊	次浊	清	次浊	全浊	清	次浊	全浊	清	次浊	全浊
晋语区	安阳	阴平 34	阳平 42		上声 45		去声 213				入声 3		
	林县	阴平 31	阳平 41		上声 53		去声 45				入声 21		
	新乡	阴平 33	阳平 31		上声 54		去声 213				入声 3		
	濮阳	阴平 34	阳平 42		上声 44		去声 213						
洛嵩片	洛宁	平声 42			上声 55		去声 312						
	义马	平声 42			上声 55		去声 312						
	渑池	平声 42			上声 55		去声 312						
郑开片	郑州	阴平 24	阳平 42		上声 53		去声 312						
	开封	阴平 24	阳平 41		上声 55		去声 312						
	襄城	阴平 35	阳平 51		上声 55		去声 31						
南鲁片	南阳	阴平 24	阳平 42		上声 55		去声 312						
	舞阳	阴平 24	阳平 53		上声 55		去声 31						
	方城	阴平 213	阳平 42		上声 55		去声 51						
漯项片	商水	阴平 213	阳平 53		上声 55		去声 51				阴 阳 上 去		
	确山	阴平 24	阳平 53		上声 55		去声 31						
	项城	阴平 24	阳平 53		上声 55		去声 31						
商阜片	商丘												
	睢县	阴平 424	阳平 53		上声 55		去声 312						
	柘城	阴平 35	阳平 31		上声 55		去声 51						
信蚌片	信阳	阴平 334	阳平 53		上声 35		去声 312						
	固始	阴平 213	阳平 55		上声 24		去声 42						
	新县	阴平 52	阳平 45		上声 213		去声 211						

注：本表调值有些方言与《河南方言研究》(张启焕，陈天福，程仪，1993)(下称《河》)有出入。其中，商水、周口方言是本人的母语，笔者也作过专门的调查，四个调类的调值分别为：阴平 214、阳平 53、上声 55、去声 51。《河》记音：阴平 24、阳平 42、上声 55、去声 31。商水与周口地区的人们说话常被外地人笑为"拐弯太多"，这是因为商水与周口方言中阴平字较多，而阴平字明显是有曲折调的。《河》的记音似为不确。新乡方言的调值在此采用的是《新乡市志 · 红旗区志 · 方言卷》的记音，也与《河》的记音有较大出入。

从上表可知，河南方言与北京话声调上的差别最主要的不是表现在调类的不同，而是调值的不同。河南方言内部调值则表现出很强的一致性。除了北部晋语区及南部中原官话的信蚌片的声调归派表现出较多的不一致外，其他河南中原官话的声调基本上一致。调值特征主要表现为：阴平一般为曲折调或升调，与北京话的上声接近；阳平则普遍地为高降调 53 或 42；上声主要有四种调值：平调、升调、降调、曲折调，其中中原官话方言区主要是高平调 55，与北京话的阴平一样。去声主要有两类，一是高降调 51，另一类是曲折调 312。

河南北部归入晋语的 18 个县市保留入声，如安阳市、安阳县、汤阴、林县、辉县、汲县、延津、新乡市、新乡县、获嘉、修武、焦作、武陟、博爱、沁阳、温县、济源、鹤壁 18 个县市有五个调类：阴平、阳平、上声、去声、入声。

3.1.2 河南方言入声的演变

中原官话的特征，从声调来说最主要的是古入声清声母和次浊声母字今读阴平，古入声全浊声母字今读阳平。河南方言中原官话区的入声归派也基本符合这一规律，但是并非整齐划一地按照这一规律归派。

据王泽龙研究（王泽龙，2001），在 783 个常用古入声字中，河南方言中原官话郑开片中有 42 个存在声调两读。这 783 个古入声字，在中原官话郑开片片中派归阴平的最多，计 513 个，约占总数的 56.2%；阳平次之，计 222 个，约占 24.3%；去声再次，计 119 个，约占 13%；上声最少，计 46 个，约占 5.0%。有约 50.2%的古入声字，大约 437～458 个字，在河南话与普通话中的调类分派是不相同的。古次浊入声字在北京话大多归入了去声。一般认为，次浊入声在中原官话中归阴平。但并非完全如此。

漯项片的商水方言，入声的归派也存在很多例外现象。如商水方言的“劫（咸摄开口三等业韵见母）”“胁（咸摄开口三等业韵晓母）”“逆（梗摄开口三等陌韵疑母）”，归入阳平；归入去声清入字有：“屑（山摄开口四等屑韵心母）”“阔（山摄合口一等末韵溪母）”“匿（曾摄开口三等职韵泥母）”“即鲫（曾摄开口三等职韵精母）”，前者读去声，后者读阴平；通摄合口三等屋韵影母字“郁”与喻母字“育”也都读去声。这些字在商水方言中不存在，是借自北京话，声调的例外是受北京音影响的结果。“即”和“鲫”同韵同声而声调不同，正是因为“即”是书面语词，来自北京话；“鲫”是方言词，所以仍按中原官话“清入归阴平”的规律归入阴平。通摄合口三等屋韵照母字“祝粥”也是如此。前字“祝”是书面语词，读阳平；后字“粥”是方言词，读阴平。

没有规律的例外：山摄合口一等末韵见母字“括聒ᶜkuo”，山摄合口三等月韵影母字“哕ᶜye”，宕摄开口一等铎韵清母字“错 tsʰuoᵓ”，声调没有按照中原官话“清入与次浊入声归入阴平”的规律归入阴平，而是归入上声，读 55 调；臻摄合口一等没韵精母字“卒꜀tsu”，宕摄开口一等铎韵明母字“莫膜幕寞”读阳平（“摸”读阴平）；曾摄开口三等职韵帮母字“逼꜀pi”读阳平。“拽”喻母，读去声。梗摄开口三等昔韵邪母“席夕”，前者归阳平，合乎规律；后者归阴平，是例外。这些字是入声归派上的例外，目前还看不清这些例外的规律。

3.1.2.1　河南北部方言的促声舒化与舒声促化

河南北部方言的入声有以下几个特点：

（1）与南方保留入声的方言不同，河南北部方言的入声不分阴阳，只是独立成为一个调类，南方方言的入声一般都分阴入与阳入。河南北部方言的入声收喉塞音-ʔ 尾，其调值是中平调，用五度标记法记为 3。

（2）河南方言的入声处于消退之中，都存在促声舒化现象。促声舒化的数量由北向南递增。如安阳只有少数古入声字已变为舒声（lax），如“别、杂”等。而南部的新乡方言已有大量的促声舒化存在。

新乡方言的入声有很多已舒化，分别归为平（阴平、阳平）、上、去。具体情况如下：

归入阴平的：稷隙酷摔拉鸭歇叶栅狱

归入阳平的：席贼笛劾匹逸译驿益溢疫役逆邑轴局熟斛白宅镯铎学凿匀跋匣侠乏罚筏拔杂协挟杰牒喋碟谍睫捷截别绝穴炸油~铡辙折树枝~了滑猾橛嚼犊毒翼核

归入上声的：诺恰闸

归入去声的：射日液腋忆剧匿续赎目鹜玉欲郁浴度跃幕泄亵轧率易育

还有一部分古入声字有舒声、入声两读。如：

薄 pɐʔ刻~/薄 po^{31}厚~

刮 kuɐʔ~风/刮 kua^{54}~脸

倔 tɕyɐʔ~强/倔 tɕye$^{213\text{-}21}$~巴

古入声字的两读是一种文白异读现象，在书面语词中读入声，是文读音；在土语词中读舒声，是白读音。如“倔强”是书面语词，“倔”读入声；“倔巴”是土语词，“倔”读去声。

“促声舒化”是汉语语音发展的总趋势，也是汉语语音长期历史演变的结果。关于入声消失的成因，学者们的研究已经比较深入。如贺巍(1995：195)认为古入声演变为舒声需要具备两方面的条件：一是入声韵尾消失把调值变为舒声调值；二是在语音有构造当中舒声有一定的空位可以供舒化的入声字填补。前一种变化是入声消失的前提，后一种变化是古入声字在舒声调类中的再分配。在这个过程中，舒声音节的空位，是入声舒化最容易进入的部分。各方言的语音构造不同，舒声的空位不同，入声消失的情况也不同。

由于官话方言文白异读不够丰富，所以对于官话方言文读音的来源研究得比较少。李荣曾研究了北京官话的文白异读，认为官话方言的文读音是本地音，白读音是外来的。这一观点遭到学界的质疑，如杨剑桥先生认为北京官话的文读音来自中原官话，其性质和别的方言中的文白异读性质一样：白读音是本地音，文读音是外来。(杨剑桥，2005)

北京话在汉语历史上的特殊地位造成了北京话中的文白异读的层次的复杂性。中原官话曾长期作为汉语的权威方言，北京话也曾受过中原官话的影响，其早期文读音来自中原官话是合乎历史事实的。笔者在《北京话的文白异读面面谈》(刘雪霞，2005)一文中，同意杨剑桥先生"北京话的文读音来自中原官话"的观点，并给予了详细的论证。

但属于晋语的河南北部方言的文白异读情况不同于北京话，入声字的文白异读的性质是什么需要更多的材料来支持。

(3) 有舒声促化现象。河南方言与山西一些方言，在促声舒化的同时，也存在舒声促化的现象，并且，古舒声字也存在舒声与入声的文白异读。如新乡方言的舒声促化现象分两种情况：一是有些舒声字在任何情况下都读作入声，如葫 xuəʔ、杷 p^{h}ɐʔ、措 ts^{h}uɐʔ；二是有些舒声字有舒促两读，文读为舒声，白读为促声。在书面语词里读舒声，在方言词里则读入声。

指：文读：tsɿ^{54} 指挥、指点

　　白读：tsəʔ 手指头

夫：文读：fu^{33} 夫人、夫妻

　　白读：fəʔ 工夫

母：文读：mu^{54} 父母、母子

　　白读：məʔ 老母鸡、丈母娘

腐：文读：fu^{31} 腐败、腐烂

白读：fəʔ 豆腐

第一种舒声促化可能是语音内部演变的结果，第二种是文白异读现象，应当是语言接触的痕迹。

新乡方言属于晋语，晋语普遍存在舒声促化现象。新乡方言的“舒声促化”和晋语其他方言的“舒声促化”表现形式一样，正好与“促声舒化”相反：文读为舒声，白读为入声。

晋语中的舒声促化字的舒入文白异读可以分为两小类。第一类包括“那戈蚂涂胡葫取娶去率喉叩铲谝蝙豌缘胖查滓”等字。这些字的文白读音基本上在任何词语中均可自由变读。如“取”，文读〔$tɕy^{312}$〕，白读〔$ts^həʔ$〕。在“取过来、取下来、取走”等词语中都可以自由变读，只是在一些明显有书面语色彩的词语中一般只用文读音，如“取舍、取胜、争取、夺取”等词语里一般都用文读音。再如下面这些字：

可：$k^hɔ^{312}$　认可、可爱／$k^həʔ$　助词，表转折、强调义，如“人家待人可好嘞”

个：$k^hɔ^{53}$　个体、个人、个别／$k^huəʔ$　一个人、两个月

火：xu^{312}　火光、十万火急／xuəʔ　红火

伙：xu^{312}　伙伴儿、合伙、伙做／$xuʔ^{23}$　小伙子（仅此一词读入声）

把：pa^{312}　把舵、把持、把门、车把、一把镢头、一把米／paʔ　介词，如“把人气死了”

度：tu^{53}　度量衡、温度、角度、制度、气度／tuəʔ　估算义，用于“度量”一词

子：$tsɿ^{312}$　父子、瓜子儿／tsəʔ　作名词量词后缀，如“桌子、一档子事”

往：uo^{312}　来往、往年／uəʔ　介词，如“往前走、往后退”

尽：$tsiəŋ^{23}$　表示让某些人或事物尽先等意义，如“先尽孩儿吃、尽前不尽后”／tsiəʔ　尽管、尽行

第二类包括“他和破货禹回提指已髓季很打门”等14个字，这些字在绝大多数词语中用文读音，只有在极个别的词语中用白读音。如下：

和 $xuəʔ^{23}$　～面调料粉

货 $xuəʔ^{4}$　～郎子

破 $p^həʔ^{4}$　烂衣～裳

回 $xuəʔ^{4}$　～来

禹 $yəʔ^{4}$　大～村村名

提 tiəʔ²³ ～溜提

指 tsaʔ⁴ ～头

己 tɕiəʔ⁴ 各～一家子

髓 ɕyaʔ²³ 骨～

季 tɕiəʔ⁴ 一年四～

很 xəʔ²³ ～哩非常

打 taʔ⁴ ～早清早

门 məʔ⁴²³ 廊～院门

林县方言古入声除少部分字外其余仍然读入声，带有明显的喉塞韵尾，入声与舒声的主要区别在于音长，入声短促。有些入声字有舒促两读，如：刮 kuʌʔ/kɔ（阴平）、轧 iʌʔ/iɔ（去声）。舒化的全浊入声字大多并入阳平声，次浊入去声，全清入阴平和去声。

一些舒声字在一定词汇环境中读成入声，如：姐姐 tsiəʔ　tsiʌʔ、哥哥 kəʔ　kʌʔ、奶奶 nəʔ　nai、姥姥 ləʔ　lau、窝囊 vəʔ　naŋ、身上 ʂəʔ　laŋ、小姑子 siau　kuəʔ　ləʔ、可 kʰʌʔ、也 iʌʔ、我 vʌʔ、他 tʰʌʔ、琵琶 pʰi　pʰʌʔ、蛤蟆 xʌʔ　mʌʔ、十个 ʂəʔ　kʌʔ。这是有入声方言特有的一种弱读形式。[1]

舒声促化现象不只发生在晋语区，在汉语方言中分布相当广泛，如上海话“枇杷”读入声，“枇杷”《广韵》不是入声，可是《康熙字典》有入声一读。说明“枇杷”促化现象不只发生在上海话中。汉语方言中的舒声促化现象有一些共同的特点，一是此现象只发生在有入声的方言里，二是舒声变促所涉及的字南北很接近。如“葫”除山西外，绍兴、苏州也读入声；“丈母娘”中的“母”在山西、合肥都促化。

汉语入声发展的总趋势是逐步走向消亡，随着不同塞音韵尾的归并、弱化、消失逐渐并入舒声。舒声促化现象，目前还没有比较合理的解释。舒声促化现象，不符合汉语发展“促声舒化”的总规律，是一个值得研究的问题。

贺巍指出，汉语方言中有舒声促化现象的都是有入声的方言，没有入声的方言，不存在舒声促化现象。贺巍在当时所见调查材料的基础上对晋语舒声促化的字进行了归类研究，把晋语舒声促化的情况归为七类：（1）作后缀，

〔1〕 此部分材料来自李小平的《山西临县方言舒声促化现象分析》，《山西师大学报（社会科学版）》1998 年第 4 期。

(2) 作词素,(3) 作词头,(4) 作代词,(5) 区别词类或意义,(6) 读音与意义混用,(7) 语音系统的制约。认为晋语舒声促化和轻读有关,晋方言某些字舒声促化是受舒声字轻读影响的结果。(贺巍,1996)

郑张尚芳先生认为舒声促化与音节轻读关系比较密切。"经常轻读的音节常有弱化现象,引起声韵调的种种变化,如声母上的浊化、通音化,韵母上的元音央化、复元音单化等,在声调上就表现为轻声与促化。"(郑张尚芳,1990)游汝杰先生也指出,这些舒声促化可能是弱化的结果。[1]

杨剑桥先生认为河南方言舒声变促,其中有些字并不一定是真的舒声促化,一种可能的情况是所记的字不是本字。如"指"的白读"手指头",可能是"手节头"。"节"是入声字,上海话叫"节头管"。[2]

邢向东认为(邢向东,2000),一些舒声促化现象其实不是真正的"促变"而是保留了上古的入声。"在大家所列举和我们所调查到的舒声促化字中,有一些可能是中古的舒声字,上古的促声字。换句话说,它们是上古汉语促声字的遗留,而不是真正的舒声促化。"

鼻(《广韵》止摄开口三等去声至韵并母)

臂(止摄开口三等去声寘韵帮母)

譬(止摄开口三等去声寘韵滂母)

秘(止摄开口三等去声至韵帮母)

蔗(假摄开口三等去声祃韵章母)

厕(止摄开口三等去声志韵初母)

裕(遇摄合口三等去声遇韵以母)

另外还有"只、指"也是保留了上古的入声。

同一字在众多的大方言中读入声,甚至在已经没有入声的方言中同样按照古入声字的今调类归类,这很容易使人想到它们本来已经是入声字,而并非由舒声字"促变"而成的。

上述几字在《广韵》音系中都属去声,在今方言中不读入声时也大都读去声。来自上古汉语的长入字。"当大批长入字失去塞音韵尾,变作去声字的时候,在一些方言中,这些字没有丢失韵尾,而是混到短入中去了,并且一直遗留

〔1〕 游汝杰先生认为是弱读之说。这是他指导作者论文时所给建议。
〔2〕 杨剑桥先生指导作者论文时所提建议。

到今天。”

邢向东的解释也许有其合理的一面，对于一些字来说，可能的确是上古入声的保留而非真正的“舒变”，但邢先生所列举的是大批舒声促化字中的极少数，另外那些字又该怎样解释呢？如此多字舒声变为促声，不可能都是上古入声的保留。

如果这些舒声字是保留了上古的入声而非真正的“舒变”，晋语中舒声促化字文白异读，白读为入声，文读为舒声这种现象，就非常容易解释：白读层次是方言中故有的读音，文读是外来方言的影响。和一般的文白异读性质完全一样。

但如果这些中古舒声字，不是上古音入声字，解释起来就比较困难。可能是这些中古舒声字，先在晋语入声字的影响下，变为促声，后又受外来方言或标准语的影响而舒化，故文读音读舒声，白读还保留了“促变”后的入声。其过程如下：

舒声 1→入声→舒声 2

新乡方言舒声字的舒促两读，其文读的舒声，应该是来自中原官话。之所以说它是受中原官话的影响而不是北京话的影响，原因有二：一、促化后的这些字经由“入声”又回到舒声的时候，基本符合中原官话“清入与次浊入归阴平、全浊入归阳平”入声归派规律。“夫”，遇摄合口三等平声虞韵非母字，读阴平，这在北京话与中原官话中没有差别。“母”，流摄开口一等上声厚韵明母字，现仍读上声，若按中原官话入声归派规律，次浊入声应当归入阴平，这里读上声。“腐”，遇摄合口三等上声虞韵奉母字，按全浊上声归去声的规律，应读去声，但新乡方言舒声经过促化再次舒化后读阳平。二、新乡方言正在大规模进行的入声舒化的归派规律也与中原官话一致。虽然表面上看，好像不是“入派二声”而是“入派三声”，其实河南方言中原官话的入声归派并不是严格的“入派二声”，而是有很多例外。上面所列的新乡方言的入声变为舒声后的声调，基本上和河南方言中原官话一样。以下就入声归入舒声的规律方面比较新乡方言、河南中东部中原官话的商水方言和北京话的一致性。

新乡方言 10 个归阴平的入声字在商水方言中也全部归入阴平，一致率达到 100%。而在北京话中读阴平的只有 5 个，一致率 50%。

新乡方言归入阳平的 58 个入声字中，在商水方言也全部归入阳平，其中与北京话不一致的十个字都是疑母与喻母字，一致的都是全浊声母字。除去全浊声母字，与商水方言的一致率是 100%，与北京话的一致率是 0。

新乡方言归入上声的 3 个字，在商水方言中也全部读上声，一致率 100%。而在北京话中只有一个字归入上声，一致率只有 30%。

新乡方言归入去声的字与北京话表现出更多的一致性。24 个字当中，有 18 个字与商水方言一致。其中“日目跃”在商水方言中读阴平，“液腋剧”在商水方言读阳平，一致率 75%。这个 24 个字在北京话也全部读去声，一致率是 100%。

从总体上来看，新乡方言促声舒化的规律更多的是和中原官话的入声归派规律一致。所以说，新乡方言入声字的文白异读中的文读音，是受了中原官话的影响而非北京话的影响。

新乡处于中原官话区与晋语区的交界地带，入声急剧消退，正是过渡地带方言的特征。

新乡方言的语音特征介于晋语与中原官话的语音特征之间，在整个语音系统与词汇系统上表现出与中原官话更多的一致性，在方言可懂度上，新乡方言与中原官话方言有更大的可懂度，甚至超过了南部中原官话内部之间的可懂度。如河南中部的人听新乡方言可懂度超过 90%。笔者生长在豫东地区，在新乡工作过四年，新乡方言几乎没有听不懂的现象，包括一些入声字。新乡方言的入声不但大部分已经舒化，没有舒化的入声，也只是剩下入声尾的残余形式，在听感上几乎感觉不到韵尾的存在，只是独立成为一个调类而已。仅以“有入声”而把它归入晋语，似为不妥，归入中原官话更为合理。

3.1.2.2　南部方言的阴阳平异读

河南中原官话信蚌片的固始话中古入声存在阴阳平异读。这种异读现象不同于连续变调，没有固定的变调规律，找不出像普通话上声变调那样的音变模式，也不同于文白异读。阴阳平异读可以共存于口语之中，而不似文白异读那样分存于读书音和口语音两个系统之中。存在异读的古入声字，只限于清和次浊声母，没有全浊声母。这些有异读的古清与次浊入声字，单字音声调固定，没有异读，单念时或读阴平，或读阳平，但在词语组合中读阴平、阳平调的情况都有，甚至在有些组合中阴阳平两读。单字调是阴平，词语中阴阳两读的有“铁黑脚脊客拉篾木抹热百骨发”等字，如：

百：千～，阴/老～姓，阳

骨：～头，阴/肋巴～，阴/阳

发：～财，阴/～明，阳/～展，阴/阳

单字调是阳平，词语中阴平、阳平两读的有“夹节出答雀结拙约”等字，如：

答：答理，阴/答应，回答，阳

雀：麻雀子，阴/雀子（雀斑），有时也指麻雀，阳

结：结果子，黄瓜结了，阴/结果，了结，阳

固始话的阴阳平异读与入派平声的进程有密切关系。固始今无入声，入派平声，依声母清浊而定阴阳。全浊声母入声今归阳平，几无例外，清与次浊声母入声归阴阳都有。也就是说，固始话在历史音变的过程中，中古全浊声母入声演变到今天的阳平这一规律实现得较为彻底，而次浊和清声母入声到今调的演变要慢些，仍在变动，尚未完成变化。入声在汉语方言中的演变，大致经过了这样的过程：

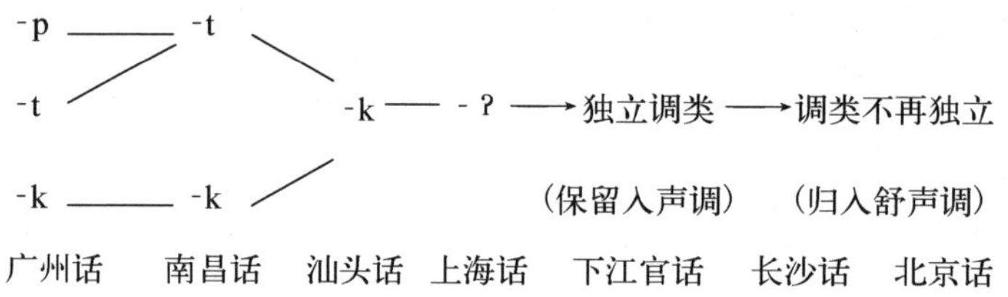

由此，我们可以这样解释固始话的清与次浊入声进入阴平、阳平的异读现象：古全浊入声音节的韵尾先脱落，调类分合整齐，清和次浊入声韵尾后脱落，变异情况复杂。固始话的阴阳平变异可以看作是古入声完全消失前在声调中留下的踪迹，是历史音变过程中调类分合不彻底的具体表现。

3.2　辅音音位与声母特征

3.2.1　声母系统

河南方言的辅音音位与北京话相比，多出 7 个辅音：舌叶音 ʧ、ʧ^h、ʃ、ʒ，浊擦音 ɣ，舌面鼻音 ȵ，和浊的唇齿音 v。其中舌面鼻音 ȵ 在河南方言中不是独

立的音位，只是舌尖中鼻音 n 的条件变体。这样，河南方言的辅音音位比北京话多出 6 个。但是，河南方言的舌根鼻音 ŋ 可以作声母，而北京话中不能。从“声母”数量来说，河南方言的声母比北京话多出 8 个：ʧ、ʧ^h、ʃ、ʒ、ȵ、ŋ、ɣ、v。

表 3.2　河南方言声母系统表

发音部位 / 发音方法		双唇	唇齿	舌尖中	舌尖前	舌尖后	舌面前	舌叶	舌根
清塞音	不送气	p		t					k
	送气	p^h		t^h					k^h
鼻音	浊音	m		n			ȵ		ŋ
清塞擦音	不送气				ts	tʂ	tɕ	ʧ	
	送气				ts^h	tʂ^h	tɕ^h	ʧ^h	
擦音	清音		f		s	ʂ	ɕ	ʃ	x
	浊音		v		z	ʐ		ʒ	ɣ
边音	浊音			l					

3.2.2　声母特征

3.2.2.1　微母独立

现代汉语普通话中没有浊的唇齿擦音 v 声母。中古的微母字与影、喻二母合流，读零声母。在河南方言里，基本上都保持了中古微母的独立，读唇齿擦音 v。如汾河片河南境内的灵宝、陕县，中原官话的郑开片、洛嵩片、漯项片、商阜片、南鲁片和信蚌片的部分地区，都有 v 声母。v 声母在河南方言中的分布，从北到南，从东到西，几乎涵盖了河南省内所有的方言。这些地区有：安阳、新乡、灵宝、三门峡、渑池、新安、巩县、孟津、洛阳、偃师、荥阳、新郑、郑州、密县、登封、伊川、宜阳、洛宁、卢氏、栾川、嵩县、伊阳、临汝、禹县、襄县、陕县、宝丰、鲁山、奕川、内乡、淅川、镇平、南召、南阳、方城、平顶山、叶县、舞阳、西平、确山、泌阳、唐河、新野、邓县、桐柏、信阳、正阳、罗山、光山、新县、驻马店、上蔡、项城、周口、商水、许昌、长葛、杞县、睢县、宁陵、柘城、鹿邑、商丘、夏邑、永城、虞城、民权、东明等 70 个县市。

安阳：挖 va、歪 vai、威 vei、弯 van、温 vən、王 vaŋ、翁 vəŋ、袜 vʌʔ、屋 vəʔ

商水：袜 va、微尾味 ve、无武毋巫诬舞怃侮勿物雾务 vu

吻稳问 vən、望亡 vaŋ

舞阳：味惟未维微 vi

睢县：微薇惟唯维潍未味 vi

洛阳：微维惟尾味未 vi

信阳：袜挖瓦我窝位围唯委味温闻稳问翁 v

罗山：袜蛙窝豌弯亿乌污 v

据丁声树所记遂平方言，没有 v 声母，微母在遂平方言中读零声母。开封方言的微母已变为零声母，但在相邻的杞县微母依然存在，体现了偏远地区的方言发展缓慢的特点。信蚌片的新县方言也没有 v 声母。舞阳方言止摄合口三等字"味未惟维微"都读齐齿呼韵母 i。洛阳、舞阳、睢县方言的唇齿浊擦音也只能与 i 相拼，其他微母字没有 v 声母。如"温威位歪外万"等都读零声母。微母字的独立在舞阳方言中，只剩下止摄合口三等字。

但 v 声母的存在在河南方言中是普遍现象，微母变为零声母是个别现象，应该是语音进一步演变的结果。

微母在《中原音韵》里是独立存在的，还没有并入影喻两母。只是由中古的唇齿鼻音 ɱ 变为了唇齿擦音 v。罗常培《中原音韵声类考》根据等韵三十六字母考订声类的条例是："凡一音之中而括有等韵三十六字母二纽以上者，即可据以证其合并，偶有单见，不害其同，一此一例也。"（罗常培，1932）罗氏考订出的声类为 20 个：

p	p^h	m	f	v
t	t^h	n	l	
ts	ts^h	s		
ʧ	$ʧ^h$	ʃ		ʒ
k	k^h	x		o

杨耐思、宁继福、李新魁、薛凤生、王力诸家所订声类中，都有唇齿的浊擦音 v，即微母是独立的。[1] 下面的例子也可以证明《中原音韵》微母的

〔1〕杨耐思.《中原音韵》音系[M].北京：社会科学文献出版社，1981.
宁继福.《中原音韵》表稿[M].吉林：吉林文史出版社，1985.
李新魁.《中原音韵》音系[M].北京：社会科学文献出版社，1981.
薛凤生.《中原音韵》音位系统[M].北京：北京语言学院出版社，1981.
王力.汉语语音史[M].北京：中华书局，1985.

存在：

齐微韵去声1小韵：未味（微）/2小韵：谓渭猬（喻）慰蔚（影）

鱼模韵上声10小韵：武舞鹉侮庑（微）/15小韵：稳（影）

真文韵上声3小韵：晚挽（微）/14小韵：绾（影）

蒋冀骋《近代汉语音韵研究》一书对《蒙在字韵》的拟音中，微母也是独立的，只不过《蒙古字韵》中的微母音值是ɱ，而区别于《中原音韵》的v。

根据近代汉语的研究成果以及《中原音韵》中的例证，我们可以断定元代音系中，微母确实是独立存在的。中原官话微母独立，是继承了《中原音韵》的读音。

3.2.2.2　晓组字与非组字相混

中古晓组字与非组字在河南方言中，大部分不相混，x、f的相混主要发生在河南东部与南部，分两种：一是古晓组合口三等字全部并入非组，读声母f，此类情况主要发生在中原官话信蚌片；二是晓组字合口三等变开口，声母读f，非组开口变合口，声母读x，表现出“语音互换”现象，目前只见中原官话漯项片的商水方言有此特征。（详见第四章）

3.2.2.3　泥母与来母相混

河南方言大部分地区的方言不存在来母与泥母相混的情况。来母与泥母相混的语音特征，主要出现于中原官话的信蚌片。其主要特征是泥母字并入来母，读l。如固始的东南部和西南部几乎把所有的泥母字都读作来母（“恁”例外）。西北部的各乡泥母与来母不混，与北京话同。

固始（东南部与西南部）：

l 纳挪聂妮奶内孬鸟南拈能宁娘农

l 拉俩落立律列雷劳撩漏溜兰脸恋论拎狼良垄

信阳：

泥母洪音读l：纳拿la、挪luo、乃奶耐奈lai、内lei、脑恼闹lau、怒努奴lou、南男难暖lan

泥母细音读ȵ：泥尼你ȵi、捏ȵiɛ、女ȵy、鸟ȵiao、牛ȵiou、年撵碾念ȵiɛn，来母都读l

汾河片的灵宝方言泥母也并入来母，读l。如：

内＝累 lei　　难南男＝蓝 lan
暖＝卵 luan　　拿哪那纳＝拉 la
挠脑闹 lau　　挪娜懦诺 luo
农浓侬弄 loŋ

信阳、灵宝方言的泥母、来母相混，限于开口呼字，泥母字细音前读舌面鼻音 ȵ，不与来母混。信阳地区的固始话则无条件地泥母都混入来母。信阳、灵宝应该是泥母与来母合流的更早阶段，固始是进一步合流的后一阶段。

信阳地区与湖北接壤，很多方言特征与西南官话相似。来母与泥母的相混就是西南官话的特征之一。

3.2.2.4 审母与非组字相混

中原官话中有不少方言审母字读作非组字。如中原官话商阜片的商丘市、商丘县、夏邑、虞城、柘城、鹿邑、郸城，以及漯项片商水县黄寨乡和巴村镇。商水县的黄寨乡位于商水县的东部，接近属于郑开片的郸城、鹿邑县，其方言处于漯项片与商阜片的过渡地带，读音特征一致是正常的。商水县的巴村乡位于商水县的西部，与南鲁片方言接近。处于巴村乡与黄寨乡中间的商水县城及周边方言，语音特点与这两乡方言有较大的差别。审母字并入精组字，读 s 声母。非组字则与晓组字换读。

中原官话中，审母读如非母的都是合口韵字，声母今不读 s，而读 f，韵母的-u-介音丢掉，变为开口。如：

“水税”读 fei（有些方言“水睡税”读 fi）
“刷”读 fa
“衰帅率”读 fai
“顺舜瞬”读 fen
“霜爽”读 faŋ

韵母主元音是 u 的，韵母不变，仍读 u 韵母。如“梳书舒暑庶、竖树、叔束熟蜀属”等读 fu。

在中原官话商阜片方言中，“舒”＝“夫”；“树”＝“父”；“水”＝“匪”；“双”＝“方”；等等。

豫西属于汾河片的灵宝方言，也存在审母并入非组的语音现象。如：

说朔芍 fuo　　耍 fa

水税睡 fei	闩拴栓 fan
舜瞬顺 fən	书抒舒殊殳署薯树述术曙恕 fu
衰摔甩率蟀帅 fai	霜孀双爽 faŋ

审母在合口呼前并入非组，读 f，也是西安以及陕西关中一些地方的特征。关中方言不止审母读 f，知系字读唇齿擦音 p^hf、pf。关中还有些地方甚至连精组字在合口呼前都读 f、p^hf、pf 了，同时把浊声母字读成送气，如“昨”读 p^hfuo。

鲁西南“梳子”＝“夫子”；“斧子”＝“属子”。也就是审母与非组字读音互换。

李秀红在《周口地区过渡语简析》(李秀红，2001)一文中，指出周口东片方言，沉丘、郸城、鹿邑 3 县有审母字与非组字读音互换现象，周口方言中还存在见组与精组互换现象，如扶沟：

精组：尊꜀tɕyn｜损꜂ɕyn｜蒜 ɕyɛn꜄｜醋 $tɕ^h$y꜄

但文中没有给出更多的例证。

审母，又叫书母，它在上古有好几个来源。一来自清的 l-，西方有写作 hl-，有些作 lh-，有些写作 lh-，因为上古有复辅音 hl-，h-是一个前置辅音，或者叫作次要音节。在有以母(喻四)而没有塞音的谐声系列中，如果出现审母，这些审母就是 lh-。一来自 qhj-或 qhlj，与舌根塞音或影匣云母谐声的审母属于这一类。还有一种与鼻音谐声的审母，如“馕”，它们的上古音很可能是 hnj-之类的音。

由于时间原因，未及深入调查此周口方言中审母与非组字的读音状况，关于审母与非组字换读的语音现象，由于缺乏充足的材料，在此不能作更深入的讨论。但方言中审母读如声母 f，或与非组字换读的现象，与合口介音-u-有密切联系，当是不争的事实。

3.3　元音音位与韵母系统

3.3.1　河南方言的元音系统

河南方言不管是中原官话还是晋语区的方言，与北方官话最大的区别是表现在韵母方面。河南方言韵母的读音形式丰富，性质复杂，不但与其他北方官话有很大差异，在河南内部也有极大的差异。从元音音位系统来说，河南方言的元音音位比北京话要丰富得多。

表 3.3　河南方言元音音位表

舌位 / 开口度			舌面音						舌尖音			
			前		央		后		前		后	
			展	圆	展	圆	展	圆	展	圆	展	圆
高	高	闭	i	y			ɯ	u	ɿ		ʅ	ʯ
中	半高	半闭	e ẽ				ɤ	o õ				
	中				ə ər							
	半低	半开	ɛ ɛ̃					ɔ				
	次低		æ æ̃									
低	低		a ã		A		ɑ					

另外，河南方言中原官话信蚌片还有一个声化韵 ɣ。

河南方言与北京话的韵母的差异除了表现在元音音位的复杂性上外，还表现在元音音位之间的组合上。也就是说，河南方言的复合元音也比北京话丰富。如河南方言的中古麻韵，《中原音韵》中的车遮韵，在知系声母后，读 ʅə 或 ʅɤ。舌尖介音在汉语方言中是比较特殊的现象，这个舌尖介音是如何发展来的，也《中原音韵》的"车遮"韵有没有直接的继承关系，是值得研究的。

声韵拼合方面，河南方言与北京话表现出更大的差异，也是其韵母特征丰富性的最大体现。

3.3.2　河南方言的韵母特征

1. 非组微韵、废韵、未韵的字，在河南方言中读 ei、i 或 y，读 i 的是河南方言的普遍特征。读 y 应该是 i 元音进一步演变的结果，如漯项片的商水方言中这一类字都读 ɕy。

河南方言微废未三韵的字基本上读 i，读 ei 的一般都是与 i 音并存，有两读，只有信蚌片和晋语区读一套韵母 ei。这三韵的字在《中原音韵》为“齐韵”开口，韵母为 i。中原地区的这三韵的读音是继承了《中原音韵》。这三韵的字在《切韵》中都是止摄合口三等字，在《中原音韵》中属于齐微韵。

《中原音韵》中的齐微韵来自《广韵》的齐、微、祭、废、支脂、之、灰，及质、昔、锡、职、德、缉、陌等入声韵。齐微韵的读音是：i、ui、ei。韵母是 i 的字是：逼纰脾迷非肥微低荻梯啼呢黎疾妻齐西知箸直池实机及溪奇希奚衣移。

微韵、废韵、未韵的字，在河南方言中读 i 的是普遍特征，包括晋语区在内的 8 个方言片的对比中，中原官话区 7 个方言小片中有 6 个读 i 韵母，信阳各地的方言读 ei 韵母，是由其地理位置造成的。信阳地处河南与湖北的交界地带，方言特征多与西南官话趋同。可见，《中原音韵》中齐微韵的 i 韵母，在河南方言中保留最多。

2. 屋韵、烛韵的舌齿音精系字，在北京语音中读合口呼，而在河南一些方言中读撮口呼，而且声母由中古的 ts、ts^h、s 受韵母影响，变成了 tɕ、$tɕ^h$、ɕ。如：林州、商水、淮阳、漯河、开封、舞阳等“肃宿夙俗”读 ɕy。

“促”字例外。在商水方言中，读 ts^hu，与普通话同。在古汉语里，“促”同“趋”，现代方言中读 ts^hu 是古音的遗存。

3. 东钟两韵的字，在北京语音中全部读成合口呼。通摄合口一等精组字、来母字有一部分今普通话读合口的字读撮口呼，这一特征在中原官话区与豫北的晋语区读音一致。如林州方言“松龙垄”读撮口呼。

商水方言中，来母、云日以疑母和精系字，大多读撮口呼。其中精系字声母变成了 tɕ、$tɕ^h$、ɕ。如：

来母：“笼聋龙拢垄陇栊”读 lyŋ

精系：“纵粽”读 tɕyŋ；“丛”读 $tɕ^h$yŋ；“松怂诵颂讼嵩耸”读 ɕyŋ；“从”读꜀ts^hoŋ

云日以疑：“荣戎绒茸融涌容”读 yŋ。商水方言这几个声母的字都变成了零声母。其语音的演变速度快于北京语音

4. 臻摄、梗摄、山摄等合口韵的字在北京语音中今读开口呼或齐齿呼，在商水方言中读成了撮口呼。如：

臻摄：“笋损”yn、“润闰”yn

梗摄："倾顷"$tɕ^{h}$yŋ

山摄："恋卵挛曲~栾峦"lyan、"劣"lye

"淋"字，在北京音中是由中古的开口变成了齐齿呼，读 lin^{35}；在商水方言中，也变成了撮口呼，读 lyn^{53}。商水方言中"淋"读撮口呼是"类同变化同"的音变规律的体现。

5. 遇摄一等字读 u，三等为 y，其中三等唇音字和知照系字为 u。内部又有一些区别：

(1) 有些屋韵、烛韵精系一等字读 y，如"俗足肃宿"；模韵的泥母字"奴努怒"，在商水方言读 noŋ，由阴声韵转入了阳声韵。灵宝方言读 nou。

(2) 三等知照系鱼韵庄组字，在河南方言中，读 uo、əu、y 等。如商水方言：

"助"tsuo "锄初"ts^{h}uo "梳疏蔬"suo

另外，遇韵的"数"与语韵的"础"，在商水方言与鱼韵同音，也读 uo。

而灵宝方言：

"助祝烛竹筑"tsəu "锄初础畜"ts^{h}əu "梳疏蔬熟叔淑孰"səu

"苏酥塑素速诉"读 səu。有些地方，"书抒舒输苏殳署暑庶树竖述术曙恕"读 fu。

6. 蟹合一泥(娘)、来母字今普通话读开口呼的字大多读合口呼，如安阳、林州、商水、漯河、睢县，"泪雷类累内馁"读 luei。

7. 戈韵见系字在北京音中大都变成了开口呼，读 ɤ，在河南方言中，大多保留了中古的合口读音，读 uo。如："戈"kuo，"科棵禾课"k^{h}uo，"和"xuo。

郑开片的濮阳各地方言，如濮阳县、濮阳市、清丰、南乐，戈韵也保留中古的合口读 uo。如："棵、科、课"，读 uo，濮阳县南部及清丰、南乐部分地区"国"读 kuɛ。

8. 古宕江摄入声字药觉铎韵开口三等字读作歌戈韵，有-u-或-y-介音，读合口与撮口。如：

薄 puə 剥 puə 凿 tsuə/tʂuə 络 luə 烙 luə 酪 luə

勺 suə/ʂuə 脚 tɕuə 嚼 tɕuə 角 tɕyə 药 yə 钥 yə

药韵开口三等字"虐疟爵嚼雀鹊却削约跃钥略掠药脚角~落"与觉韵开口二等字"觉角确学岳乐趵"，在北京语音中，除了"药嚼脚钥角~落"读 iau 外，其他都读 ye，与薛屑韵的"绝决缺月雪薛"等同音。在商水方言中，除了"略掠"读合口呼 uo 外，其他都读撮口呼韵母 yə，区别于薛屑两韵的字。与北京话相比，其主要元音较低较后。如：

觉角~落脚爵嚼 tɕyə≠绝倔掘决 tɕye

雀鹊却确 tɕʰyə≠缺瘸阕 tɕʰye

学削 ɕyə≠薛雪血 ɕye

药约岳钥虐疟乐音~ yə≠月曰悦 ye

药觉韵字在《中原音韵》中既收于萧豪韵，又收于歌戈韵，即有两读。歌戈韵的读音与今河南中原官话同，萧豪韵的读音与今北京话同。有人以此为根据，认为《中原音韵》的基础方言为大都音，而不是以汴洛音为代表的中原官话。在研究《中原音韵》的方言基础问题上，应从语音系统的大势上着手讨论并定性，而不能凭某一种语言现象的趋同或差异来作出定论。关于中原官话与《中原音韵》的关系问题，第五章将作详细讨论。

表 3.4　宕江通摄开口入声字在河南方言中的读音对照表

	宕开三							江开二		通合三等			
	药韵				铎韵			觉韵		屋韵			烛韵
	略	勺	雀	药	削音~	烙	胳	学	觉	轴	熟	肃	俗
洛阳	liə	ʂuo	tsʰiə	iə	siə	liə	kæ	ɕiə	tɕiə	tʂu	ʂu	sy	sy
灵宝		ʂuo	tɕʰyɤ		ɕyɤ		kei	ɕyɤ	tɕyɤ	tsou	sou	ɕy	ɕy
郑州	luo	ʂuo	tsʰyo	yo	syo	luo	kɛ	ɕyo	tɕyo	tʂu	ʂu	sy	sy
开封	luɤ	ʂuɤ	tsʰiau	yɤ	suɤ	luɤ	kiɛ	ɕyɤ	tɕyɤ	tʂu	ʂu	sy	sy
商水	lyɛ	suo	tɕʰyo	yo	ɕyo	luo	kiɛ	ɕyo	tɕyo	tsu	su	ɕy	ɕy
淮阳	luo	suo	tɕʰyo	yo	ɕyo	luo	tɕiɛ /ciɛ	ɕyo	tɕyo	tsu	su	ɕy	ɕy
平顶山	luɤ	ʂuɤ	tsʰyɤ	yɤ	syɤ	luɤ	kɤ	ɕyɤ	tɕyɤ	tʂu	ʂu	sy	sy
舞阳	luɤ	ʂuɤ	tsʰyɤ	yɤ	syɤ	luɤ	kɯ	ɕyɤ	tɕyɤ	tʂu	ʂu	sy	sy
遂平	luo	suo	tɕʰyo	yo	ɕyo	luo	tɕiɛ	ɕyo	tɕyo	tsu	su	ɕy	ɕy
信阳	luo	suo	tɕʰyo	yo	ɕyo	luo	kɛ	ɕyo	tɕyo	tsou	sou	ɕy	ɕy
新县	lio	suo	tɕʰɥo	io	ɕio	luo	kɛ	ɕio	tɕio	tsou	sou	sou	sou
固始	luo	suo	tɕʰyo	yo	ɕyo	luo	kiɛ	ɕyo	tɕyo	tsou	sou	ɕy	ɕy
南阳	lyɤ	ʂuɤ	tɕʰyɤ	yɤ	ɕyɤ	luɤ	kɤ	ɕyɤ	tɕyɤ	tʂu	ʂu	ɕy	ɕy
方城	lyɤ	ʂuɤ	tɕʰyɤ	yɤ	ɕyɤ	luɤ	kɤ	ɕyɤ	tɕyɤ	tʂu	ʂu	ɕy	ɕy

（续表）

	宕开三							江开二		通合三等			
	药韵				铎韵			觉韵		屋韵			烛韵
商丘	luo	suo	ts^{h}uo	yo	ɕyo	luo	kei	ɕyo	tɕyo	tʂu	fu	sy	sy
睢县	luo	suo	ts^{h}uo	yo	ɕyo	luo	kiɛ	ɕyo	tɕyo	tsu	su	sy	sy
襄城	lyo	ʂuo	ts^{h}uo	yo	ɕyo	luo	kiæi	ɕyo	tɕyo	tʂu	ʂu	sy	sy

注：贺巍《洛阳方言研究》（贺巍，1993，下不另注）和张启焕等《河南方言研究》（张启焕、陈天福、程仪，1993，下不另注）关于洛阳的记音，差别比较大。张氏所记洛阳果摄、遇摄字如"作左昨坐做错梭蓑桌着说缩勺若弱"等字的韵母为 ou；贺氏所记为 uo。

宕江摄药觉韵字，"烙"张氏记为 luo，"勺"为 ʂou。"药学雀削脚觉却"为 yo，"熟"韵母为 ʮ；贺氏记"烙勺"韵母为 uo，"药学雀削脚觉却"韵母为 iə，"熟"韵母为 u。

按张氏记音，洛阳方言中"雪"＝"削"syo；按贺氏记音，"雪"syɛ≠"削"siə。河南方言中，一般"雪"≠"削"。故此处采用贺氏记音。

9．蟹摄合口一等与止摄合口读开口。古蟹摄合口一等和止摄合口的端精组字，在河南南阳各地，南阳、唐河、新野、镇平、鲁山、南召、西峡、汝阳等地，都丢掉了 u 介音。如"对 tei꜄、类 lei꜄、内 nei꜄、嘴 ꜂tsei、催 ꜀ts^{h}ei、虽 ꜀sei"等。而宜阳、伊川、嵩县、栾川、新安、渑池、洛宁、陕县、汝阳、临汝、淅川、南召等地，这类字的读音依声母不同，韵母也不同。端组字声母读开口呼 ei，精组声母读合口 uei。

在《蒙古字韵》和《中原音韵》中，止摄（支脂微）合口字已与灰泰祭废齐诸韵合口字合并。这种格局的形成实际可能远远早于元代，（十世纪的朱翱反切中已有一些脂微韵合口字混入灰泰合口）（王力，1982），此后，北方官话基本上一直保持这种格局，作为北方官话代表的现代北京话支脂微合口字与灰泰祭废齐韵合口字都读 uei。

属于中原官话南鲁片的南阳各地方言，在进一步的演变中，丢掉了 u 介音，走上与止摄开口同样的演变道路。

所有的音变都有其发音机制上的深刻原因，近古合口三等介音是复合介音 iu，止摄合口的读音应是 *iui（泰祭废齐合口与之同音），这应该是南阳各地方言近古层的音变起点。iui 组合的平衡性极差，体现出和谐发音的诸多矛盾：首先，i 是前元音，u 是后元音，在同一音节内部舌体前后往返势必给发音造成困难；其次，i 是不圆唇音，u 是圆唇音，在同一音节内部出现两次唇形转换，也给发音带来困难。从 iui 变成 i、ui 或 iu 体现了缓解发音矛盾的三个可能的音变方向，uɛi、uɐi、uɛ、uæ、oi、ɔi 等，则都是 uei 的后续音变，有的是主元音进一步低化，有的是元音融合。

止摄开口唇音字《蒙古字韵》读 ue，《中原音韵》入齐微韵，读 uei。（杨耐思，1981）止摄开口 i>uei 后，《中原音韵》中的止摄开口唇音字便和灰韵、支脂合口、废韵合口、微韵合口、祭韵合口、齐韵合口合流了。再后来，唇音后的 u 介音又脱落了（唇音后的 u 介音不具音位意义，既易产生又易脱落，这就是中古唇音字没有开合口对立的道理）。南方方言中止摄开口唇音字的文白读似乎也能证明这一点，例如，属于赣方言的横峰方言“被$_{\sim追}$”，文读，读 p^hei，“被$_{\sim子}$”，白读，读 p^hi。广州话的情况正是这一情况的证明。广州止摄唇音字都读 ei，可是在一百年以前这些字还都读 i，直到现在，广州近郊的文冲、小洲及顺德、南海、中山、珠海、高明、鹤山、台山、恩平、东莞、合浦等地仍读 i。（李新魁，1990）

10. 深臻与曾通梗摄读音合并。信蚌片古深臻两摄和曾梗通三摄今读开口、齐齿两呼的字今韵母相同，读[ən]或[in]。如信阳、息县、潢川、固始、霍邱、寿县、蚌埠、五河等地方言中，下面一些字是同音字：

跟根＝庚羹更耕[꜀kən]，斤巾金＝京荆经[꜀tɕin]，钦＝轻[꜀$tɕ^h$in]，辛欣＝兴[꜀ɕin]，因阴音＝英婴缨莺樱[꜀in]

上述两类字在河南中原官话其他各片有区别，分别读 ən、əŋ 韵母和 in、iŋ 韵母。

11. ɯ 韵母与 ɯ 韵尾。南鲁片很多方言德陌麦三个入声韵的喉牙音读后高不圆唇元音的 ɯ 韵母，如舞阳、襄城的“胳”kɯ、“黑”xɯ，其他韵的字喉牙音白读音也有读 ɯ 韵母的，如“后”xɯ、“给”kɯ；嵩洛片的宜川方言也有同样的读音。另外，嵩洛片方言，如洛阳方言，止开三“支、脂、之”三韵的日母字，读 ɯ（孟县读声化韵[l]）。例如：儿 ɯ、l，二 ɯ、l，耳 ɯ、l。

洛阳方言的儿化韵之后都带 ɯ 尾，基本韵母儿化之后有 8 个儿化韵：əɯ、iɯ、uɯ、yɯ、ɐɯ、iɐɯ、uɐɯ、yɐɯ。如：

枝 tsï，树枝儿 tsəɯ

盆 p^hən，盆儿 p^həɯ；棚 p^həŋ，棚儿 p^həɯ

篓 ləu，篓儿 ləɯ

溜 liəu，溜儿 liɯ

里 li，（棉袄）里儿 liɯ；巾 tɕin，巾儿 tɕiɯ；清 ts^hiŋ，（鸡蛋）清儿 ts^hiɯ

盖 kæ，盖儿 kɐɯ；脑 nɔ，脑儿 nɐɯ

沾 tʂan，(两不)沾儿 tʂɐɯ；缸 kaŋ，缸儿 kɐɯ

12. 假摄开口三等麻韵章组字和咸山摄开口三等知章组入声字，在河南方言中原官话区主要有五种读音，ɛ、ɤ、ʅɤ、ʅɛ、ɤr。洛阳、郑州读 ʅɛ，睢县读 ɤr，襄城读 ʅɤ 或新乡读 ʅe，商水读 ɤ，舞阳、扶沟等地读 ɛ。如：

洛阳：遮浙折哲者这 tʂʅɛ、车彻撤扯 tʂ^{h}ʅɛ、奢设舌蛇舍赦社涉射 ʂʅɛ、热惹 ʐʅɛ

新乡："这社"tsʅe

郑州：遮摺褶~子(皱纹)蛰折~断浙蔗哲辙 tʂʅɛ、车奢徹扯撤 tʂ^{h}ʅɛ、赊佘蛇舌折弄~了赦舍涉设射社摄(文) ʂʅɛ、热惹 ʐʅɛ

睢县：折 tʂɤr、车 tʂ^{h}ɤr、设 ʂɤr、热 ʐɤr

襄城：遮哲这 tʂʅɤ、车彻扯撤 tʂ^{h}ʅɤ、赊舌设社 ʂʅɤ、热惹 ʐʅɤ

城镇和乡下之间读音有交叉现象。而麻韵字在洛宁方言中读舌面后次低圆唇元音 ɔ，与咸开一二等、山开一二等和山合三等字的合并。

这些假摄开口麻韵字在《中原音韵》中属于车遮韵。河南方言中这些韵的字，在知系声母后很多带有舌尖介音-ʅ-，这是汉语其他方言比较少见的现象，在汉语语音发展史上，也是值得注意的现象。

按照杨剑桥先生(杨剑桥，2005：162—164)对假摄开口三等麻韵古音的构拟，三等麻韵在汉语中的发展轨迹是这样的：

	《诗经》音		西汉音		东汉音		魏晋音		隋唐音		五代音
三等麻韵	iɑg	→	iɑg	→	iɑ	→	ia	→	ia	→	ia

宋代音		元代音		明清音
ia	→	iə	→	ɤ（车遮者蔗社舍）
			↘	ie（野冶也夜且姐邪谢写）

为什么近代的-i-介音，到河南方言中会变成舌尖后元音-ʅ-介音呢？从音理上来说，这些字的舌尖介音应该是受声母影响的结果。《中原音韵》中的车遮韵，在河南方言中有舌尖介音的都是知系字，知系字的声母是"舌尖后"塞擦音 tʂ 等，它的前身是舌叶音 ʧ 等。

假摄三等麻韵从古至今的演变过程，是主元音的逐渐高化。到明清的时候，根据声母的不同，分化为两类读音。在北京话中，三等麻韵知系字变为开口，读ɤ，其他声母前仍保持了中古的i介音。在河南方言中，知系字三等麻韵，有些丢掉了-i-介音，有些把-i-介音变成了舌尖介音ʅ。河南方言中的舌尖介音应该是-i-介音进一步发展的结果。杨剑桥先生在谈到汉语ɿ、ʅ韵母的产生时，认为i在精组声母后，容易被同化为舌尖音。并引用麦耘的话，说："作为舌尖前音声母的精组，把i韵母同化为舌尖前韵母，本是极自然的事……"(杨剑桥，1995)

河南方言中的假摄三等麻韵在知系卷舌声母的影响下，i被同化舌尖后元音ʅ是同样的道理。

从"车遮"在河南方言中的语音演变的过程来看，河南方言中"车遮"韵知系字的舌尖介音-ʅ-，是从《中原音韵》"车遮"韵的舌面介音-i-演变过来的，它们的主元音与《中原音韵》的"车遮"韵的主元音在有些方言片中表现为极为接近，在有些方言片中则完全相同，说明了河南方言中的"车遮"韵知系字的读音与《中原音韵》中的"车遮"韵读音是一脉相承的。它们的音变起点是i，音变发生于"章组"从ʧ>tʂ之后。翘舌音声母tʂ等与高元音韵母i不甚相容，声韵竞争的结果是以韵母元音低化或韵母元音舌尖化妥协而告终：

i>ʅ>/-[ʧ>tʂ]

ε>ɤ/-[ʧ>tʂ]

13. 古曾梗摄入声开口的字读ei或ε，有些方言一二等字有i介音。

古曾梗摄入声德陌麦三韵开口字一二等字在河南方言中读ei或ε韵母，有些方言一二等字有i介音。有i介音的字除了中原官话汾河片的灵宝及卢氏方言外，河南境内中原官话这三韵的-i-介音，都只出现于喉牙音即见系字上。这三韵合口一二等字"国或惑获"读uε或uai。

这三韵的字在河南方言中的读音，是河南方言区别于其他北方官话的主要特征之一。它们中的开口字在河南方言与其他北方官话的区别表现在三个方面：

(1) 主元音不同。河南方言中这些字韵母的各个地方的主元音主要有三种，ε、e或a，不管是哪一种，所有声组的字都读同一个韵母，没有依声母条件不同而分化。而北京话中，唇音字的韵母读ai韵母，主元音为a；其他声母的字读ɤ。韵母的读音因声母的不同而不同。

(2) -i-介音的有无。河南方言中，有不少地方这些字有增生-i-介音的现象。如灵宝方言唇音字"墨默"等有i介音，读miε，"革隔客克黑"等喉牙音字在灵宝方言中，则没有介音，却有 i 韵尾，读 ei，在河南中原官话其他方言片中，情况正相反，唇音字一般读 ei 或 ɛ 韵母，没有 i 介音，不少地方喉牙音字则有 i 介音，读 iɛ 韵母，读 iɛ 韵母时，声母有腭化与不腭化两种。

（3）-i 韵尾的有无。在北京话中，这些韵的唇音字有-i 韵尾，其他声母的字都没有-i 韵尾；河南方言中，韵尾的有无，不受声母的条件限制，不同地方的读音有两种情况：① 所有的字都有-i 韵尾，读 ei、ai 韵母或 iai 韵母；② 所有的字都无-i 韵尾，读 iɛ 或 ɛ 韵母。

简言之，北京话中，这些字都没有-i-介音，主元音的读音形式与-i 韵尾的有无，受声母条件的限制。河南方言中，这三韵的字，主元音与 i 韵尾的有无，都不受声母条件限制，而-i-介音的有无，受声母条件的限制。灵宝方言除外，灵宝方言-i-介音的产生与否，与-i 韵尾的有无，都受声母的条件限制。

这三种语音形式，使得这三韵的字的语音特征表现出与北京话的突出差异，尤其是一二等字读细音的情况，更是北方官话方言中少见的现象。

14. 鼻音韵母的读音。河南方言的鼻音韵尾分四种类型，一是和普通话一样，m 尾消失，古阳声韵只 n、ŋ 两个韵尾。二是鼻音韵尾全消失，古阳声韵转化为阴平韵，只留下元音韵尾。三是阳声韵尾之间舌尖中鼻韵尾与舌根鼻韵尾转化，n 韵尾变为 ŋ 韵尾。四是鼻音韵尾弱化，变为鼻化元音。

（1）灵宝、陕县深臻两摄舒声的韵母，今失落鼻音韵尾，读阴声韵 ei、iei、uei、yei，与止摄今读开口呼、合口呼字同音。

（2）林县方言的鼻音韵尾的演变是比较特殊的。中古深、臻摄字韵尾今普通话读-n 韵尾，在林州方言里读舌根鼻音-ŋ。这一现象也比较特殊。在汉语方言，一般是舌根鼻音 ŋ 变成舌尖中鼻音 n，林县则是往相反的方向发展。林县方言中的舒声促化现象，也往与汉语语音演变的趋势相反的方向发展。林县方言的这种音变方向，是值得注意的。

（3）豫北晋语区方言与豫西中原官话方言都有鼻化元音。如濮阳地区台前、范县，将 ɑn、iɑn 读成ɑ̃、iɑ̃鼻化元音，元音鼻化在濮阳方言中非常普遍。

濮阳话有 49 个韵母，8 个鼻化韵母：ɑn、iɑn、uɑn、yɑn、en、in、uen、yn 读成 ã、iã、uã、yã、ẽ、iẽ、uẽ、yẽ。

新乡 44 个韵母，8 个鼻化韵母：æ̃ 、iæ̃ 、uæ̃ 、yæ̃ 、õ、iõ、uõ、uɑ̃。如：

冰片 piŋ$^{33-54}$ pʰiæ̃$^{213-21}$ | 灌 kuæ̃^{31} | 过年 ȵiæ̃^{31} | 洗脸水 ɕi$^{54-31}$ | iæ̃$^{54-31}$ sui^{54}

鸡蛋 $tɕi^{33-54}$ $tæ̃^{213-21}$ | 漫 $mæ̃^{213-21}$ 一地水 | 翻 $fæ̃^{33}$ | 汉丈夫 $xæ̃^{213-21}$

穿 $ts^{h}uæ̃^{33}$ | 枣焙地名 | 拴 $suæ̃^{33}$ | 花园 $yæ̃^{31}$

睁 $tsõ^{33}$ 眼 | 姜 $tɕiõ^{33}$ 庄地名 | 亲 $tɕ^{h}iõ^{213-21}$

钢 $kõ^{213-21}$ $kõ^{213-21}$ 刀

黄 $xuã^{31}$ 芽大白菜 | 礤床 $tsuõ^{31}$

高粱 $liõ^{31}$ | 大娘 $ȵiõ^{31}$

"黄"与"床"有不同形式的鼻化元音：uõ、uã。红 uŋ，生 əŋ ən，秦 tɕʰin 没有鼻化韵。当主元音是 u、ə、i 时，后面的鼻音韵尾不消失，元音不鼻化。这说明了低元音的鼻化倾向强于高元音。从发音生理上来说是很自然的，因为口腔张大，舌位降低会导致小舌微微下降，从而使一些气流从鼻腔逸出。连接软腭和舌有一条舌腭肌，当发高元音时这条舌腭肌是松弛的，当发低元音时舌位降低，使得舌腭肌绷紧，容易使小舌下降，从而打开鼻咽通道，所以低元音比高元音容易鼻化。

鼻化除了与元音的高低有关以外，还与前后有关，庚韵比唐韵易鼻化。又与韵尾性质有关，带-n 尾比带-ŋ 尾易鼻化。

韵母元音鼻化现象无论是在汉语官话还是东南诸方言，都比较普遍。鼻音化有几种情形：鼻音韵尾脱落，主元音或整个韵母完全鼻化；鼻音韵尾保留，韵母元音带弱鼻化特征；整个音节鼻化，即鼻化延及声母；阴声韵和入声韵元音发生鼻音化。从发音生理来说，鼻音化是由于鼻辅音尾音（或首音）同化；从语音发展史看，鼻化韵往往来自鼻音韵尾的弱化与脱落。鼻音化比较复杂的汉语方言是闽南话。

3.4 音韵结构内的层次类型

考察河南方言的音韵变迁特点，我们发现主要有以下三种不同性质的音变形式：

3.4.1 例外音变

河南方言中有些音变现象，不存在异读，但在语音演变形式上表现出"例外”。由于语音演变的不平衡性，会造成同一方言内部演变速度不一致而产生词汇扩散现象，形成一些滞后音变。如见系字在细音前腭化为 tɕ、tɕʰ、ɕ 是普遍的音变方向。中原官话漯项片的商水方言也是如此。但商水方言中的古德陌麦三韵入声字见系声母读细音，声母却没有腭化，仍读 k、kʰ、x。这是由于商水方言中这三韵的字的 i 介音是后起的。语音演变除了有条件性、规律性之外，还具有时间性。错过了音变时间，即便同一条件下，音变也不会再发生，从而造成“例外”现象的发生。

例外音变有时会造成异读现象。有些字音在一些词语中发生了音变，在另外的词中却未发生同样的音变。如王福堂曾谈到的西安话“女猫”一词中，“女”读꜂mi 的语音现象。（王福堂，2005：9）他对“女”的这种泥母字读如明母的异读现象做了音理机制上的解释，认为这个例外是鼻音声母发音部位转移而发音方法不变的一种音变现象，并进一步举出汉语方言中的其他此类音变作为例证：“如合肥话‘泥’꜁ɱ，建瓯话‘尼’mi꜄、‘日’mi꜇，苏州话‘蚁疑母’mi꜅，温州话‘蛾疑母’꜁mai 等，各字声母的例外，都是因为泥、日、疑、明母等鼻音声母的发音部位转移造成的。”泥母字“女”字声母的正常演变正是受到这一规律的干扰，才变成了 m。这种音变也需要一定的条件。比如河北滦县、定兴等方言中母猫叫“伲猫”，“女”字的声母在变成 m 以前，韵母先要变成 i，然后声母再发生变化。其变化过程应该是：

ny→ni→mi

这种音变在河南中原官话方言中同样存在。遂平、商水方言中，表示“母猫”这个意义时，也是说“꜂mi 猫”。河南方城、渑池、宜川、新野方言，“女猫”一词，都读“女（꜂ȵy）猫”，表示一种动物“是母的”，会说“是女（꜂ȵy）的”。由此可知，“꜂mi 猫”的确应当写成“女猫”。河南方言中，在表示动物的雄雌意义时，“女”与“郎”形成阴性与阳性的对立，“母”与“伢”形成阴性与阳性的对立。表示“公猫”这个意义，用“꜁laŋ 猫”（郎猫）；“女”和“郎”体现出阳性意义与阴性意义的对立。“公狗”“母狗”分别说成“伢狗”“母狗”；“公猪”“母猪”分别说成“伢猪”“母猪”。“伢”与“母”形成阳性意义与阴性意义的对立。这实在是一个有意思的表达方式。“伢”和南方方言表示男孩子用“伢仔”一词的“伢”，应该是语出同源。如下表所示。

表 3.5　河南方言对"猫""狗"雌雄称谓

	商水	遂平	方城	新野	渑池	宜川
女(猫)	ᶜmi	ᶜmi	ᶜȵyr	ᶜȵy	ᶜȵyr	ᶜȵy
郎(猫)	꜀laŋ	꜀laŋ	꜀laŋ	꜀laŋ	꜀laŋ	꜀laŋ
母(狗)	꜀mu	꜀mu	꜀mu	꜀mu	꜀mu	꜀mu
伢(狗)	꜀ia	꜀ia	꜀ia	꜀ia	꜀ia	꜀ia

河南方言中"女"字的异读也符合王福堂先生所说的音变条件，读泥母舌面鼻音 ȵ 时，韵母是 y，凡读 m 声母的，韵母都变成了 i。这说明是韵母 i 导致的发音部分的转移。i 介音在汉语声母系统的演变中有特殊的影响，它是音系结构格局控制语音变化的一种内在机制。在汉语方言中，i 介音的产生、消失与演变中引起声母的变化，是非常普遍的现象。但一般其作用显示在对喉牙音与舌尖音声母的影响方面，i 介音引起唇音声母的变化的现象在汉语方言中较少见。但也有，例如山西闻喜一带的方言双唇音 p、p^h、m 在 i 前读为 t、t^h、l(城头以外的地区为 n)，就是 i 介音影响的结果。(徐通锵，1994)

p/t：闭 pi/ti、镖 piao/tiao、鞭 piæ/tiæ、饼 piʌŋ/tiʌŋ

p^h/t^h：屁 p^hi/t^hi、飘 p^hiao/t^hiao、偏 p^hiæ/t^hiæ、瓶 p^hiʌŋ/t^hiʌŋ

m/l：米 mi/li、苗 miao/liao、棉 miæ/liæ、名 miʌŋ/liʌŋ/liɛ

这是 i 介音引起唇音的发音部位向舌尖音转移，变为舌尖中音，同时发音方法也改变的音变。西安、河南方言中，"女"的声母 n 在 i 之前变成 m，是使发音部位向相反的方向变化，由舌尖中音变为唇音，而发音方法不变。

有一些例外音变的音变机理与音变条件，难以解释。如"缩"，中古通摄三等屋韵生母字，在普通话中读[꜀suo]，其声母是一种"正常"的读音，但在河南很多方言中都"缩"都读[꜀ts^hu]，声母读如"初母"。目前看不出其音变的原因。如下表。

表 3.6　"缩"在河南方言中的读音

	商水	商丘	郑州	淮阳	睢县	遂平
缩	ts^hu	ts^hu	ts^hu	ts^hu	ts^hu	suo

商水方言中，"(衣服)缩水"叫"缩(ts^hu^{213})了"；"皱"叫"枯缩(ts^hu)"，"皱

纹”叫“枯缩(ts^hu)皮”。

再如商水方言中有端系字读如知系声母的现象：堆 $tsui^{213}$、沓 tsa^{53}、踏 ts^ha^{55}，“踏了一脚泥，路上踏哩很”。这种音变从表面上看不出其音变的机制，这种例外音变也应该是有规律的“例外”，只是我们还没有发现这种规律而已。

汉语南方方言中有知系字读如端系的现象，泉州方言把知组读同端组，如：“猪”[$tɯ^{44}$]、“抽”[t^hiu^{44}]、“除”[$tɯ^{24}$]、“程”[$t^hiŋ^{24}$]；可以用“古无舌上音”来解释，这些读音形式是上古音的遗留。在泉州方言中，也有章组字读同端组的现象，如：“唇”[tun^{24}]、“振”[tin^{55}]（莫振动——“别动”的意思），“召”[$tiau^{41}$]、“注”[tu^{41}]。北方方言很少有此类现象。商水方言中个别端系字读如知系，是一种语音演变上的例外。

3.4.2　古音遗留

河南方言中有一些字的读音不同于同类的其他字，是一种“古音遗留”现象。如“做、抱”的韵母，读 pu 是保存了上古音的形式。再如“讲”读꜀kaŋ、“杏”读 xəŋ꜄、“横”读꜁xoŋ，是声母和韵母都保留了中古音的读音形式，“侧”读꜂tsai，是声母保留了古音的形式。

“孵”在河南不少方言中读 pu꜄，如遂平、舞阳、商水、方城，是保留了上古音的重唇音。

古帮、非组在河南方言中都已经分化，一般表现为：帮 p，滂 P^h，并 P/P^h，明 m，非敷奉 f，微 m/v/ø。

“孵”中古是敷母字，在中原官话中读 pu꜄，是读作了古帮母的音。晋方言普遍将“孵小鸡”说成“꜁p^hu 小鸡”，꜁p^hu 是古滂母的读音。如下表中河南方言与山西方言中“孵”的读音都是一种古音遗留：

表 3.7　“孵”在河南和山西方言中的读音

	河南						山西			
	商水	遂平	新野	方城	渑池	宜川	襄汾	临汾	乡宁	吉县
孵	pu꜄	pu꜄	fu꜄	pu꜄/fu꜄	pu꜄	p^hu꜄	p^hu꜄	p^hu꜄	p^hu꜄	p^hu꜄

河南商水方言中此类音变很多，现仅以唇音的部分古音遗留现象列表如下：

表 3.8 商水方言中唇音字的古音遗留

	抚	抱	晚	挽	蜂马～
商水	pu꜄	pu꜄	꜂mian	꜂pian	p^{h}au꜄

“古音遗留”不是成批存在的，而只是零星现象。但这些零星的读音，在古音构拟的研究中，有着不可忽视的作用，它们常常为我们寻找古音的形式，寻找语音演变的过程和规律提供重要线索。

3.4.3 不同时间层次上的异读

在方言中形成不同时间层次上的叠置。河南方言中有一些异读现象，但不同于南方方言大量存在的文白异读，这种异读，没有“文”与“白”的对立，而是在固定的词语中用一种读音，在另外一种词语中，读另一种语音。

如“晚”，在河南方言有 mian^{55}/uan^{55} 两种异读形式，“晚”：mian^{55} 辈儿～(辈分低)/uan^{55} ～了。这也是很有意思的一种音变现象，中古微母的“晚”，保留了“明母”的声母 m。这和上文中所提到的“女”读 mi 是不同性质的一种音变方式。“女”的音变是现实的语音条件激发的一种后起式的音变，“晚”的两种异读则是分属不同的时间层次，是滞后音变造成的一种历史层次。从微母的历史演变来说，“晚”读 mian^{55}，可能是保留了微母上古音的形式，“uan^{55}”的读音则是较晚的一个层次，应该在近代以后。

微母上古音的构拟是 m 声母，到中古变成 ɱ，到近代变成 v，到现代普通话中变成零声母。结合方言我们可以看到微母的从上古到中古，再到近古，以至今日，各个历史阶段的不同层次。客家方言中微母字读 m 声母的有很多，如：

无 mau^{2}、舞 mai^{3}、尾 mai^{3}、晚 mie^{6}

问 maŋ^{6}、蚊 maŋ^{1} 物 mi^{7}、芒 miaŋ^{2}、网 miaŋ^{3}

望 mɔŋ^{6}、妄 mɔŋ^{1}、忘 mɔŋ^{2}

袜 mɔ^{7}、蔓 mɔ^{6}

这是上古微母的拟音当为 m 的一个很好的证据。另外，客家话中微母字还有一类读 v 声母，如“武”读 vu^{3}，“微”读 vi^{1} 等。

在中原官话中，微母字“晚”读 m 声母的异读形式在郑州、金乡、徐州都有。徐州、金乡、郑州方言中“晚挽”分别有 miě^{35}、uě^{35}。今天的河南方言微母字大多数地方读浊的唇齿擦音 v 和零声母。微母在中原官话中的今读呈现出三个层次：m/v/ø。

从现代汉语方言中微母字的读音，可推测上古的明母 m，于中古分化出微母的 ɱ，近代在合口三等字前演变为唇齿音 v，后变成零声母。其演变过程如下：

$$m \rightarrow v \rightarrow ø$$

河南方言中的此类异读还有不少。如：

开封：繁 p^ho$_{\sim\text{塔(开封佛塔名)}}$/fan$_{\sim\text{荣}}$

商水：侧꜂tsɛ$_{\sim\text{歪}}$/꜀ts^hɛ$_{\sim\text{身}}$

蜂 p^hau$_{\text{马蜂}}$/꜀xoŋ$_{\sim\text{蜜}}$

核 xiɛ$_{\sim\text{心}}$、核桃/xu$_{\text{枣}\sim}$

上文所提到“孵”在河南有些方言中读 pu 或 p^hu 或 fu，在有些方言是 puʔ 或꜀fu 两读，“孵”的这两种异读形式，也不存在“文”与“白”的对立，都只在“孵小鸡”这一个词语中发生，是属于历史音变中的历史层次，是不同时间层次的叠置，而不是文白异读。p^hu 是最早的层次，pu 则可能是轻唇产生之前，由于类推或其他原因造成的例外音变，是 p^hu 之后的一个层次，fu 则是中古以后的一个层次。

这种“异读”一般都有其音变的条件，不同的条件造成不同的语音形式。往往“滞古”音变形式比规则内的音变形式更难解释。如“繁塔”是开封一座佛塔的名字，读“p^ho 塔”，了解“繁”字 p^ho 的读音形式来源与滞古时间，可以使我们了解建塔的时间，从而对历史上佛教在中原一带的传播情况提供线索。

“繁”是全浊奉母字，应该读浊声母，但声母是清声母，同时，重唇的特征却没有随着音系的变化而轻唇化。这个字可能会是在这两场音变发生的间隔进入开封话的，也可能是开封话本地的读音，保留了上古的形式，也可能是保留了中古的形式。

“繁”读 p^h声母，一般认为是保留了上古音声母的特点：古无轻唇音。但这个重音声母也可以说成中古的形式。

“繁”，《广韵》平声戈韵薄波切：“繁，姓也。《左传》殷人七族有繁氏，汉有御史大夫繁延寿。又音烦。”《集韵》平声戈韵蒲波切：“繁，姓也。”从中古“繁”的反切上字来看，当时还是用並母的“薄”作反切上字，说明中古的並母没有清化，应该读 b。开封属于中原官话，全浊声母也是平声送气，仄声不送气，浊声母 b 经过了全浊声母的音变，由 b 变成了 p^h。但“繁”在中古时的反切上字仍然是重唇音並母，而断定中古的时候，“並母”还没有轻唇化。“繁”的声母，全浊声母的 b 音，经历了开封话语音系统的“全浊声母的清化”变成了送气的轻声母 p^h，但重唇的特征却没有随着音系的变化而轻唇化，变为 f 声母，是因为全浊声母清化的时间远晚于轻唇音的产生。所以，我们没法断定它一定是保留了上古的语音形式。

王力先生说：“上古人名的传统读法也保留着上古语音的痕迹。”（王力，1980）“繁”在《集韵》与《广韵》中都记载作姓氏用，这应该是它保留古音的原因之一。地名也往往保留着古音特点。“繁”作为一个塔名，读 p^ho，应该是保留了建塔时“繁”的读音。

对河南方言中这类音变进行研究，找出它们的历史层次，可以帮助我们看清河南方言音韵结构变迁的历史进程。如通过对上面“繁”的考察，我们可以知道，浊音清化，与重唇声母的轻唇化，在中古的时候都还没有发生。

3.4.4　性质不明的异读

有些异读现象不受环境限制，同时存在两种读音形式。除了这种语言内部演变造成时间层次的叠置，形成语音异读之外，河南方言还有不少性质不明的异读现象。这些异读，有时难以区分是文白异读，还是分属于两个不同的时间层次的异读。这些异读音的层次性质不明，是否异源层次，还是分属不同的时间层次，难以一时断定。这一类的异读形式在河南方言中是最丰富的一种异读形式，这里我们仅举几例，如：

方城：飞꜀fi / ꜀fei

革格꜀kɤ / ꜀kɛ

舞阳：侧꜂tsɛ$_{\sim 歪}$ / ꜀tʂ^{h}ɛ$_{一\sim,两\sim}$

商水：后 xɤ$^{51}_{\sim 晌}$ / xəu$^{51}_{\sim 边}$

舞阳、襄城：后 xɯ$^{51}_{\sim 晌}$ / xəu$^{51}_{\sim 边}$

这些异读不能算是文白异读，因为有些异读的两种音读的形式无法分出是“白”或是“文”，也许更多的是时间层次的叠置。如“后”只在“后晌”一词中读 xɤ꜄，在“后个”（后天），“后头”中都读 xəu꜄。“后晌”与“后个”“后头”不能说哪一个是白读，哪一个是文读。具体属于哪一种性质，不容易判断。

舞阳、襄城方言,“后”读 xɯ/xəu。商水方言中的 xɤ 的读音主元音进一步高化就成为 ɯ。郑张尚芳认为中古的二等介音 ɯ 是从上古的 ɤ 演变来的,以此说,我们认为商水、舞阳、襄城方言中的 ɤ 与 ɯ 的读音同属一个层次——白读层,在这个白读层内部,又有不同的时间层次,商水的 ɤ 是更早的层次,舞阳、襄城的 ɯ 是 ɤ 进一步演变之后的较晚的层次。xəu 的读音很可能是普通话影响的结果。如果是这样,“后”的两读现象就是一种文白异读。

3.4.5 文白异读

河南方言中的异读有些可以肯定是文白异读,如“挽:pian,~起袖子/uan,~留”。“挽”,无远切,《切韵》中是山摄合口三等微母字,在“挽起袖子”这个用法中,读 pian,是白读音,保留了重唇的古代读音,是古无轻唇音的反映;而“挽留”是从普通话借入的词,读 uan,是文读音。再如“特”在河南很多方言中存在异读。如在表示“(某人)出众、厉害、有本领,(某事、某物)非常合适,令人满意”这个意思时,读꜁t^hiɛ/꜀tɛ,在“特别”一词中读 t^hɛ/t^hai。

表 3.9 “特”在河南方言中的读音

		商水	舞阳	灵宝	襄城	新县
特	白读	꜁t^hiɛ/꜀tɛ	꜁t^hiɛ	꜁t^hiɛ	꜁t^hiɛ	꜁t^hiɛ
	文读	꜁t^hai	꜁t^hai	꜁t^hai	꜁t^hai	

河南方言中的文白异读最常见的有以下一些:

输:文读 ʂu/su(运输)/白读 ʐu/zu(输赢)

舒:文读 ʂu/su(舒服)/白读 $tʂ^h$u/ts^hu(舒坦)

做(洛阳):文读 tsu/白读 tsou

河南方言中的文白异读不是普遍的成系统的,而是发生在零星的、个别字中。

例外音变与不同时间层次的异读,是河南方言音变形式中最丰富的两种形式。文白异读形式是最少见的一种音变形式。

前四种音变形式都是内部音韵结构的变迁形式。内部音韵结构中的语音演变形式主要有两种方式——连续式和离散式。这里的四种音变都属于离散式音变,这些音变都有音变条件,即便是“例外”,也是规律中的例外,可进行音理解释。进行中的离散式音变总是按某种音变原理渐次发生，语音条件决定音变进行的顺序。在某项音变中未变项和已变项总是按语音条件排列，渐次发生演变。

第五种音变形式是叠置式音变，是来自外部因素引发的音变。叠置关系是由两个方言的音类对应条例决定，符合对应条例文白读之间不一定能也不需要作音理的解释，因为叠置关系不是按音理演变的结果。

第四章
河南方言声母的演变与层次

4.1 尖团音的分布及演变

4.1.1 河南方言尖团音合流情况及地域分布

所谓的“尖音”，指精(ts)、清(ts^h)、从(dz)、心(s)、邪(z)五个古声母，跟i、y或以i、y开头的古韵母相拼而成产生的音节，如“精”tsiŋ、“青”$ts^hiŋ$、“星”siŋ。“团音”是指见、溪、群、晓、匣五个古声母，跟i、y或以i、y开头的古韵母相拼而成产生的音节，如“经”kiŋ、“轻”$k^hiŋ$、“兴”hiŋ。“尖音”和“团音”因清代分别用满文尖头字母和圆头字母对译而得名，“团”就是圆的意思。

现代汉语有的方言保留尖音和团音的古读并且区分尖音和团音，如厦门话“精”读tsiŋ、“经”读kiŋ。

有的方言不完全保留古音但“分尖团”，即精系字和见系字分别能和i、y或以i、y开头的古韵母相拼，两系声母不相混。苏州话“精”tsiŋ、“经”ʨiŋ。苏州话中的见系字虽然也和i、y或以i、y开头的古韵母相拼，但声母已经腭化，没有保留见系声母的古读。又如广州话“精”读ʧiŋ、“经”读kiŋ。广州话中的精系字声母演变为ʧ，没有保留古读，但精系字和见系字不相混。

现代汉语普通话和北方方言区的大部分地区不保留尖团音的古读，且不区分尖团音，如普通话中“精”和“经”同音，都读ʨiŋ，见、溪、群、晓、匣五个古声母和精、清、从、心、邪五个古声母，跟i、y或以i、y开头的古韵母相拼时都腭化为ʨ、$ʨ^h$、ɕ，从而相混在一起。汉语方言中保留尖团音古读最完整的是闽方言和客家方言，如厦门话和梅县话。

总结分尖团的汉语方言尖团音读音类型，大概有这样几种情况：

一是见系保持 k、k^{h}、x，精系保持 ts、ts^{h}、s，如胶东半岛。

二是见系腭化为 tɕ、$tɕ^{h}$、ɕ，而精系仍然保持 ts、ts^{h}、s，河南方言中的尖团音就属于这一种情况，也是汉语方言中分尖团的最常见的读音类型。

三是尖团音都各自为一类，如晋南阳城方言尖音是 tɕ、$tɕ^{h}$、ɕ，团音是 c、c^{h}、ç。

天水方言的尖团音比较特殊，尖音主要是精系齐齿呼由 ts、ts^{h}、s 变为 t、t^{h}、ɬ，撮口呼字除少数保持尖音外，大部分已变为 tɕ、$tɕ^{h}$、ɕ 或零声母，与见系齐撮字混合。如：接 tiɛ，借 tiɛ，积 ti，焦 tiau，酒 tiou，进 tin，齐 t^{h}au，贱 t^{h}iɛn，心 ɬin，寻 ɬin，信 ɬin，想 ɬiaŋ，星 ɬiŋ。（赵跟喜，赵健，2004）

方言都是从古代汉语演变而来的，由于语音演变的不平衡性，方言中保留了许多古音现象，成为古音演变的活化石。通过方言来研究古音，是研究古音演变的一个重要方法。现代汉语方言中的分尖团现象就是古音的一种保留。考察现代汉语方言中的尖团音分布情况，有助于考察见系字和精系字在不同方言中的历史层次，从而发现见系与精系字的语音演变过程。

河南方言中，除中原官话区的漯项片、徐淮片、信蚌片不分尖团外，其他各片大都分尖团。如开封方言古精组的齐撮呼字，一律读尖音。如：节 tsiɛ˨˦，清 ts^{h}iŋ˨˦，尖 tsian˨˦，秋 ts^{h}iou˨˦，津 tsiŋ˨˦，嚼 tsyɤ˦˨，千 ts^{h}ian˨˦，将 tsiaŋ˧˩˨，抢 ts^{h}iaŋ˥，聚 tsy˧˩˨，写 siɛ˥，齐 ts^{h}i˦˨，全 tsuan˦˨，焦 tsiau˨˦，新 sin˨˦，想 siaŋ˥，选 syan˥等。古见晓组的齐撮呼字一律读团音。如：结 tɕiɛ˨˦，兴 ɕiŋ˨˦，监 tɕian˨˦，求 $tɕ^{h}$iou˧˩˨，今 tɕin˨˦，牵 $tɕ^{h}$ian˨˦，腔 $tɕ^{h}$iaŋ˨˦，血 ɕiɛ˨˦，享 ɕiaŋ˨˦，晓 ɕiau˥，敬 tɕiŋ˧˩˨等。

洛阳、郑州、许昌、南阳等地都是区分尖团音的。以河南汝州方言尖团音为例，看河南方言尖团音读音情况。古精组字在汝州方言中，声母在细音前，读 ts、ts^{h}、s。古见组声母在细音前腭化，读 tɕ、$tɕ^{h}$、ɕ。

表 4.1　尖音表：精清从心邪溪晓见总数

	精	清	从	心	邪	溪	晓	见	总数
ts	44	1	21					1	66
ts^{h}	1	44	15						61
s				79	28		3		110

尖音主要来源于中古的精组字：j 组尖音的主要来源是中古的精母和从母；q 组尖音的主要来源是中古的清母和从母；x 组尖音的主要来源是中古的心母和邪母。从表 4.2 中可知，团音的主要来源是中古的见组字：j 组团音主要来源于中古的见母和群母；q 组团音主要来源于中古的溪母和群母；x 组团音主要来源于中古的晓母和匣母。

表 4.2　团音表：见溪群晓匣疑心从清邪云以总数

	见	溪	群	晓	匣	疑	心	从	清	邪	云	以	总数
tɕ	184	1	37			1		2				1	226
tɕʰ	48	36		3		1	1	2	1		1		93
ɕ	49	48		1			1	2					101

有几个韵母不仅没有尖音，而且呈现对应现象，如：ia、ioŋ。此外，üan 和 ün 也没有尖音。值得一提的是 ioŋ，它在汝州方言中可以和 ts、s 相拼，但字数很少，如“粽子”的“粽”、“松树”的“松”。但“粽”“松”的声母本身就是 ts、s。

表 4.3　河南方言分尖团的情况比较表

		分尖团	精组字		见组	
			洪音	细音	洪音	细音
晋语区	安阳	—	ʧ ʧʰ ɕ	tɕ tɕʰ ɕ	k kʰ x	tɕ tɕʰ ɕ
	濮阳	—	ts tsʰ s/tʂ tʂʰ ʂ	tɕ tɕʰ ɕ	k kʰ x	tɕ tɕʰ ɕ
	新乡	—	ts tsʰ s/tʂ tʂʰ ʂ（儿化）	tɕ tɕʰ ɕ	k kʰ x	tɕ tɕʰ ɕ
汾河片	灵宝	—	ts tsʰ s	tɕ tɕʰ ɕ	k kʰ x	tɕ tɕʰ ɕ
洛嵩片	洛宁	+	ts tsʰ s	ts tsʰ s	k kʰ x	tɕ tɕʰ ɕ
	洛阳	+	ts tsʰ s	ts tsʰ s	k kʰ x	tɕ tɕʰ ɕ
	渑池	+	ts tsʰ s	ts tsʰ s	k kʰ x	tɕ tɕʰ ɕ
郑开片	郑州	+（老派） —（新派）	ts tsʰ s/tʂ tʂʰ ʂ	ts tsʰ s/tɕ tɕʰ ɕ	k kʰ x	tɕ tɕʰ ɕ
	开封	+	ts tsʰ s/tʂ tʂʰ ʂ（儿化）	ts tsʰ s	k kʰ x	k kʰ x/tɕ tɕʰ ɕ
	襄城	+	ts tsʰ s	ts tsʰ s	k kʰ x	tɕ tɕʰ ɕ

（续表）

		分尖团	精组字		见组	
			洪音	细音	洪音	细音
南鲁片	许昌	+	ts tsʰ s	ts tsʰ s	k kʰ x	tɕ tɕʰ ɕ
	舞阳	+	ts tsʰ s/tʂ tʂʰ ʂ	ts tsʰ s	k kʰ x	tɕ tɕʰ ɕ
	方城	—	ts tsʰ s/tʂ tʂʰ ʂ	tɕ tɕʰ ɕ	k kʰ x	tɕ tɕʰ ɕ
	遂平	—	ts tsʰ s/tʂ tʂʰ ʂ（儿化）	tɕ tɕʰ ɕ	k kʰ x	k kʰ x/tɕ tɕʰ ɕ
漯项片	商水	—	ts tsʰ s	tɕ tɕʰ ɕ	k kʰ x	k kʰ x/tɕ tɕʰ ɕ
	确山	—	ts tsʰ s	tɕ tɕʰ ɕ	k kʰ x	tɕ tɕʰ ɕ
	淮阳	—	ts tsʰ s	tɕ tɕʰ ɕ	k kʰ x	tɕ tɕʰ ɕ/c cʰ ç
商阜片	商丘	+	ts tsʰ s/tʂ tʂʰ ʂ	ts tsʰ s	k kʰ x	tɕ tɕʰ ɕ
	睢县	+	ts tsʰ s	ts tsʰ s	k kʰ x	k kʰ x/tɕ tɕʰ ɕ
	柘城	+	ts tsʰ s/tʂ tʂʰ ʂ	ts tsʰ s	k kʰ x	tɕ tɕʰ ɕ
信蚌片	信阳	—	ts tsʰ s	tɕ tɕʰ ɕ	k kʰ x	tɕ tɕʰ ɕ
	固始	+	ts tsʰ s	ts tsʰ s	k kʰ x	tɕ tɕʰ ɕ/k kʰ x
	新县	—	ts tsʰ s	ts tsʰ s	k kʰ x	tɕ tɕʰ ɕ

河南方言分尖团的情况呈现出内部不一致性。同属一个方言片的，有的分尖团，有的不分。如南鲁片，许昌、舞阳、汝州等大部分地区的方言分尖团，但同属南鲁片的平顶山、遂平、方城等地方言则不分尖团。

郑州方言由于其特殊的经济和地理位置，受普通话的影响较大，尖团音表现出新派与老派的不同。新派不分尖团，老派分尖团，这是由语言的外部因素导致的语音演变。在存在新派与老派的对立的同时，分尖团与否，也存在着城乡的差别，不分尖团的情况一般是从城里开始，再逐渐扩散到乡下，这也是由社会因素导致的音变现象。

4.1.2 汉语尖团音合流的时代及发展趋势

古见系声母 k、kʰ、x 与精组声母 ts、tsʰ、s 在细音前变为 tɕ-、tɕʰ-、ɕ-，是近代汉语语音演变的一个重要现象。但见系字与精组字谁先腭化，尖团合流始于何时，则难以确定。

从中国韵书的记载来看，16—17世纪还未有腭化的记录，也没有关于尖团音合流的记录。中国韵书里，首次详细描述汉语北方尖团音合流现象的，是19世纪初李汝珍的《李氏音鉴》(1803)。该书说："如四卷所载北音不分香厢姜将羌枪六母。""如香厢姜将枪六母，以南音辨之，亦缺一不可，而北音有数郡，或香与厢同，姜与将同，羌与枪同，亦以三为六矣，此南北互异。"可见当时南方方言分尖团，而北方方言有些地区已不分尖团。

"尖团音"这一术语则最早出现于《圆音正考》。该书用满文的尖头字母来对译汉语的精组细音，用圆头字母来对译汉语见系细音，故以后学界用"尖音"来称精组细音字，以"团音"来称见系细音字。《圆音正考·乌扎拉文通序》(1830)对此有一说明："夫尖团之音，汉文无所用，故操觚家所转置而不讲。虽博雅名儒，词林硕士，往往一出而失其音。惟度曲者尚讲之，惜曲韵诸书，只别南北阴阳，亦未专晰尖团。而尖团之音，翻译家绝不可废。盖清文中既有尖团之字，凡遇国名、地名、人名当还音处，必须详辨。存之堂集此一册，盖为翻译而作，非为韵学而作也，明矣。"

由此序可知，所谓尖音、团音，是用满文中的尖团的区别来解决满汉翻译中的国名、地名、人名的"还音"问题，至于"还音"是什么性质的音，不得而知。由此序我们也可知道，当时的汉语中已有不分尖团音的现象。只是没有"尖团音"的名称而已。

根据金基石《尖团音问题与朝鲜文献的对音》(金基石，2001)的研究，16—17世纪朝鲜文献的对音中也无腭化的记录。

从中国的文献和朝鲜对音的材料看，尖团音合流大致发生在18世纪。

尖团音问题是汉语语音史上的一个重要的现象，从汉语史上有关尖团音的记载，及汉语方言中的尖团音现象，总是从分尖团往不分尖团演变，"不分尖团"是汉语方言发展变化的大趋势。在尖团音发展的过程中，总是见系字先腭化，精组字后腭化。舌根音比舌尖音更容易腭化。王力在论述 $tɕ$-、$tɕ^h$-、ɕ-声母的来源时，也谈到这一规律："普通话话里的舌根音的舌面化，可能比舌尖音的舌面化早些，也可能同时。"(王力，1980：122—124)

4.2　影疑母字的读音与历史演变

4.2.1　影母字和疑母字的表现

河南方言影疑母字的读音主要有以下几种类型：

1. 中原官话的郑开片与洛嵩片，疑母与影母合并，读零声母。与北京话相同。

2. 中原官话漯项片、商阜片，豫北的晋语，如安阳，开口一等和二等今读浊擦音[ɣ]，和中古的匣母同音，如“牛[ɣəu]，硬[ɣəŋ]”。合口的疑母，有的读[v]，与微母合并，有的读零声母。郑开片占河南全省面积的 44%，漯项片占 15%多，可见这一现象在中原官话中涵盖面之广。

3. 汾河片一等疑影两母字，灵宝今读[ŋ]，其他各县市读作舌根浊擦音[ɣ]，开口二等一部分字读[ŋ]，一部分读[ɣ]。合口疑母字，今读零声母。

4. 信蚌片开口一二等韵的疑影两母字，读[ŋ]和[ɣ]，合口韵的字读如微母[v]。信阳地区的罗山方言分南片与北片，南片疑母字读[ŋ]，如“[ŋ]额鹅袄鞍恩”，北片有读零声母的，如“鹅”字音有的读为[o^{45}]。

5. 汾河片的灵宝方言，疑母和影母字细音前读舌面鼻音声母 ȵ，洪音前读舌根音 ŋ。

表 4.4　古疑母字在河南方言中的读音对照表

片	例字 点	古疑母									
		仰	逆	鹅	矮	袄	硬	牛	岸	恩	昂
晋语	安阳	iaŋ	i	ɣɤ	ɣai	ɣao	ɣəŋ	ɣou	ɣan	ɣən	ɣaŋ
	济源	iaŋ	i	ɤ	ai	ao	əŋ	ou	an	ən	aŋ
汾河片	灵宝	ȵiaŋ	ȵi	ŋɤ	ŋai	ŋau	ȵiŋ	ȵiu	ŋan	ŋən	ŋaŋ
郑开片	郑州	iaŋ	i	ɤ	ai	au	əŋ	ou	an	ən	aŋ
	开封	iaŋ	i	ɤ	ai	au	əŋ	ou	an	ən	aŋ
洛嵩片	洛阳	iaŋ	i	ə	ai	aɔ	əŋ	ɤu	ã	ən	aŋ

（续表）

片	例字 点	古疑母									
		仰	逆	鹅	矮	袄	硬	牛	岸	恩	昂
商阜片	睢县	iaŋ	i	ɣɤ	ɣai	ɣau	ɣəŋ	ȵiou	ɣan	ɣən	ɣaŋ
	柘城	iaŋ	i	ɣɤ	ɣai	ɣau	ɣəŋ	ȵiou	ɣan	ɣən	ɣaŋ
	商丘	iaŋ	i	ɣɤ	ɣai	ɣau	ɣəŋ	ȵiou	ɣan	ɣən	ɣaŋ
信蚌片	信阳	iaŋ	i	ŋɤ	ŋai	ŋau	ŋən	ȵiou	ŋan	ŋən	ŋaŋ
	新县	iaŋ	i	ŋɤ	ŋai	ŋau	ŋen/in	ȵiŋ	ŋan	ŋen	ŋaŋ
	罗山	in	i	o/ŋɤ	ŋai	ŋau			ŋan	ŋen	ŋaŋ
	固始	in	i	ɣɤ	ɣai	ɣau	ɣəŋ	ɣou	ɣan	ɣen	ɣaŋ
南鲁片	平顶山	iaŋ	i	ɣɤ	ɣai	ɣau	ɣəŋ	ɣəu	ɣan	ɣən	ɣaŋ
	舞阳	ɣaŋ	i	ɣɤ	ɣai	ɣao	ɣəŋ	ɣəu	ɣan	ɣən	ɣaŋ
	遂平	iaŋ	i	ɣɤ	ɣai	ɣao	ɣəŋ	ɣəu	ɣan	ɣən	ɣaŋ
漯项片	商水	ɣaŋ	i	ɣɤ	ɣɛ	ɣau	ɣəŋ	ɣəu	ɣan	ɣən	ɣaŋ
	淮阳	iaŋ	i	ɣɤ	ɣɛ	ɣau	ɣəŋ	ɣəu	ɣan	ɣən	ɣaŋ

注：张启焕等《河南方言研究》所记洛阳、郑州、开封方言，疑母字在开口呼前读浊擦音 ɣ。贺巍《洛阳方言研究》所记洛阳音，疑母与影母合并，都读零声母。刘冬冰《开封方言记略》（刘冬冰，1997，下不另注）所记开封音与贺巍所记洛阳音同，疑母与影母合并，读零声母。卢甲文《郑州方言志》（卢甲文，1992，下不另注）所记郑州音，疑母也与影母合并，读零声母。

河南方言中疑母字的浊擦音 ɣ，浊的成分与擦的成分都已经比较轻微，所以一般会被忽略，似乎和零声母已没有太大的区别。这应该是不同研究者有不同记音的原因。作者在调查河南漯项片方言时，开始也没有注意到有浊擦音 ɣ 的存在，经过反复比较之后，发现疑母开口呼前的读音的确是不同于零声母的，而有一个浊擦音声母的。此处开封、郑州、洛阳方言的疑母字，分别采用刘冬冰、卢甲文、贺巍的记音。

4.2.2　现代汉语方言中影疑母的读音

影疑母在不同的方言中有着不同的读音，在闽、粤、客家、吴语以及许多北方官话中，影母字大都是零声母。下江官话与西南官话大致是开口音与疑母字混为 ŋ，合齐撮都为零声母，少数的北方官话则以上述的 ŋ 为 n。

疑母在现代方言中的读音大致有以下几种：

（1）读为 ŋ，如福州。

（2）按条件演变：洪音为 ŋ，细音为 ȵ，如苏州、梅县；开口呼为 ŋ，合、齐、撮口呼为零声母，如一些江淮官话和西南官话。中原官话汾河片影疑母字的今读是按照四呼的不同而分化，开口呼读为 ŋ 声母，齐齿呼读为 ȵ 声母或零声母不定，合口呼和撮口呼均读为零声母。

（3）读为零声母：如北京话。

影母与疑母在现代汉语里的分合情况：

（1）完全合并，读零声母。如北京话。

（2）部分合并。如河南方言的郑开片与漯项片，影母字基本上读零声母；疑母开口呼疑母读 ɣ，其他情况下读零声母。

（3）完全合并，读音又以韵母开合口为条件。西南官话影母与疑母合并，在开口呼韵母前念舌根鼻音 ŋ。如安 ŋan、挨 ŋai、樱 ŋen 等等。分布上、读音上影母都跟疑母的情况完全相同。粤方言老派西关话一二等韵前影母字都跟疑母合并，读 ŋ。标准广州话零声母和 ŋ 声母是区别清楚的，现在的新派读法，就一律读零声母了，如同北京话。

4.2.3 影疑母的历史演变

《切韵》的声母系统中影疑母是对立的，到《中原音韵》中疑母鼻音声母 ŋ 的有无问题，主要的看法有两类，一类认为有，一类认为没有。

罗常培认为疑母字已与影、喻两母合并，在《中原音韵》不存在了。（罗常培，1932：73—74）

王力先生把影母拟为零声母，韵母前加喉塞音，疑母拟为 ŋ。王力认为，到了 14 世纪（《中原音韵》时代），疑母在当时的标准语里已经消失，和喻母（云余）完全相混。同时影母和喻母在北方话里也只在平声一类有声调上的差别，上去两声完全相混。他认为舌根鼻音在 i、y 的前面容易消失或发生变化，是由于 ŋ 的发音部位和 i、y 距离较远。在北京话里，除一部分齐齿字转化为 n 之外，其余都变了零声母。（王力，1980）

赵荫棠认为疑母字在《中原音韵》中“要消灭，然而没有全消灭”，疑母与影喻母合并的，读零声母，与泥娘母合并的，读 n 声母。不消灭的是一二等之字，仍读 ŋ 声母。（赵荫堂，1936：93—96）

丁邦新认为《中原音韵》中疑母字大部分已经与影喻母合流，变成了零声母。只有小部分疑母字自成小韵，并且跟影喻母对立，如“仰昂傲鳌敖嗷遨俄我饿哦额业虐疟”。在以后的发展中，这一小部分疑母字也逐渐完成了与影喻母的合流。（丁邦新，1998：128—129）

赵荫棠、丁邦新的看法应该更符合《中原音韵》的实际情况。疑母字在《中原音韵》中大部分都与影喻母合并了，只剩下一小部分与影喻二母字有对立关系，从《中原音韵》中疑母与影喻字小韵分立可得到证明：

江阳韵上声 21 小韵：仰(疑)/2 小韵：养痒(喻)鞅(影)

去声 25 小韵：仰(疑)/4 小韵：漾炀养样(喻)

歌戈韵去声 12 小韵：饿(疑)/5 小韵：萼鹗鳄(疑)恶垩(影)

萧豪韵去声 8 小韵：傲鏊(疑)/30 小韵：奥懊澳(影)

这些例子说明，疑母字在《中原音韵》的音系中还有残留，只是，它处于消失阶段，正在从鼻音声母 ŋ 向零声母过渡。

《尔雅音图》(下称《音图》)音注是一份研究宋初中原地区汉语官话语音的珍贵资料。据冯蒸论述，关于音注的作者，清人曾燠、孙星衍从文献学的角度均推定是后蜀(公元 934—965 年)的毋昭裔(河中龙门人，著有《尔雅音略》三卷，其生卒年未详，《宋史》和《宋史新编》有其传记)。毋昭裔的音注系对《尔雅》一书的难字、易读错的字进行注音，其注音形式全是直音，全书共有注音条目 1583 条，资料相当丰富。(冯蒸，1997)

《音图》中出现的疑母注音 53 例次，见于《音图》22 个韵部中 22 个韵。其中疑母自注 47 例，疑母与影母互注 5 例，疑母与明母互注 1 例。疑母自注 47 例，占疑母全部注音例的 88.7%，可见疑母自注是主流，冯蒸认为这种情况当表明《音图》的疑母并未消失。疑与影互注 5 例，只占疑母注音总数的 9.4%，当表明疑母已经脱落。在这 5 例中，有 3 例是在三等前(开口 2 例，合口 1 例)，可见在细音三等韵母前，疑母有脱落的现象。

邵雍《声音唱和图》疑母分两类，上声字“五瓦仰”为半清音，“吾牙月尧”为半浊音。周祖谟先生(周祖谟，1942/1966)指出，其时疑母上声字已率先由鼻音变成口音。“至于日母之分为清浊两类，与疑微二母之例相同。耳为上声，殆已由鼻音变为口音，故独为一类。”“若夫疑母本为次浊鼻音，今图中分为两类，以五瓦仰口为清音，吾牙月尧为浊音，与等韵不同。江永云：‘疑字无清声，不当分二声。’案邵氏所列五瓦仰皆为上声字，盖 ng 已渐由鼻音变为口音，由口音而失去声母，故独成一类。高本汉中国音韵学研究曾谓鼻音疑母之失落，其始必先变为同部位之摩擦音 ɣ，ɣ 在方言中往往失落，故后世读与喻母相混。考宋代洛阳语音其上声字必已逐渐演变为口音 ɣ，甚至失去声母，而其他三声字则未全变，故邵氏分疑母为两类，一为清，一为浊，清音既与晓匣相同，故亦合为一音。今开封疑母开口一等字犹读为 ɣ，即鼻音变为口音之遗迹也。”

疑母从近代到今天经过了这样一个演变过程：

ŋ→ɣ→ø

在河南方言中，疑母的演变是这样的：

　　　　↗ ȵ（齐齿呼）
ŋ→ɣ → ɣ（开口呼）
　　　　↘ ø（齐齿呼、合口呼）

从历史上的文献可以看出，疑母保留 ŋ 的，往往都是开口呼，最先失落的都是齐齿呼与合口呼。河南方言中疑母读 ŋ 的都是开口呼字，合口呼字变为零声母。今客赣方言中，保留 ŋ 声母的大多也是开口呼字。王力说“舌根鼻音在 i、y 的前面容易消失或发生变化，是由于 ŋ 的发音部位和 i、y 距离较远”，是很有道理的。合口呼容易变成零声母，似乎也可以从发音生理学上解释：ŋ 与 u 在发音上都有[＋back]的特征，在音节组合时易发生异化作用。

综观汉语方言中影母与疑母的分合情况，我们发现，影母与疑母合并，是汉语方言的主要特点。

影母字在汉语方言中，读 ŋ 的现象，让我们要重新思考“影母、疑母与喻母”的关系，以及历史上这三母合并的过程和先后。汉语方言中大量影母读同疑母的语言材料，使我们有理由相信，影母可能先跟疑母合流，然后再变成今天的零声母的。至于喻母则没有、也没有理由跟疑母合流。但汉语方言里，影疑母的合并与读音，大多是以韵母的开合洪细为条件的，在有些方言里头，影、疑在开口呼前都读舌根鼻音 ŋ-，在合口呼以及细音前则完成了零声母的变化（少数细音前疑母读 n-，不分鼻音、边音的地区则为 n、l）。至少在平分阴阳以前，影母和疑母不混。就平声字来看，今音影母念阴平而疑母念阳平就证明了这一点。影母变成零声母的过程，应该是在声调的“平分阴阳”完成之后，影母在开口呼前先前化、鼻音化成舌根音声母 ŋ-，从而跟疑母合流，然后再变成零声母的。这样一来,我们就容易解释为什么在一些方言,比如湘语、西南官话、中原官话的汾河片、信蚌片,影母和疑母在开口呼韵母之前都念成 ŋ-,在其他韵母前变为零声母。

4.3　知系声母的语音演变机制

现代汉语的卷舌音,主要来自中古的知庄章三组声母。关于这三组声母演变的历史,前人多有论述。综合前贤对汉语音韵史的研究,尽管知庄章声母有各种归并的模式,但最后都往卷舌音 tʂ-、$tʂ^h$-、ʂ-发展,再进而向 ts-、ts^h-、s-靠拢。这个语音发展过程为何? 支持这一连串语音演变的动力是什么?

声母的演变一般是有条件的,如果条件已经消失(loss of conditioning factor),往往难以从方言内部确定其来由。借助方言间的比较,结合历史语言学的语音演变的一致性原则可以帮助我们寻找答案。

4.3.1　知系字的读音类型

知庄章三组声母的演变在官话方言中的表现形式不一,大致有三种类型:(1) 基本都读为 tʂ 组。北京、济南型属于此类。济南型知庄章三组字今全读 tʂ 组声母,没有例外。(2) 全部读为 ts 组,如中原官话的漯项片均读 ts、ts^h、s 声母。(3) 三组声母一分为二,部分读 ts 类,部分读 tʂ 类。

知系字在中原官话中最突出的表现是与精系字合并。tʂ 组与 ts 组不对立,但内部却又有很多不同的变化。有些属于第一种类型,有的属于第二种,也有二分型的。

不计例外音变,知庄章声母在河南方言中的读音形式有四种:(1) tʂ、$tʂ^h$、ʂ,(2) ts、ts^h、s,(3) tɕ、$tɕ^h$、ɕ,(4) ʧ、$ʧ^h$、ʃ。知庄章声母在整个河南方言中的分化与演变类型有五种:

(1) 全部并入精组,读 ts、ts^h、s。有下列三种读音情况:

① 没有翘舌音 tʂ、$tʂ^h$、ʂ。主要分布地区在豫北晋语区和中原官话漯项片。晋语区内主要分布在豫北靠南的一带。如辉县、卫辉、博爱、新乡、沁阳、延津等地;中原官话漯项片商水、淮阳、周口等地。

② 把平舌音发成卷舌音,如长垣县东北乡一带。这里的人们常常把应读

ts、tsʰ、s 的字读作 tʂ、tʂʰ、ʂ。如“字、词、岁”。

③ tʂ、tʂʰ、ʂ 与 ts、tsʰ、s 两套声母均存在，但多数情况下是把 tʂ、tʂʰ、ʂ 读作 ts、tsʰ、s，如孟县、温县、焦作、新乡、获嘉、武陟等地。

（2）知庄章二分，有的并入精组，读 ts、tsʰ、s，有的不并入，读 tʂ、tʂʰ、ʂ。二分型的方言中，一般都有条件制约。

（3）知系字腭化，读 tɕ、tɕʰ、ɕ。

（4）新乡、遂平方言 tʂ、tʂʰ、ʂ 都只拼儿化音节。ts、tsʰ、s、z 只拼非儿化音节。

（5）读 ʧ、ʧʰ、ʃ。如安阳方言“猪꜀ʧu＝租꜀ʧu”等。

以上五种，其实质是三种：

（1）合并为一组声母。

A. 读 ts、tsʰ、s，如中原官话漯项片；或洪音前读 ts、tsʰ、s，细音前读 tɕ、tɕʰ、ɕ。

B. 全部读 ʧ、ʧʰ、ʃ，如晋语区安阳方言。

（2）知庄章二分。

A. 读 ts、tsʰ、s，或 tʂ、tʂʰ、ʂ；

B. 读 ts、tsʰ、s，tʂ、tʂʰ、ʂ，tɕ、tɕʰ、ɕ 三组声母。

（3）新乡、遂平方言 tʂ、tʂʰ、ʂ 都只拼儿化音节。ts、tsʰ、s、z 只拼非儿化音节。

再进一步归纳，其实只有两种。新乡、遂平方言 tʂ、tʂʰ、ʂ 拼儿化音节，ts、tsʰ、s、z 只拼非儿化音节，其实是上面所述三种类型中第一种的 A 类。知系字全部并入了精组变为 ts、tsʰ、s，ts、tsʰ、s 声母在儿化音节前，受到卷舌音 r 的影响，又退回到 tʂ、tʂʰ、ʂ，是同化音变的一种。这时的 tʂ、tʂʰ、ʂ 与其他方言中的 tʂ、tʂʰ、ʂ 属于不同的时间层次。

安阳方言的 ʧ、ʧʰ、ʃ，是知系声母最早的形式。知系声母在安阳方言中没有分化，语音形式也保留了较早的阶段。

第二种类型是二分型。也是河南方言中最常见的一种类型，且主要分布在河南中心地带的郑开片、洛嵩片等方言中，开封、洛阳方言是属于这一类型。

4.3.1.1　知系字内部分化

郑开片古知庄章三组字，除少数字今读 ts、tsʰ、s 外，其他大都读 tʂ、tʂʰ、ʂ，演变的情况和北京大致相同。如长葛话中古知、章、庄三组声母依韵摄、等、开合口的不同，读为 ts、tsʰ、s 和 tʂ、tʂʰ、ʂ 两套声母。具体如下：

（1）知组根据等分为两组，知二，读为 ts 类，如“茶罩站撑铛拆宅摘”。只有江摄开口二等知组的声母则是 tʂ 类，如“撞戳浊”。知三，读为 tʂ 类，如“猪厨滞缀知迟痴追朝抽沾沉蛰缠撤椽珍秩椿术张着征植禾直程掷重”。

（2）章组读为 tʂ 类，如“遮书殊世税吹烧咒闪折针拾穿说真室春出章焯秤织正正月尺终祝”。但止摄开口三等章组读为 ts 类，如“之支眵齿诗是”。

（3）庄组字的演变较复杂。开口韵庄组字大体上读为 ts 类，如“查沙斋豺柴差师事抄潲摄取馋闸森涩山铡虱色生窄”。只有江摄二等和宕摄三等字读为 tʂ 类。如“窗双捉，庄壮”。合口韵庄组字读为 tʂ 类。如“锄梳摔闩刷率”。在开口二等韵上，庄组字和知组二等字的演变情况相同。在三等韵上，庄组和知三章组在有的韵摄中对立，而在有的韵摄中合并。

中古知庄章三组声母在长葛话中基本上依照等或开合口的不同分为两组。虽然部分韵摄中三组声母的情况是合而为一，但从总体上看，以一分为二为主。

洛嵩片的演变情况和郑开片不同：

（1）知组二等今开口读 ts、tsʰ，今合口读 tʂ、tʂʰ，如洛阳、伊阳“罩 tsau꜄、茶꜁tsʰa”；“桌꜀tʂuɤ、赚 tʂuan꜄”等。

（2）庄组不论等摄今开口读 ts、tsʰ、s，今合口读 tʂ、tʂʰ、ʂ，如伊川、偃师“查꜁tsʰa、纱꜀sa”；“壮 tʂuaŋ꜄、窗꜀tʂʰuaŋ、双꜀ʂuaŋ”等。

（3）章组除止摄今开口读 ts、tsʰ、s，其他都读 tʂ、tʂʰ、ʂ，如宜阳、新安“支꜀tsɿ、翅 tsɿ꜄、施꜀sɿ”；“周꜀tʂou、臭 tʂʰou꜄、手꜂ʂou”等。

4.3.1.2　知系字腭化

在中原官话中存在大量知系字腭化的现象，除信阳市、信阳县、罗山、商城等地，一部分读 tʂ、tʂʰ、ʂ，一部分读 tɕ、tɕʰ、ɕ。三等合口鱼虞韵的知章组字和山合三、臻合三知系各纽的字今都读 tɕ、tɕʰ、ɕ。同时在这个方言片中又有见系读同知系的现象。如罗山话古遇、山、臻三摄中的合口三等知系字读 tɕ、tɕʰ、ɕ 声母。

北片	南片	例字
[tʂ]	[ts]	遮哲者朝粘忠
[tʂʰ]	[tsʰ]	车焯彻超蝉冲
[ʂ]	[s]	社舌烧膻胜

[tɕ]　　[tɕ]　　砖准肫朱蛛诛株猪珠

[tɕʰ]　　[tɕʰ]　　春椿唇淳蠢醇纯鹑除处

[ɕ]　　[ɕ]　　书鼠俗殊署树说

此外，灵宝方言陌韵和麦韵的知组字，有两读。灵宝附近，陌韵和麦韵的字今韵母有 i 介音，为 iɛ，声母读 tɕ、tɕʰ、ɕ。如“策拆册测厕”读 tɕʰiɛ，“摘”读 tɕiɛ。关底附近，韵母为 ei，声母读 ts、tsʰ、s，如上面各字分别读 tsʰei、tsei。

濮阳县南部、台前县东部，南乐元村乡，有些 tʂ、tʂʰ、ʂ，读 tɕ、tɕʰ、ɕ。如“猪 tɕy，吃 tɕʰi、书 ɕy”等。

淮阳片的兰考县，合口鱼、虞韵和祭韵的字，逢知、章两组时，一律读舌面音 tɕ、tɕʰ、ɕ。开口三等知、章两组各声纽的字，“支、脂、之、缉、质、职、昔”各韵，今亦读 tɕ、tɕʰ、ɕ，而知、章两组在假开三、流开三、山开三、臻开三、宕开三、曾开三，今读舌叶音 ʧ、ʧʰ、ʃ。山东的东明县和商丘的民权县也存在这种读音。

信阳片方言的知系字，有的与精组字合并，有的不合并。不合并的方言中，知系读音类型有两种上。息县、光山、新县三地，一部分读 ts，一部分读 tʂ。信阳市、信阳县、罗山、商城等地，一部分读 ts、tsʰ、s，一部分读 tɕ、tɕʰ、ɕ。三等合口鱼虞韵的知章组字和山合三、臻合三知系各组的字今都读 tɕ、tɕʰ、ɕ。同时在这个方言片中又有见系读同知系的现象。

根据黄侃“声韵相谐”理论，同韵母的字常常因为声母不同而读音分化，寻找韵母的演变音理，要看声母的系和组。正是因为声母的分化组合，使中古同一韵摄同一小韵的入声字出现分化合并。反过来，考察声母的演变时，也要注意韵母的洪细与开口。河南方言中，知系字腭化的现象，与声母的洪细有密切的关系。凡是声母腭化为 tɕ、tɕʰ、ɕ 的字，韵母都是细音。应该说，是韵母的演变引进知系的分化。如信阳各地方言中两种类型的读音，正是知系字演变的两个阶段。

息县、光山和新县，知系字二分为 tʂ、tʂʰ、ʂ 和 ts、tsʰ、s，是知系字正在朝着向精系字演变的方向发展。信阳市各地读 ts、tsʰ、s 和 tɕ、tɕʰ、ɕ，则是知系字已完成了向精系字的转化，全部变成 ts、tsʰ、s 之后，又受细音韵母的影响，进一步走向 tɕ、tɕʰ、ɕ。精系字在细音腭化，是汉语的普遍特征，这些并入精系的字，当韵母演变为细音时，声母也随着精系字腭化为 tɕ、tɕʰ、ɕ。

知三、章组声母读 tɕ，都是支脂微合口三四等韵鱼虞韵，韵母是 y 或 ɥ，见系字读如知系的，韵母都是 ɥ。它们不应该是晚近的变化，不过其音变过程倒不难推测：

鱼虞韵：知三章组 tɕiu＞tɕy / tʂʮ

精组 tsiu＞tɕiu＞tɕy

见组 kiu＞tɕiu / tʂʮ

比较一下河南方言中，一些知系字的异读情况，及知系字在汉语其他方言中的读音情况，可以发现，知系字正是朝着上述方向在演变。下表是知系字在胶辽官话中的读音。

表 4.5　古知系字在胶辽官话中的读音对照表

方言片	例字 点	支	知	站	战	愁	绸	生	声	梳	书
青州	诸城	꜀tʂʅ	꜀tʃʅ	tʂã꜄	tʃã꜄	꜁tʂʰou	꜁tʃʰou	꜀ʂəŋ	꜀ʃəŋ	꜀ʂu	꜀ʃu
	平度	꜀tʂʅ	꜀tʃʅ	tʂan꜄	tʃan꜄	꜁tʂʰou	꜁tʃʰou	꜀ʂəŋ	꜀ʃəŋ	꜀ʂu	꜀ʃu
登连	荣成	꜀tʂʅ	꜀tʃʅ	tʂan꜄	tʃan꜄	꜁tʂʰou	꜁tʃʰou	꜀ʂəŋ	꜀ʃəŋ	꜀ʂu	꜀ʃu
	烟台	꜀tsɿ	꜀tɕi	tsan꜄	tɕan꜄	꜁tsʰou	꜁tɕʰou	꜀səŋ	꜀ɕəŋ	꜀su	꜀ɕy
盖桓	盖县	꜀tsɿ		tsan꜄		꜁tsʰou		꜀səŋ		꜀su	

胶辽官话中的知系字，还处在演变的早期阶段。声母没有读 tɕ 的，同时韵母都没有 i 介音。

南部吴语中，知庄章声母读 ts、tɕ/ʧ，二等和止摄开口三等读 ts，三等和山合二、江开二读 tɕ/ʧ。凡是读 tɕ/ʧ 的，韵母都是有-y 或-i-介音的。

再如河南方言，知系字的异读，凡知系字不腭化的，读 ts 或 tʂ 的，韵母为洪音，读 tɕ 的，韵母变细音。如"叉"字在平顶山与商水两地的异读情况，正说明了河南方言中知系读 tɕ 是 i 介音影响的结果。

平顶山：tɕʰia꜄（叉着腰），叉꜀tʂʰa（叉开腿）tʂʰ→tɕʰ

商水：꜀tsʰa / ꜀tɕʰia（抱）tʂʰ→tsʰ→tɕʰ

4.3.2　知系字的语音演变机制

4.3.2.1　知系声母的演变历程

中古知庄章声母的音值，大体上可以分为两类构拟：一是知庄组由上古介音*r 的关系，拟为带卷舌成分的ṭ、ṭʰ、ḍ、ṇ和 tṣ、tṣʰ、dẓ、ṣ，章组为 tś、tśʰ、dź 、nź；

二是知组为舌面塞音 ȶ、ȶ^{h}、ȡ。庄组为舌尖面混合音 tʃ、tʃ^{h}、dʒ、ʃ、ʒ，章组为舌面音 tɕ、tɕ^{h}、dʑ、ɕ、ʑ。李荣认为三等声母的反切上字为求介音和谐，有分组的态势。知庄两组出现于二等跟丑类寅类，反切上字并无分组的态势。麻庚两韵二三等同韵，可见知庄组声母并无二三等对立。庚韵庄组声母字反切下字用二三等不定。可见知庄组声母后的-i-介音不十分显著。要解释这个现象，使用知庄两组的发音部位接近的 tʃ，就可以避免舌面音跟卷舌音两种说法的困难。

近代知庄章声母的读音情况，汉语音韵学界存在争议，争议的焦点主要是知庄章在《中原音韵》是否合并。有些学者主张中古知庄章声母到了《中原音韵》已经完成了合并，知庄章声母合而为一，像罗常培、赵荫棠、李新魁等。也有主张知庄章声母还没有完全接近现代汉语的北京话读一类，声母仍然是分而为二的状态，像陆志韦、宁继福等。观点不一致，是由于各家对《中原音韵》小韵分类上有分歧，也是由于理论和方法的不同而造成的差异。

坚持二分的学者，认为中古知庄章三组声母在《中原音韵》中分为两组，一组为舌尖后音 tʂ、tʂ^{h}、ʂ，一组为舌叶音 ʧ、ʧ^{h}、ʃ。这是就古知组和照组在《中原音韵》中的分合情况的传统观点。首先章组并入庄组，成为三十六字母的照组，然后知组再并入照组。罗常培、赵荫棠根据《中原音韵》知组和章组、知组和庄组、章组和庄组分别同在一个小韵中的事实，认为当时知组和照组已经合一，其音值为 ʧ 等或为 tʂ 等。这一观点，在很多方面都得到了证明。

知庄章声母归并的历程可分成两种类型：一种是章组与庄组约在晚唐的时候合流；知组从塞音变成塞擦音之后，约在南宋时期与章庄两组合流。这种类型的知章组之间，存在链移(chain shift)关系：章组并入庄组后留下的“空档”，牵引知组向章组靠拢。另一种是知二并入庄组，知三并入章组后也与庄组合流。以上两种类型无论是章庄先合再与知合，或是知章先合再与庄合，最终结果两者是殊途同归，都合成庄组的 ʧ，再往卷舌音发展，继而平舌化与精组合流 ts。具体的演变过程是：

第一类：

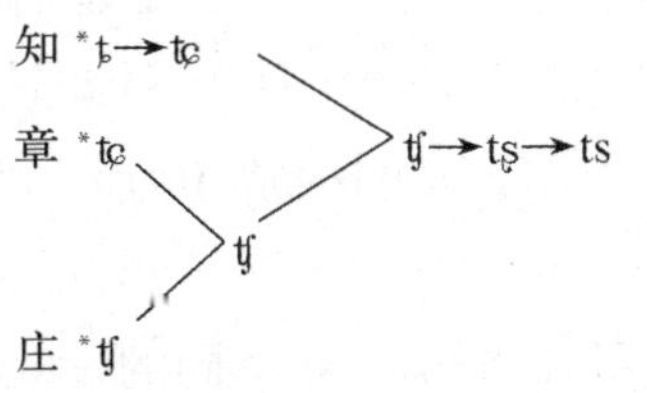

第二类：

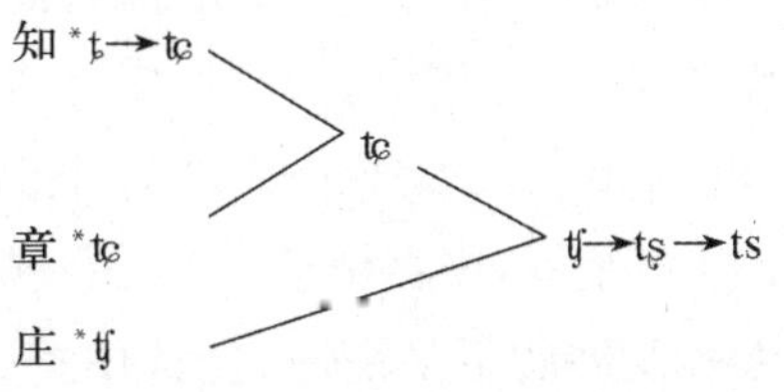

如果我们把音韵名目的构架暂时拿开，不难看到：虽然这两类归并的模式不同，但是从音理上的一致性（uniformitarianism）来看，它们的语音发展模式相同，依循*tɕ→tʃ→tʂ→ts 的演变规律。换言之，在相同的语音条件下，尽管时间、空间不同，都能产生相同的演变结果。

汉语音韵史的研究主要根据两项材料：历史文献和汉语方言。如果历史文献代表形式类别（form），那么方言可以提供实质内容（substance）。历史文献是纵向的时间发展序列，方言材料则代表横向的空间差异。语言的发展同时表现在空间和时间两个方面，空间差异可以反映语言发展的不同阶段，时间是无形的，而空间差异则是有形的，是时间留在语言中的痕迹，可以成为观察已经消失的“时间”窗口。换句话说，从方言差异的比较去探索语音的发展，有助于对文献材料作了符合语音事实的解释。

现代汉语方言中知庄章声母的读音情况，可以使我们更清楚地看到这三组声母历史演变过程。综合考察河南方言中知系字在不同地区的表现，正好体现了知系字演变的全过程：ʧ→tʂ→ts→tɕ。

新乡、遂平方言则是：ʧ→tʂ1→ts→tɕ→tʂ2。tʂ1、tʂ2 不是同一个性质。tʂ1 是知系演变为 tɕ 之前的知系声母，tʂ2 是受韵母同化后产生的新形式。

知庄章声母经过各阶段的演变，最终与精组声母合流。这一连串的变化是一种声母的前化运动。其中-i-介音扮演重要角色。南部吴语与河南方言知庄章声母腭化的，都有 i 介音或 y 介音。

根据朴炯春对《中原音韵》桓欢韵以外 18 个小韵的知庄章声母的读音情况的研究，《中原音韵》知庄章声母二分，也是以介音的有无来决定的。（朴炯春，2001）

4.3.2.2　知系声母演变历程的语音分析

知庄章声母 ʧ→tʂ→ts→tɕ 的演变过程，有其音理基础。从语音分析来说，ts 和 tʂ 都是舌尖音，一前一后。tɕ 与 tʃ 的发音都涉及舌面，其中 tʃ 又牵涉舌尖，因此在发音部位上，tʃ 一般都列在 tɕ 的前面。假如有 tɕ→tʃ→tʂ 这样一系列声母变化，据上述语音分析，应可说是声母的“前化运动”，从 tʂ 再变就前化为 ts，由 ts 再变就变成最前的齿间音 tθ。tθ 在山东方言的确常作为 ts 的变体出现：ts 接细音，tθ 接洪音。

方言发展的不平衡性，使得中古知庄章声母在各方言有不同的发展速度和方向。然最终的趋势是合并成一套塞擦音 tʃ、tʃ^{h}、ʃ，再进一步变成卷舌音 tʂ、tʂ^{h}、ʂ，由于卷舌化的关系使得-i-介音不保，-i-介音消失后，使卷舌声母"平舌化"，与精组合流。从*tɕ→tʃ→tʂ→ts 的演变过程，可以看出"前化运动"是知庄章声母演变的大趋势，其中-i-介音扮演重要角色，此趋势造成现代汉语三等韵字-i-介音的消失。语音史上知章组与庄组的合流应该与此趋势有关，正如"元音高化"是汉语方言元音演变的大趋势一般，从古至今，成一系统性的发展。

腭化的生理机制：发塞音时，由于硬腭当中隆起的地方太高，所以需要"塞"的面积太大，当接着发 i、y 时，舌头当中便凹下去一个槽，这个槽跟硬腭的那块较大的面积接触，就使塞音变成塞擦音。

4.4　见系字腭化问题与 i 介音在汉语音系结构格局中的作用

河南方言中见系字在细音前如同其他北方官话一样，大多腭化，只有曾梗摄一二等字读细音的时候，在有些方言里 k、k^{h}、x 不腭化。并且河南方言中存在见系读同知系 tʂ、tʂ^{h}、ʂ 的现象。这种现象主要在豫北的晋方言区、豫南信阳各地及豫西的洛阳等地。河南方言中见系字读同知系只限于韵母读 ʮ 或带 -ʮ- 介音，信阳方言中见系合口三等字，声母读同知系 tʂ、tʂ^{h}、ʂ，韵母读 ʮ 或带 -ʮ- 介音，如：居 tʂʮ，卷 tʂʮan 等。

从见系字在河南不同方言中的腭化形式，我们可以看到见系字的腭化在不同的方言中处于不同的阶段，在这个过程中有一个中间阶段，即经过舌面中音 c-、c^{h}-、ç-这个中途站，然后变为知面前音 tɕ-、tɕ^{h}-、ɕ-。

见组声母读作知系声母，则是由于汉语-i-介音的作用。-i-介音在汉语的音系结构格局中有着重要作用，它是导致汉语历史上声母系统变化的主要因素之一。

音系是一个严密的系统，牵一发而动全身，在研究语音的演变历史与演变机制时，不能孤立地立足于"一字""一音"的变化，而要通过音系的整体结构格局，从共时和历时两个平面，考察它的具体表现，从中总结音变的机理。

汉语音系的结构格局特点是，音节是"字"的语音表现形式，由一个声母、一个韵母和一个声调构成，相互间也呈现出一对一的对应；韵母由一个韵头、一个韵腹和一个韵尾构成，相互间也呈现出一对一的对应。其中韵头和韵尾是一种有弹性的结构单位，可以出现，也可以不出现，这种弹性为音系结构的自我调整提供了灵活而有限制的空间。

介音 i、u、y 在汉语的音系结构格局中的作用，表现为它们对现代方言的声母系统的演变的影响，尽管它们在不同方言中的演变方式不完全相同，但基本规律一样：i 介音使舌尖音和舌根音腭化为舌面音，而 u 介音则使声母前化为唇齿音或后化为舌根音，因为 u 本身的发音就是舌根上抬，唇齿有轻微的接触。这两个介音，实际上是 i 使声母的发音部位“央化”，而 u 则使发音部位“前化”或“后化”，相互相辅相成，成为维系音系结构平衡的一种重要力量。y 介音发音以其“前”与 i 相同，以其“圆唇”与 u 相同，因而它对声母的演变的影响或者与 i 相同，或者与 u 相同，不同方言有不同的具体表现。

河南方言及汉语其他方言中，见组字读同知系字的现象就可以用 i 介音在汉语音系结构格局中的地位与作用来解释。

4.4.1 见系字读舌尖音的音变机制

有人以山东文登、荣城的见系字读舌尖前塞擦音的现象，反对腭化说，认为近代北方官话区有一些方言早就有这种见系字文白异读的现象。（张卫东，1984）另外，何大安（何大安，1985）提供的云南方言的材料中，有腭化和舌尖化并存的例子，如晋宁方言：

见系		精系		语音
江	=	将	:	ʨiaŋ
缺	=	切	:	$ʨ^h$ie
许	=	洗	:	ɕi

同时又有这样的现象：

今	=	津	:	tsĩ
轻	=	清	:	ts^hĩ
欣	=	新	:	sĩ

丁邦新先生（丁邦新，1998：224—225）认为是“腭化再舌尖化的例子”，并由此得出结论，说“合理的解释是见精两系都腭化，然后在[ĩ]韵之前又变为舌尖音，用规律来写，就是：

(1) *k-、*kʻ-、*x-→ʨ、$ʨ^h$、ɕ-

（2）*ts-、$^*ts^h$-、*s-→tɕ、$tɕ^h$、ɕ-

（3）tɕ、$tɕ^h$、ɕ→ts、ts^h s

由此推论，那么文登、荣城的见精系文白异读的现象可由两个语言层组成：文言音中见系字保存舌根音：白话音中的见系字已经经过腭化的阶段变舌尖音了。”

丁邦新坚持腭化说，并说“腭化的条件都可以用语音规律来说明。除去见系和精系的字以外，卷舌音的字也有经过舌尖音的阶段走上腭化的”。腭化说毫无疑问正确的，“腭化再舌尖化”的结论也有道理，但此说不能解释汉语中其他方言见系读如精组与知组的现象，尤其是信阳、洛阳方言变为舌尖后音的过程。

“*k-、$^*k^h$-、*x-→tɕ-、$tɕ^h$-、ɕ-→ts-、ts^h-、s-”是以精组字与见组字共同腭化，然后tɕ后的元音ｉ影响声母，又使得声母舌尖化、前化，但汉语方言中见系字在ʮ韵母或ʮ介音前变tʂ、$tʂ^h$、ʂ声母，又该怎样解释呢？丁邦新认为共同腭化，又说“卷舌音也有经过腭化走向舌尖化的”，他指的应该是tʂ、$tʂ^h$、ʂ声母也经过腭化走舌尖前音ts-、ts^h-、s-。那么，按照这个路子，见系读同知系，就应该是这样的过程：

*k-、$^*k^h$-、*x-→tɕ-、$tɕ^h$-、ɕ-

tʂ-、$tʂ^h$-、ʂ-→tɕ-、$tɕ^h$-、ɕ-

tɕ-、$tɕ^h$-、ɕ-→tʂ-、$tʂ^h$-、ʂ-

如果是这样的演变过程的话，从音理上就难以理解了。汉语方言中知庄章声母的演变方向是“前化”，一系列的前化运动，使得今天汉语方言中有很多知庄章声母的字读ts-、ts^h-、s-或tɕ-、$tɕ^h$-、ɕ-。但由tɕ-、$tɕ^h$-、ɕ-变为tʂ-、$tʂ^h$-、ʂ-是由“前”的舌面音向“后”的舌尖音变化，与这一进程的方向相反，也与丁先生自己所说“卷舌音的字也有经过舌尖音的阶段走上腭化的”演变方向相矛盾。

如果我们立足于“音系结构格局”，从i介音在汉语音系结构格局中的作用来解释见系字读舌尖音的现象，这个矛盾就会得到解决。

河南方言中见系读同知系tʂ、$tʂ^h$、ʂ的现象主要发生在豫北的晋方言区与豫南信阳各地及豫西的洛阳等地。河南方言中见系字读舌尖后音tʂ、$tʂ^h$、ʂ只限于韵母读ʮ或带-ʮ-介音的时候。信阳方言中遇摄合口三等见系字，声母读同知系tʂ、$tʂ^h$、ʂ，韵母读ʮ或带-ʮ-介音，如：居tʂʮ，卷tʂʮan等。

濮阳南乐县城关、西邵、杨村、寺庄等乡镇：“猪tʂʮ、出$tʂ^h$ʮ、书ʂʮ”（读“湿”ʂi）例外。

洛阳方言："猪朱珠触主煮嘱驻柱助著住注"读 tʂʮ；"出初除厨锄殊储楚础处"读 tʂʰʮ；"书舒输梳术熟述赎暑叔数树竖漱"读 ʂʮ。

在汉语方言中，见系字变为知系的 tʂ、tʂʰ、ʂ，大多是在 ʮ、ʅ 韵母前。如湖南洞口"猪朱居拘"都读为 tʂʅ；同样是"猪朱居拘"四字，在 y 或 ʋ 前都读 ts 或 tɕ，声母舌位前化，进而舌面化。如：

成都：猪 $tsʋ^{44}$、朱 $tsʋ^{44}$、居 $tɕy^{44}$、拘 $tɕy^{44}$；武汉话"猪朱居拘"都念 $tɕy^{445}$

南昌以前"猪居朱拘"四个字都是读 tɕy 的，知三章与精庄表现不同，现在受普通话影响"猪朱"都读 tsu 了。粤语知组与见系则不相混：猪 $tsʋ^{55}$、朱 $tsʋ^{55}$、居 kui^{55}、拘 k^hui^{55}。

河南方言的见系字读同知系字的韵母都是 ʮ，汉语方言中见系在 ʮ 前基本都读舌尖后音 tʂ、tʂʰ、ʂ，而在 y 前基本都读舌面音 tɕ-、tɕʰ-、ɕ-。从中我们可以断定，其音变原因一定与介音 ʮ 有关系。

信阳方言中见系读如知系的都是遇摄合口三等鱼韵或虞韵的字。鱼虞韵字在现代北京话中有两种读音，u 与 y。《切韵》时期鱼虞韵的读音不同，分别为 iɔ 与 io，到了宋代鱼虞合并为 iu。宋代的 iu 分别演变为 u 或 y。知照组虞韵字"柱朱殊儒输枢树雏"读 u。鱼韵字"居鱼虚于举语许去女吕胥"等字都读 y，知庄组"初锄梳书舒猪"都读 u。

但在河南方言中，这些字的分化不一样。在洛阳方言中，所有这些字都读 ʮ。ʮ 的来源应该是 y。鱼韵字在宋代为 iu，进而分化为 y，y 很容易变为 ʮ。这个舌尖后圆唇元音影响了声母的舌尖化。见系字在 y 之前变成 tɕ-、tɕʰ-、ɕ-，tɕ-、tɕʰ-、ɕ-在舌尖后圆唇元音的影响下变成了 tʂ-、tʂʰ-、ʂ-。它们的演变过程是这样的：

*k-、*kʰ-、*x-→tɕ-、tɕʰ-、ɕ-/__ iu＞y

tɕ-、tɕʰ-、ɕ-→tʂ-、tʂʰ-、ʂ-/__ y＞ʮ

从鱼韵字凡韵母读 y 的见系字，声母都读 tɕ-、tɕʰ-、ɕ-，而韵母为 ʮ 的见系字声母都读舌尖后音 tʂ-、tʂʰ-、ʂ-来看，这个演变过程是无可怀疑的。

介音 i、u、y 对现代方言的声母系统的演变有积极的影响，尽管各地的演变方式不完全相同，但基本规律一样：i 介音使舌尖音和舌根音腭化为舌面音，而 u 介音则使声母前化为唇齿音或后化为舌根音，因为 u 本身的发音就是舌根上抬，唇齿有轻微的接触。这两个介音，实际上是 i 使声母的发音部位"央"化，而 u 则使发音部位"前化"或"后化"，相互相辅相成，成为维系音系结构平衡的一种重要力量。y 介音的作用比较特别，它的发音以其“前”与 i 相同，以其“圆唇”与 u 相同，因而它对声母的演变的影响或者与 i 相同，或者与 u 相同，究竟是什么情况，需要根据不同方言的不同情况进行具体的分析。

i 是一个舌面高元音，在元音系统的变动中(高化之类)会受其他元音的推和拉而发生变化。它的发音点如果由舌面移至舌尖，就会转化为舌尖前元音 ɿ；如果舌尖略为翘起，它就会转化为舌尖后元音 ʅ；和此相应，圆唇的 y 转化为 ʮ 和 ʯ。i 的这种变化又会进一步引起声母的变化。i 如转化为舌尖前元音 ɿ，和它组合的声母 tɕ 就会转化为 ts。

汉语方言还有很多见系字读舌尖前音 ts、ts^h、s 的现象，也是 i 介音影响的结果。如山东文登、荣城的白话音部分见系字读舌尖塞擦音 ts、ts^h、s。岳西方言中见系读舌尖塞音 ts、ts^h、s：启 ts^{h}ɿ、欺 ts^{h}ɿ、骑 ts^h、稀 sɿ、喜 sɿ、戏 sɿ、系 sɿ。合肥、寿阳、温州方言中也存在同样的演变方式。如下表中这三地的方言见系字读舌尖前音 ts、ts^h、s 的读音：

表 4.6 见系字读舌尖前音 ts 组

	鸡	济	欺	齐	希	西
寿阳	꜀tsɿ	tsɿˀ	꜀ts^{h}ɿ	꜁ts^{h}ɿ	꜀sɿ	꜀sɿ
合肥	꜀tsɿ	tsɿˀ	꜀ts^{h}ɿ	꜁ts^{h}ɿ	꜀sɿ	꜀sɿ
温州	꜀tsɿ	tseiˀ	꜀ts^{h}ɿ	꜁zei	꜀sɿ	꜀sei

岳西方言中见系读舌尖塞音 ts、ts^h、s，ts 是受 i>ɿ 的影响变来的。而温州的精组字由于没有舌面化为 tɕ，自然仍旧保留着原来的 ts 读音(鸡 tsɿ，济 tsei)。由舌面元音舌尖化为 ɿ 而引起的 tɕ 声母的舌尖化，这在汉语方言中好像是一种强大的沿流(drift)，不少方言都发生了这种变化，只是变化的速度和范围有所不同而已，一般还只局限于以 i 为韵母的 tɕ，没有涉及介音 i 和其组合的 tɕ 声母。

万荣话见系字今白读 tʂ、tʂ^h、ʂ 声母，则都没有 ʮ 甚或 y、i 介音，主元音从开口度比较大的低元音 a 到 æ、ʌ、e 都有。

家 tʂa 嫁 tʂa 窖 tʂau 浇 tʂau 轿 tʂ^{h}au 劲 tʂei 豇 tʂʌŋ 虹 tʂʌŋ
碱 tʂæ̃ 锏 tʂæ̃ 茧 tʂæ̃ 牵 tʂ^{h}æ̃

万荣话的见系读同舌尖后音 tʂ、tʂ^h、ʂ，与介音无关，很难从音理上解释它为什么会混入知系声母。前面我们说过，音韵结构内部的语音演变都有音变条件，可进行音理解释。叠置式音变，是来自外部因素引发的音变。叠置关系是由两个方言的音类对应条例决定，符合对应条例的文白读之间不一定能也不需要作音理的解释，因为叠置关系不是按音理演变的结果。万荣方言的见系字读 tʂ、$tʂ^h$、ʂ 是属于叠置式音变，不在上面所谈到的见系字读知系的音理机制范围内。

4.4.2 见系字的腭化过程

在中原官话的漯项片淮阳方言，“德、陌、麦”三韵开口一二等字，其声纽为见系时，今读舌面中音 c-、c^h-、ç-，或舌面前音 tɕ-、$tɕ^h$-、ɕ-，例如：

革、隔、格　ciɛ 或 tɕiɛ

刻、客、克　c^hiɛ 或 $tɕ^h$iɛ

其中，周口市和商水县，这些韵的声母不是舌面音而是舌根音 k-、k^h-、x-，韵母相同。见系一等字读细音，以及商水和淮阳方言在这些介音前声母有不同的演变模式，它们各自反映了什么样的语音层次？

首先，我们来看声母所反映的语音层次。淮阳方言中见系声母已经腭化，而商水方言中还保留舌根音 k-、k^h-、x-，这说明淮阳方言中的 tɕ-、$tɕ^h$-、ɕ-是由 k-、k^h-、x-变来的，即舌根音在细音前腭化了。这种变化经过了三个步骤，即 k-、k^h-、x-变为 tɕ-、$tɕ^h$-、ɕ-时，经过了一个中间阶段 c-、c^h-、ç-。它们的演变方向应该是这样的：

k-、k^h-、x-→c-、c^h-、ç-

c-、c^h-、ç-→tɕ-、$tɕ^h$-、ɕ-

淮阳方言中的 c、c^h、ç-与 tɕ、$tɕ^h$、ɕ 正反映了最终的腭化还没有完成，有些地方还处于过渡阶段。

河南中原官话商阜片的襄城方言，50 年前，tɕ、$tɕ^h$、ɕ 还处于 c-、c^h-、ç-阶段。据古本正 1959 年调查的襄城方言，襄城的 tɕ、$tɕ^h$、ɕ 发音时“从发音部位来看，北京音的 j 大约位于襄城音的 z 和 j 之间而距 j 稍近的地方”。[1]（古本正，1959）

从作者所描述的发音部位来看，这里所说的 j 应该就是指的舌面中塞

〔1〕 原文用的是注音字母，出于描述的方便，引用时，转写成汉语拼音。

音 c。那时的襄城方言 k-、k^h-、x-腭化还处于 c-、c^h-、ç-阶段。刘颂浩 1993 年调查的襄城方言，k-、k^h-、x-在细音前的腭化音与北京话已经没有区别，变成 tɕ-、$tɕ^h$-、ɕ-。

舌面中清塞擦音 c-、c^h-、ç-，在山东的烟台、荣城方言中也存在，也是见系字在细音前的读音。烟台方言是分尖团的，尖音读 tɕ-、$tɕ^h$-、ɕ-，团音读 c-、c^h-、ç-，如：鸡 ci，欺 c^hi 等。荣城方言的见系字是在齐齿音和撮口音之前读成 c-、c^h-、ç-。

根据汉语方言中分尖团的情况，我们也可以看出这一演变轨迹。如山西方言 7 个方言片中有 4 个方言片都存在尖团音对立的情况。这些分尖团的方言中见系字的读音有四种类型：

(1) 读 tɕ-、$tɕ^h$-、ɕ-。这一类型精组字读 ts-、ts^h-、s，见系字读 tɕ-、$tɕ^h$-、ɕ-。如并州片和吕梁片的阳泉、平定、昔阳、和顺等地。如“洗”sei、“喜”ɕi。

(2) 读 c-、c^h-、ç-。这一类精组字读 ts-、ts^h-、s-或 tɕ-、$tɕ^h$-、ɕ-。见系字在细音前读 c-、c^h-、ç-。如“借”tɕiɤ/tsie、“解”ciɤ/cie。

(3) 读 t-、t^h-、ɕ-。见组字读 t-、t^h-，晓组字读 ɕ-。如“鸡”ti、“经”tie、“牵”t^hiæ，“吸晓休校”声母则与精组的“习小修笑”一样，都是 ɕ。

(4) 见系字读 tʂ-、$tʂ^h$-、ʂ-。如“浇”tʂau、“敲”$tʂ^h$au。

山西方言中的尖团音见系字读音类型也说明见系在腭化为 tɕ-、$tɕ^h$-、ɕ-以前，曾经历过 c-、c^h-、ç-阶段。有些方言演变速度快，已进入 tɕ-、$tɕ^h$-、ɕ-，有些方言演变速度慢，还处于中间阶段的 c-、c^h-、ç-。

舌面中清塞擦音 c-、c^h-、ç-，发音部位比 tɕ-、$tɕ^h$-、ɕ-靠前，正是走向舌面音的中途站，所以 tɕ-、$tɕ^h$-、ɕ-是其进一步演变来的结果。

河南方言中见系二等字大多滋生 i 介音使声母发生了腭化，如“江佳皆删山肴咸衔麻庚耕”，而在陌、麦、德、合等韵的开口一二等入声字增生的 i 介音前有的却没有腭化。这是语音演变的“时间性”规律在起作用。按照“类同变化同”的语音演变规律，这些字的韵母产生 i 介音而变成齐齿呼之后，声母也应当和其他见系二等字一样，受韵母影响而腭化，变成 tɕ、$tɕ^h$、ɕ，但它们的声母仍保留了 k、k^h、x 的读法。

影响语音变化的因素是多种，有年代学上的，有词汇学上的，也有语音上的。语音上的音变最主要的有两种形式：竞争和演变。不同的竞争和演变在时间上交叉发生，则会产生真正的残留。一种语音演变如果没有其他的演变相竞争，这种语音演变就是有规律的，但是，确有两种或更多演变同时适用于同一部分词项的情况。这样就会残留形式保存下来，这种残留形式就是半途受阻的语音演变直接产生的结果。

河南方言中见系字细音前不腭化的现象，是一种有规律的"例外"现象，只是语音演变的另一条规律在起作用——"语音演变具有时间性"。因为这些字i介音的产生是在见系字腭化之后，错过了见系声母在细音前腭化的时间，所以就成为一种音变过程中的"例外"现象。

黄侃古本音说认为，声母与韵母的洪细是相和谐的，上古音最初声母和韵母都是洪音，中古音的细音，是最初的上古音变化的结果。古今声音的变化，声母变则韵母也跟着变；韵母变就说明声母已经变，声母变的最主要标志就是声母后头i介音的产生。这是黄侃的声韵相挟而变理论。黄侃认为，最初的上古音即古本音并没有像今音有一至四等的分别。今音中居一四等的声纽为古本纽，二百六韵中的一四等韵是古本韵；今音中的二三等是从上古音一四等变来的。声与韵是相互关联制约的，古声母发生变化，必然同时是古韵母发生变化；反之亦然。所以，上古声母没有后世居二三等的音，当然上古韵母也没有二三等；今音声母有二三等，韵母也就有二三等。声韵相挟而变的理论不但解释了二百六韵中的古本声古本韵相互配合，变声只出现在变韵的事实，它还说明古音侈、今音敛，古今音的变化趋势是由侈变敛。其中也就包含着三等介音是在音变中产生的意见。

汉语方言中见系字腭化或舌尖化，都是与韵母紧密相关的，当韵母为舌面元音i或y时，见系字走向腭化，介音i不但关乎主要元音，同时也关乎声母，见系声母的腭化直接受到-i-介音的影响。当韵母为舌尖元音时，见系字则可能走向舌尖化。

i介音是音系结构格局控制语音变化的一处内在机制。双唇、舌尖和舌根是汉语声母的三个基本发音部位，而轻唇、舌上音、正齿音和舌面音则是受i介音的影响而从这些基本部位中分化出来的。

4.5　灵宝方言声母的特殊音变方式

灵宝处于河南与山西交界地带，凡交界地带的方言，常在音韵形式上表现出更多的复杂性，是方言史上正常的现象。灵宝方言在声韵方面就表现出这种特征，其音韵结构不管从韵母还是从声母来说，都比较复杂。这里只讨论它的一些声母特征。其声母特征上最主要的特殊音变表现在三个方面：一是全浊塞音、塞擦音仄声今读不送气音，二是端母字与见系字在细音前读音互换，三是端母字与透母蟹摄开口四等字分归见系与来母。

灵宝方言辅音系统这种复杂性，在汉语方言中不常见，尤其是端组字的特殊音变现象。

4.5.1　全浊塞音、塞擦音仄声读送气声母

並定从澄崇群等中古全浊声母字，在汉语方言中的分化一般规律是：平声送气，仄声不送气。故古平声字分化为阴平与阳平时，全浊声母归阳平，送气，古上去入全浊声母在现代汉语方言中一般是不送气的。但河南灵宝、陕县两地方言，古上去入全浊声母字，现在都读送气音。如：

辫 pʰian꜄	笨 pʰən꜄	步 pʰu꜄
病 pʰiŋ꜄	盗稻 tʰau	缎 tʰuan꜄
皂造 tsʰau꜄	脏 tsʰaŋ꜄	赠 tsʰəŋ꜄
柱 tʂʰʮ꜄	治 tʂʰʅ꜄	赵 tʂʰau꜄
撰 tʂʰuan꜄	状 tʂʰuaŋ꜄	技 tɕʰi꜄
柜 kʰuei꜄	轿 tɕʰiau꜄	旧 tɕʰiəu꜄
白꜁pʰæ	别꜁pʰiɛ	读꜁tʰu
夺꜁tʰuə	碟꜁tʰiɛ	贼꜁tseiʰ
族꜁tsʰu	铡꜁tsʰa	橛꜁tɕʰiɛ

全浊仄声塞音塞擦音今声母送气是汾河片的特征。贺巍（贺巍，2005）在对中原官话分区时把灵宝方言归入汾河片，与山西南部的运城等地方言同属一个方言片，应该就是依据这一特征。

古全浊塞音、塞擦音在现代汉语方言中有的读送气音，如客家方言与赣方言，有的读不送气音，如湘方言和闽方言。北方话与粤方言则是以声调的平仄而分化为送气与不送气两类。山西方言中浊塞音、塞擦音的读音形式有三种：一是和北方官话一样，依声调的平仄而分化为送气清音与不送气清音，平声送气，仄声不送气。二是有文白异读，文读系统与北方官话一致，而白读系统不管声调平仄，一律都送气。如洪洞、临汾、万荣、闻喜等。第三种也是有文白异

读，文读音也是与北方官话一致，而白读系统与第二类相反，全部读不送气。如平遥、文水、太谷等地。

灵宝方言的全浊塞音、塞擦音都读送气音与山西方言的第二类的白读音一致，但灵宝方言没有文白异读，只有一套读音，方言类型上又与山西方言的第二种不同。

徐通锵认为山西方言中的三种类型没有哪一种是原始形式，即另外的类型是从其中变化来的，三种类型各自代表了早期即浊音还未分化时期的三种并存的方言差异。徐先生进一步从音理上对这种"并存"说加以解释：汉语的清塞音、塞擦音有不送气和送气两个系列，而浊塞音、塞擦音只有一个系列，一浊配二清，这就为浊音的发音留下了广阔的活动余地。送气、或不送气，都不违背音系中"清∶浊"相互制约的结构规则；不同方言区的不同音值都只是"清∶浊"这一结构规则的不同表现形式。（徐通锵，1990）

如此假设，就与高本汉所说的汉语都是以《切韵》为源头而分化出来的理论有矛盾。目前汉语方言的研究也基本都是以《切韵》为历史参照点，这是以历史比较语言学"谱系树说"为理论基础的研究方法。而如果认为山西方言中的三种类型是原始时期方言遗存的三种不同的语音形式，而不是一种形式从另一种形式"变"出来的，就打破了汉语都是以《切韵》为源头的理论。

全浊塞音、塞擦音在汉语方言中表现或为送气，或不送气，或依声调分化，其具体性质还有待更多的研究和发现。

4.5.2 端组与见组字细音前声母互换

端系字在细音前读腭化声母 $tɕ^h$。如"梯踢啼提题体剃替"$tɕ^h i$，"听厅亭停廷庭蜓挺"$tɕ^h iŋ$，"挑笤条粜眺跳"$tɕ^h iau$。见系字，在细音前读如端组声母，如"格 tiɛ 客 $t^h iɛ$"。灵宝方言这种端组字与见组字的读音，似乎和商水方言中非组与晓组的换读一样，也是一种语音互换现象：

k>t/-i

t>k/-i→k>tɕ/-i

因为 k 在细音前，更容易腭化，所以，在经历了语音互换之后，由 t 变来的 k"入乡随俗"，随着其他的见系字在细音前腭化为 tɕ。而 k 变成 t 之后，就停留在这个语音形式上，没有进一步变化。例外字“特”t^hiɛ，韵母也变成了细音，读iɛ，但声母仍是 t^h；没有像上面那些字一样，腭化为 $tɕ^h$，这应该是受“格”“客”的影响而产生的类推作用。

4.5.3　端组字蟹摄开口四等韵分读来母与见组

灵宝方言中古蟹摄开口四等端组字有两种读音：一是读 $tɕ^h$i，如“梯踢啼提题体涕剃替屉惕”；二是读 lei，如“低底抵砥帝弟第”。前一种字全是“透母”字，韵母读 i，声母为 $tɕ^h$。后一种读音都是端母字，韵母为 ei，声母读如来母字，为 l，如：“低底抵砥帝弟第”=“离黎礼粒历”lei。

这一批字都是中古蟹摄开口四等霁韵字。端组字的蟹摄开口四等字其实是随声母不同而分别读为见组与来母的声母，即端母的字读如来母；透母字读如见组声母。根据灵宝声母系统来看，读 $tɕ^h$ 的声母其实是分化为了见系字，然后又随见系字在细音前腭化的规律，变为 tɕ。中古同一韵的字，又同是清声母的字，今韵母的读音会随“送气”“不送气”而分化为两套不同的韵母，为什么这两套不同的韵母，会引起声母的不同的分化？

从中古霁韵的读音也许能找到一些线索。中古霁韵的拟音是 uɛi。这些字的韵母在灵宝方言中，透母字和其他蟹摄开口四等一样，并入止摄读 i，端母字则是保留了中古的主元音 ɛ，并一步高化为 e。韵母为什么会随声母的送气与否而分读两套读音？一时难以看出其音变过程与音变的机制，这里只能存疑。

至于端组声母读如来母的 l，则是一种特异的音变形象。我们结合汉语其他方言的相似音变，来解释端母字读如来母的音变机制。

客赣方言中有来母大规模读如端组声母 t 的。来母细音读塞音的现象，罗常培倾向于这是一种后起的音变形式，并试图用从生理机制上加以解释。在《临川音系》第三章“本地的音韵”里，罗先生认为从[l]>[t]的历程是这样的：

[l]>[ld]>[d]>[t]

他的根据是从古来纽三等字变成的[t]母，有时读作近于 l 和 d 音[ld]。例如：“梨”[ldi]、“屡”[ldy]、“例”[ldi]。后来，他进一步说：

来纽在[i][y]前读[t]，也是很少见的现象。我想这个演变是由[l]音受后退的 i-umlaut 的影响，先变成带有塞音倾向的[l]，就像厦门方言里的这个辅音的读法一样；第二步再变成舌尖浊塞音[d]；最后才失落带音作用而变成舌尖清塞音[t]。这在语音演变上是有迹可寻的。（罗常培，1940）

赣方言来母读 t、d 是以今韵母的洪细为条件的，以今读为条件的音变只能看成后起的音变。刘泽民（刘泽民，2004）认为赣语来母细音字在-i-介音的作用下从 l 变到 t 或 d，中间经历过一个轻拍音：

l＞ɾ＞t 或者 l＞ɾ＞d

灵宝方言“低底祇砥帝弟第”读 lei，是相反方向的音变。罗常培先生从生理机制上解释 l 到 t 的转变是有道理的。t 与 l 都是舌尖中音，它们的发音部位一样，只是一个是塞音，一个是边擦音，发音方法不一样。它们之间受韵母条件的制约相互转化是可能的。赣方言 l 声母变 t，是在 i 元音之前；而灵宝方言，t 变 l 是在洪音 e 元音之前，正符合罗常培对这一音变现象的解释。

透母读如见组字，则属于上文提到的灵宝方言中，端组字与见系字在细音前的语音互换现象。为什么会有这种语音互换，这是一个难以解释的现象，河南方言中还有其他方言具有这种同一音系内声母换读的现象，如周口东部一些县市审母与非组字的个别换读，晓组字与非组字在商水方言中的大规模换读。

4.6 商水方言的声母换读现象

河南方言中存在一种看似非常特异的“语音互换”的音变形式，这种形式表现为 A 读 B 的音，反过来 B 读 A 的音，两个音类进行位置上的互换。如河南西部灵宝方言中见系字与端组声母的“换读”，河南东部周口东部地区的方言的审母字与非组字的“换读”，以及商水方言中的非组字与晓组字的“换读”。其中，灵宝、周口地区的“换读”是小规模的，而商水方言的非组与晓组的换读则是大规模的。这里我们重点讨论商水方言中这种特异的语音互换现象，从音韵结构格局的稳定性与易变性这一矛盾对音变的影响与作用，联系汉语历史上轻唇音从重唇音分化出来的机制，探寻这种“特异”的“语音互换”音变形式的音理机制。

4.6.1　非敷奉三母字与晓组字在商水方言中的换读现象

商水方言中的非组字与晓匣两母的字在合口韵前，表现出一种读音的“互换”。古晓、匣母合口韵的声母念 f 不念 x，而古非、敷、奉母的合口三等韵的声母念 x 不念 f。非组字的声母读如晓组，为 x；晓组字的声母读如非组，为 f。

这种语音互换现象，是 A 发 B 的音，反过来，B 又发 A 的音。其音变方式不同于链移式音变。商水方言中的语音“换读”现象，是 A>B，同时 B>A，而链移式音变是 A>B，同时 B>C。

这个现象应该是否有其不同的层次？是否是由于本方言内部的发展不平衡产生的层次，或者是由于本方言和外方言接触产生的叠置式的层次？抑或只是语音的生理机制造成的这种特殊的音变形式呢？下面我们先看非组字和晓组字在商水方言中的表现。

4.6.1.1　非组字读音

非组字在中古除了流摄“浮蜉桴罘涪富覆~盖副负妇阜”是开口三等外，其他都是合口三等字。在商水方言中，合口三等非组字除了微未废三韵的字读 ɕy 以外，其他各韵所有的声母都读同晓组，为 x。如：

流摄：孚蜉桴罘涪富副覆~盖妇负阜

遇摄：肤跗夫敷麸芙俘孚符扶凫府腑俯斧甫脯扶拊腐辅付赋傅赴讣父附咐附

通入：福蝠幅辐服伏茯袱腹覆复馥

臻入：弗拂佛

宕入：缚

月、乏韵：xua 伐筏罚阀发法乏

元韵：xuan 帆藩蕃翻番凡烦繁樊反返泛范犯梵贩

文韵：xuən 分芬纷氛焚汾坟粉粪奋喷涕~愤忿份

阳、漾韵：xuaŋ 方坊枋妨防房肪仿纺彷舫访放

微韵、未韵与废韵的字，在商水方言中读 ɕy。如：

微韵：飞非扉妃肥淝匪诽 ɕy

未韵：沸痱费 ɕy

废韵：废肺吠晓组 ɕy

不同于其他非组合口三等字，微未废三韵的字声母没有与晓组换读，读成 x，韵母有 u 介音，而是走向了另一条演变的道路：韵母变成了细音 y，声母由唇齿轻擦音变成了舌面前擦音 ɕ。同样是合口三等唇音，为什么这三韵的字会有这种不同的演变形式呢？这和“微废未”的韵母有关。我们对比一下整个河南境内方言这三韵字的读音，结合这三个韵从中古到今天的演变过程，也许可以对这种例外的音变找出合理的解释。下面是微未废三韵的非组字与晓组字及烛韵精组字的读音对照表。

表 4.7 非组、晓组微未废三韵与烛韵精组字在河南方言中的读音对照表

方言片	古音/方言点	非组			晓组	邪	精
		止合三		蟹合三	蟹合一	通合三(入)	通合三(入)
		微韵	未韵	废韵	灰韵	烛韵	烛韵
		飞非肥	费沸痱	废肺	回会	俗肃宿	足
晋语区	安阳	fei	fei	fei	xuei	ɕy	tɕy
	获嘉	fei	fei	fei	xuei	ɕy	tɕy
汾河片	灵宝	fei	fei	fei	xuei	ɕy	tɕy
洛嵩片	洛阳	fi	fi	fi	xuei	sy	tsy
郑开片	郑州	fi	fi	fi	xuei	sy	tsy
	开封	fi	fi	fi	xuei	sy	tsy
南鲁片	舞阳	fi	fi	fi	xuei	sy	tsy
	遂平	fi	fi	fi	xuei	ɕy	tɕy
	襄城	fi	fi	fi	xuei	ɕy	tɕy
	方城	fi/fei	fi/fei	fi/fei	xuei	ɕy	tɕy
漯项片	商水	ɕy	ɕy	ɕy	fei	ɕy	tɕy
	淮阳	fi	fi	fi	xuei	ɕy	tɕy
商阜片	商丘	fi	fi	fi	xuei	sy	tsy
	睢县	fi	fi	fi	xuei	ɕy	tɕy

（续表）

方言片	古音 方言点	非组			晓组	邪	精
		止合三		蟹合三	蟹合一	通合三(入)	通合三(入)
		微韵	未韵	废韵	灰韵	烛韵	烛韵
		飞非肥	费沸痱	废肺	回会	俗肃宿	足
信蚌片	信阳	fei	fei	fei	fei	ɕy	tɕy
	固始	fei	fei	fei	fei	ɕy	tɕy
	新县	fei	fei	fei	fei	sy	tsy
	罗山	fei	fei	fei	fei	ɕy	tɕy

从上表可知，古蟹摄合口三等微韵、未韵、废韵非组字在河南方言中多读i。除信蚌片今读f读母不拼i韵母外，其他各片这类字的f声母大都拼i韵母。这三韵的非组字读i，是河南方言的普遍特征，包括晋语区在内的8个方言片的对比中，中原官话区7个方言小片中有6个读i韵母，信阳各地的方言读ei韵母，是由其地理位置造成的。信阳地处河南与湖北的交界地带，方言特征多与西南官话趋同。西南官话，非组与晓组多相混，相混的形式，有的是非组并入晓组，读x声母，如西南官话的大庸“飞非妃~子肥匪废肺费花~”读xuei，有的是晓组并入非组读fei。信阳方言这三韵的字读，非组与晓组都读fei，正是受西南官话的影响。唯有商水方言读y。

商水方言非组微未废三韵字读同通摄合口三等烛韵的ɕy。烛韵是入声韵，读y韵母是河南方言中的普遍特征。商水方言止摄、蟹摄合口字读如烛韵字，应该是属于一个较早的时间层次。中古的这三个合口三等韵的字，为什么会在今天河南方言中，多读i韵母的情况下，在商水方言中，读y韵母，从而声母不与晓组换读？

4.6.1.2　晓匣两母字的读音

商水方言中，晓匣两母的开口字与合口三四等字，除了“畦”与“械”两字与北京音读音不同外，其他的字都与北京音一致，大部分读x或ɕ，小部分不读x，如：苛迄汔溃崩~蔻肴皖浣莞萤荧迥。

晓匣两母的字，在商水方言中的特殊读音，表现在其合口一二等字上。它们的合口一二等字大部分与非敷奉三母字的声母换读，读f声母；小部分不换读，仍读 x。其变化的条件与这些字所属的等摄和调类有关。其合口一二等的入声字、果摄一等字和蟹摄二等字，声母不与非敷奉三母的字换读，都读 x，而且韵母保留合口。其他一二等字，声母都与非敷奉三母换读，读 f，其韵母除遇摄外，则都由中古的合口呼变成了现在的开口呼。

（1）不与非敷奉换读的：

A. 果摄一等：xu 禾和火伙货祸和搅~

B. 蟹摄二等：xuai 怀槐淮坏

xua 画话（“歪”例外，读 uai）

C. 入声字：

山入一等：xu 豁劐活

二等：xua 滑猾

宕入一等：xu 霍藿攉椁

xuai 获

曾入一等：xuai 或惑

臻入一等：xu 核果~忽惚

梗入二等：xua 划

（2）与非敷奉声母换读的：

A. 遇摄合口一等字，声母与非敷奉三母完全换读，读 f；韵母与北京音一致，读 u。如：

fu 呼胡湖糊葫弧狐壶乎蝴虎浒琥户扈怙互护

B. 蟹摄、臻摄、宕摄、曾摄、通摄合口一等与山摄的合口一二等，以及梗、假两摄二等字，声母读 f，韵母由中古的合口变成了开口呼。如：

蟹摄一等：fei 灰贿悔回汇溃~脓会绘

山摄一等：fan 欢唤焕换桓缓

二等：fan 患环幻还归~宦

臻摄一等：fən 昏婚魂馄混浑

宕摄一等：faŋ（商水）荒慌谎恍黄皇蝗

通摄一等：fəŋ 烘哄红洪鸿虹（“汞”例外，读 ku）

曾摄一等：xuŋ（北京）—fəŋ（商水）弘

梗摄二等：fəŋ 轰（“横~竖”例外，读 xoŋ）

假摄二等：fa 花化华

4.6.2　语音换读的历史层次与音变机制

非组字与晓组字读音互换的音理机制是什么？其历史来源又是怎样的？笔者认为商水方言中的非组与晓组互换，与韵母有直接的联系。这种换读属于一个古老的层次，是历史音变的结果，但可能从语音的生理机制上加以解释。这种换读具体发生的时间，换读的条件，需要联系非组字的历史演变过程来考察，其中，微未废韵的不换，也与韵母有直接的联系，为什么不换，要从这三韵的韵母的演变过程去考察。通过对非组字、晓组字的历史演变的考察，结合汉语方言非组字与晓组字的关系，可以帮助我们从音理上对这种换读现象加以解释。

4.6.2.1　汉语方言中非组与晓组相混的形式

1. 汉语方言中轻唇音声母非组字的三种主要今读形式

（1）重唇与轻唇有别，古帮组声母读 p、p^h、m，古非组读 f、∅。这种类型主要分布在北方官话中，如北京话。

（2）重唇与轻唇不分，非组与帮组声母都读 p、p^h、m。如闽方言。闽方言是保留上古音比较多的方言，重唇与轻唇不分，是“古无轻唇音”的痕迹。如泉州方言非组读同帮组，“飞”[pe^{44}]、“蜂”[$p^h aŋ^{44}$]、“肥”[pui^{24}]、“微”[bi^{24}]。

（3）重唇与轻唇有别，但非组字与晓组字相混。非敷奉三母的字或读 f 或读 x，或在一个音系里 f 与 x 兼有。西南官话这方面的特征最明显。

2. 非组与晓组相混的形式

非组与晓组相混主要发生在一些南方方言中，如吴方言的上海郊县的一些方言，湖南、云南、四川各地的方言，河南南部的信阳地区的方言，以及晋语一些方言的白读音。

在西南官话中，当韵母是 u 时，晓组并入非组，读 f 声母。如“呼夫肤敷俘麸”“胡狐壶乎符扶芙浮复忽彿佛缚”“虎浒府甫斧抚釜腐辅”“户沪戽互护瓠父付核$_{果\sim}$赋傅赴附富副妇”这些字，在达县、大理、大庸、丹寨、贵阳、汉源、洪江、会同、吉首、江津、黎平、蒙自、宁远、西昌、重庆、自贡、遵义等地都读 fu。

桂林、柳州则没有完全并入非组，有一小部分晓组字与非组不混。如桂林除“乎呼忽胡湖”这几个字没有卷入非组，读 xu 外，其他韵母为 u 的晓组字也都并入了非组，声母读 f。柳州“虎护互户”这几个字新派没有并入非组，读 xu。

当韵母主元音不是 u，u 作介音时，则大多数存在混读，混读的形式，主要是交叉相混。如洪江：

fa 花华中～划文,～船滑文乏伐罚法发头～　化画话划计～

fa 方芳荒慌妨防房黄簧皇文蝗仿～效,相～纺访　谎恍晃～眼晃摇～放

xu 风疯丰～收封峰锋蜂讽冯姓逢缝～补凤奉缝～隙　烘弘宏红洪鸿虹文轰哄～骗

上海和浙江嘉兴的一些郊县，晓母的合口呼与非敷混同，匣母的合口呼与奉母混同：虎＝夫[fu]，昏＝分[fen]，灰＝非[fi]，胡＝扶[vu]。相反地，非敷奉母的东韵字混入晓母和匣母：封＝烘[xoŋ]，逢＝宏[ɦoŋ]。这些地方的非敷母实际是 ɸ，奉母实际是 β。少数字并入帮母和並母：扉＝悲[pe]，柿＝批[p^{h}i]，痱＝备[be]，釜、孵＝部[bu]，防、方＝旁[baŋ]。

晋语："非敷奉"白读[x]，文读[f]

晋语的来源不是北方官话，其非敷奉三母的读法与闽南语文读、日语汉音（古长安音）虽不完全相同，却十分神似。平遥、祁县、文水均属晋语并州片。

方：平遥-huaŋ；祁县-huã；文水-hu

分：平遥-huŋ；祁县-hũm；文水-hueŋ

罚：平遥-huak；祁县-huak；文水-huak

福：平遥-huak；祁县-huek；文水-huek

可以看出，晋语的非组字都读 x 声母，与河南信阳的晓组与非组相混的情形正好相反。河南方言的信阳地区也存在相混的情况，但主要是晓组字并入非组，即只有 f 声母，没有 x 声母。

汉语方言中非组与晓的相混的主要形式是“交叉相混”的形式。交叉相混的是读非组还是晓组依韵不同而不同，但同一韵的字要么读非组，要么读晓组，不存在“互换”现象。混读不同于换读，混读因韵而不同，而分别读 f 或 x。混读有三种形式：一是非组并入晓组，二组声母都读 x 声母，如晋语；二是晓组字并入非组，都读 f；三是交叉相混，有些韵的字读 f，有些韵的字读 x。换读，是非组读 x，晓组读 f。

何大安在（何大安，2004：122）《规律与方向——变迁中的音韵结构》一书

中，对汉语西南部方言非组与晓组相混的情况作了详细的考察，把汉语西南部方言非组与晓组相混的类型分为四类：

A.　X——f/ __ u
　　＼
　　　x

B.　X——x/ __ o，oŋ
　　＼
　　　f

C. F＞xu

D. X＞f

X 代表晓组合口一二等字；F 代表非组字。符号"＞"的右边代表现代方言中的音类。X 代表舌根擦音，包括的音位 x 或 h 两个音位；f 代表唇齿擦音，包括 f、ø 或 v 几个音位。除了以上四种之外，另有两种常见变化：

E.　F——x/ __ u V
　　＼
　　　F

F.　F——x/ __ oŋ
　　＼
　　　f

A 类的特征是：晓组字与非组字在元音 u 前都读 f，但在介音 u 之前，晓组仍读 x 或 h。这一类在西南部有 148 个方言。

B 类是一条"消极"的规律，它只限制哪些音不能发生变化。B 的限制都是今读 o 或 oŋ，当韵母是 o 或 oŋ 时，晓组字仍读 f，其他情况下读 f。o 是 u 变化的结果。这一规律主要有 46 个方言，集中在湖南省。这一种典型的"交叉混读"。

C 类是比较简单的一种混读现象，所有非组字都读如晓组字的 x 声母。集中在湖北省，以沔阳为代表。

D 类是所有的晓组字声母都读 f。四川的通城、醴陵、平江等地属于此类。河南的信阳各地方言也属于此类。

所有存在与晓组相混的非组字，都是合口三等字。商水方言中换读现象也是发生在非组的合口三等字与晓组的合口一二等字。要考察商水方言中非组与晓组读音互换的来源与演变机制，需先考察其韵母的情况及历史上非组字从重音分化出来的时间、过程与分化的机制。

4.6.2.2 非组字的历史演变

商水方言中的非组与晓组互换，是一种比较特异的音变形式。要试图对其加以解释，不能不考察轻唇音产生的时间与机制，以及声母与韵母的关系。

钱大昕提出“古无轻唇音”以来，得到汉语音韵学界的广泛认同。根据这一假说，非组是从帮组分化出来的，几乎不存在任何争议。但轻唇音如何从重唇音分化出来的，其演变过程和演变时间尚无确论。周祖谟先生(1966)认为轻唇音在《玉篇》时期已经产生了，但他又指出，此书反切上字的“补、普、蒲”三类和“甫、孚、扶”三类之间仍有互用之例，而且明母没有分化。现代的学者一般认为轻唇音产生的时间大概在8世纪。如杨剑桥先生认为这一过程开始于公元7世纪中叶，完成于公元8世纪中叶。其根据是641年的《汉书注》中帮和非、滂和敷、并和奉都已经基本分立，唯有明和微尚有混用。杨先生对轻唇音产生的过程及时间的描述是：

8世纪中叶	8世纪末至9世纪初	11世纪	13世纪至14世纪	17世纪至现代
pf ——→	f ——→	f(i介音消失)→	f ——→	f

轻唇音产生的机制，一般认为与u介音有关，即：[p]+[iu]。高本汉等人提出轻唇音分化的条件是“合口三等”，许多学者反对此说。分歧的原因是唇音不分开合口的事实。赵元任先生(赵元任，1941)提出轻唇化的条件是三等央后元音或后元音。这一观点得到很多学者的认可。如杨剑桥先生认为重唇分出轻唇的条件是：[p]+[i]+央后元音。

郑张尚芳也反对“[p]+[iu]”的演变条件，只是郑张先生认为轻唇音的变化始于ɨ在央后元音前的变体ʉ：

> 中古三等ɨ介音有两个变体：在前元音之前，它被前化为ĭ，在唇音和圆唇舌根音之后被唇化为ʉ。三等前元音的介音既为变体ĭ，则ɨ介音只限于央后元音韵，因此只有央后元音前唇音才可能出现变体ʉ，轻唇音变

化正始于这一范围，显然和 ʉ 介音有关。

在解释 ʉ 介音与现代汉语方言中 pf 组声母读音缘于 u 介音现象的矛盾时，郑张尚芳先生进行了如下论证：

> 但现在方言 pf 组声母的出现又的确都和后接 u 元音有关，不管关中、山西、安徽还是山东，tʂ 类声母的 pf 都是由后接 u 引起的。张盛裕指出潮阳 p、p^h、b、m 逢合口呼有人读成 pf、pf^h、bv、ɱ。（张盛裕 1981，1）唇音本无合口介音而轻唇化又跟合口相关的这一矛盾，用 ɨ 唇化为 ʉ 才可以解释。温州、瑞安作主元音时，常发成唇齿性的 ʋʉ。p 组声母跟它结合时也就是读 pʋʉ 的。如果长期融合，就有可能为向 pf 转化创造条件。可以设想非组是由帮组带上介音 ʉ 变成的：pɨ＞pʉ＞pʋʉ＞pf。据张维佳报道，关中 pf 类声母除了知庄章组外，还可在帮组出现：在长武、扶风、眉县、岐山、千阳、陇县等地，"布卜堡 pfʋ、孵抱 pf^hʋ"，其韵母都已从 u 改成齿唇 ʋ，"破 pf^ho"在长武、扶风及麟游、千阳、陇县实际读 pf^hʋo，"磨"多数地方仍为 mo，但长武、岐山也已是 ɱʋo，说明其中成分很是关键。敷母字"孵"读成 pf^hʋ 更像是中古轻唇化开始阶段的再现。（郑张尚芳，2003）

根据郑张尚芳先生的论证，轻唇音产生的过程是：pɨ＞pʉ＞pʋʉ＞pf＞f。

虽然轻唇音产生的时间与机制有争议，但轻唇音从重音分化出来变为今天的 f 声母的过程中，中间经历了 pf 阶段，是没有争议的。那么，现代汉语中的非组读 x 的声母现象，又该如何解释呢？是否与轻唇音的产生有关？

晋语中有很多非组白读为 x 声母的，在考察非敷奉组字读 x 的历史时，有些学者试图从天城梵书中寻找线索。

天城梵书与汉字对音反映了宋代西北方音特点，该对音材料记载着轻唇音读如舌根清擦音的历史。根据张清常的研究，"波书以 hv 对中古汉语非奉两组"，"中古汉语非奉两组的对音均读为 hv，这同现代汉语有密切关系，今山西文水方音读非敷奉组字为[x]"。（张清常，1963）今晋方言非奉两组读[x]的方言主要集中在晋方言中部并州片、西部吕梁片。如上文所提到的晋语"非敷奉"的文白异读，白读[x]，文读[f]。晋方言读音是否就是天城梵书时对音的直接遗存，有待更多文献支持，但波书用带有喉部擦音的 hv 对译汉语非奉二母，应该是非奉读[xu]的最早源头。

乔全生（乔全生，2005）在论证晋方言 x 声母的来源时说："可否认为：非组从帮组分化，不同地区有不同的演变过程，一支先由[p][b]（上古）演变为[pf]（中古《切韵》时代），再演变为[f]（唐宋以后），如通语和晋方言中除并州、吕梁片以外的方言片；另一支由[fu]再继续演变为[hu]（宋代），包括今吴方言读音、闽方言文读以及晋方言并州、吕梁片非组读音。这样看来，非组读[x]只能是后起的，是在重唇读如轻唇基础上，发音部位继续后移而形成的读音。这无论从音理解释，还是从文献反映，均可得到证明。从波书非奉两组读 hv 看，吴方言、湘方言今读，闽语文读非组读[x]不读[f]，其时也当在宋。这些文读音入闽的时间也当在宋。而晋方言两片非组读[x]的时间依据波书所反映的宋代西北方音应当在宋。我们认为，晋方言非组读[x]的时代与南方诸大方言非组读[x][h]的时代一致，可能是同一支方言现象在不同地区得以保存和发展的结果。尚需申明，在《唐五代西北方音》里，五种对音材料的非组，罗先生依据藏文记为 p^h，刚露出轻化痕迹。但到宋代的西北方音又由[f]变为[x/h]，似乎没有足够的演变时间。可能的解释是该书所反映的音系与对音所反映的音系没有直接的演变关系，它们可能代表着不同的方音。"

"非组从帮组分化，不同地区有不同的演变过程，一支先由[p][b]（上古）演变为[pf]（中古《切韵》时代），再演变为[f]（唐宋以后），如通语和晋方言中除并州、吕梁片以外的方言片；另一支由[fu]再继续演变为[hu]（宋代）"，这种说法很容易解释汉语方言中非组读 x 声母的现象，如果不是 pf 在继续演变中有两种演变方式，一组向 f 发展，一组向 x 发展，汉语方言中非组读 x 的现象就很难解释。赵元任 1948 年与杨时逢 1969、1974、1984 年对湖北、云南、湖南、四川四省的方言所做的调查显示，西南四省的 374 个方言中，有 212 个方言有晓组字与非组字相混的现象。其中，有不少方言是非组合口三等字读 x 声母。如前文所举西南方言非组与晓组相混的类型中的 C 类，就是典型的非组字读 x 声母的类型。汉语方言中如此多的非组字读 x 的现象，应该与非组字从重唇音分化出来后的演变方向与演变形式有关。

这种演变方向也有音理上的依据，介音 i、u、y 对现代方言的声母系统的演变的影响，基本规律是：i 介音使舌尖音和舌根音腭化为舌面音，而 u 介音则使声母前化为唇齿音或后化为舌根音，因为 u 本身的发音就是舌根上抬，唇齿有轻微的接触。这两个介音，实际上是 i 使声母的发音部位“央”化，而 u 则使发音部位“前化”或“后化”，相互相辅相成，成为维系音系结构平衡的一种重要力量。

就是说，pf 在圆唇的 u 元音的作用下，变为 f，发音部位最靠“前”的唇齿擦音 f 与“后”舌根音 u 在发音时相抵触，要么丢掉 u，声母保持 f，读为 fei，要么 f 声母被介音 u 同化为后的舌根音 x。于是有了两种不同的演变方向。

元代反映北方语音系统的《蒙古字韵》中的非组字的读音也可证实“两种演变方向”的可信性。

据李立成《元代汉语音系的比较研究》(李立成，2002：17—18)，《蒙古字韵》中非、敷合流，奉母字与非、敷有别。非、敷两母的音值是 h，韵母都有 u 介音。下表引自李立成所列八思巴字转写的《蒙古字韵》非组字读音表：

表 4.8　《蒙古字韵》的非组字

转写	平	上	去
hu̯ung	风＝丰	覂＝捧	讽＝赗
hu̯ang	方＝芳	仿＝访	放＝访
hu̯i	非＝菲	匪＝斐	废＝肺
hu̯u	夫＝敷	甫＝抚	
ɦu̯ung	冯	奉	凤
ɦu̯ang	房		防
ɦu̯i	肥		吠
ɦu̯u	扶	辅	附

但李立成给《蒙古字韵》的非、敷两母与奉母的拟音分别是 f 与 v。他认为八思巴字用喉音 h 与 ɦ 分别转写非、敷两母与奉母字的读音，是由于 h 与 ɦ 在本族语的听觉接近 f，故而采用了喉音来记录《蒙古字韵》的唇齿音 f，并说“他们在表示汉语的这一组声母时，显示出了很大的随意性”。

这是在首先假定非组字的读音一定是 f 的前提下，得出的结论。从上文天城梵书与晋语的白读材料，及非组字演变为 x 的可能的音理机制来看，八思巴字用喉音 h 与 ɦ 分别转写非、敷两母与奉母字的读音不一定是由于“随意性”所至，很可能是记录了非组字的实际读音。很可能《蒙古字韵》的非组字就是按照 f→x 的方向演变的。

据李霞对西南官话的研究，现代西南官话中有些方言的通摄合口三等的非组字韵母有圆唇的介音读作合口呼。曾梗摄字在此方言区与通摄合口三等一般的不相混的，但在唇音字前却混入通摄合口，韵母也都带上了圆唇介音 u 或 o。如表 4.9 所示。

表 4.9　西南官话梗通摄唇音字

	梗摄				通摄					
	朋	彭	孟	盟	蒙	梦	篷	冯	风	奉
成都	p^hoŋ	p^hən	moŋ	min/moŋ	moŋ	moŋ	p^hoŋ	foŋ	foŋ	foŋ
大庸	p^huŋ	p^huŋ	muŋ	muŋ	muŋ	muŋ	p^huŋ	xuŋ	xuŋ	xuŋ
贵阳	p^hoŋ	p^hən	moŋ	min/moŋ	moŋ	moŋ	p^hoŋ	foŋ	foŋ	foŋ
桂林	p^hoŋ	p^hoŋ	moŋ	min/moŋ	moŋ	moŋ	p^hoŋ	foŋ	foŋ	foŋ
昆明	p^hoŋ	p^hoŋ	moŋ		moŋ	moŋ	p^hoŋ	foŋ	foŋ	foŋ
天门	p^huŋ	p^hən	muŋ	min	muŋ	muŋ	p^huŋ	fuŋ	foŋ	fuŋ

西南官话的唇音声母保留了 u/o 介音，应该就是 f 没有被圆唇的介音同化，变为舌根音的阶段。而大庸的“冯风奉”等字已变为 x 声母，读 xuŋ。正是非组字有两种演变方向的可能性的一种证明。

汉语方言中很多非组字的演变走的前一条道路，即合口介音 u 被发音部位靠前的唇齿擦音排挤而丢掉，变为现代的开口呼。西南官话中很多非组字读 x 声母的，则是走了后一条道路。

那么，商水方言中的非组字读 x，是自身演变的结果还是受了外来方言的影响的结果，需要更多的材料来支持。如果不是受了外来方言的影响，就只能说这一现象是演变阶段中更古老的一个层次。但商水方言非组与晓组的换读，在整个河南方言中是孤立的现象，从商水方言微未废三韵不换读的情况来看，也是由于这三韵字的韵母读音在商水方言中读 y 有关，商水方言而这三韵字韵母读 y，不同于河南其他方言，倒是和外省的一些方言相同。如果不是商水方言曾受过外来方言的影响，将如何解释这种完全孤立的音变现象呢？根据商水方言与河南其他方言之间的联系，笔者认为，来自外方言的可能性更大。

下面我们来试着寻找微未废三韵的字在商水方言中不与晓组换读的可能性解释。这三韵的声母在商水方言读 ɕ 而不读 f 或 x，与其他非组字表现出完全不同的演变方向，这个演变方向是由其韵母 y 所控制的。y 介音在汉语声母系统的演变中的作用是介于 i 和 u 之间，故表现出它的特殊性。它的发音以其"前"与 i 相同，以其"圆唇"与 u 相同，因而它对声母的演变的影响或者与 i 相同，或者与 u 相同。在不同的方言中有不同的演变情况。在商水方言中，这个演变应当是分两步的：首先，商水方言中的这三韵的字开始的韵母与其他韵的字一样，有一个合口的 u 介音，并因为这个合口的 u 介音，使声母演变为"后"舌根擦音 x。然后，由于韵母由 u 或 iu 变为 y，y 又以其"前"的特征，使"后"的舌根擦音 x 前化为舌面轻擦音 ɕ。其过程如下：

pf＞f＞x/_[u]

x＞ɕ/_[u＞y]

这个过程是否可信，要先从其韵母的演变来判断。

《切韵》时代灰韵是 uʌi，废韵合口当是(i)uɐi，在晚唐五代西北方音中，灰韵和泰韵合口已经相混，到南唐朱翱时(10 世纪)，废韵合口也并进来。泰韵合口是 uai，都有一个较低的主元音，经过隋唐数百年的演变，三韵逐渐合一，音值可能是 uai 一类。可能直到宋初还维持着这个音。梵汉对音材料反映的宋初洛阳方言，灰韵、泰韵合口、夬韵合口、废韵合口就读 uai。到《切韵指掌图》的年代(北宋末至南宋初)，止摄合口字也混了进来。

止摄的微未韵在《中原音韵》归齐微韵，唇音合口字读 uei，非组字例外，读 i。

河南方言微未废三韵母读 i，是继承了《中原音韵》"齐微"的读音。《中原音韵》中的"齐微"韵来自《广韵》的齐、微、祭、废、支脂、之、灰和质、昔、锡、职、德、缉、陌等入声韵。"齐微"韵的音值是：i、ui、ei。韵母是 i 的字是："逼纰脾迷非肥微低荻梯啼呢黎疾妻齐西知答直池实机及溪奇希奚衣移"，河南方言中非组字读 i 韵母的字正在这一范围之内。

从近古的资料可知，河南方言中这三韵的字读 i 是近古的层次。商水方言中的 y 韵母和 i 应该分属不同的层次。河南方言中这三韵字知组与精组都读 ui，唇音声母却变 y。现代客赣方言中这三韵字也有读 y 的。陕西、山东东南部方言也有和商水方言一样的读音，如"肥料"读作"ɕy 料"。止摄知三章组字

“睡追锤水”，精组字“嘴醉”等在河南南部及北部一些方言中读 y，声母母为 tɕ、$tɕ^h$、ɕ。从知三章组声母读 tɕ 组来看，它们不应该是晚近的变化。

商水方言中的 y 韵母是更早一个阶段的分化的可能性不大，因为商水非组字的读音情况在河南方言中找不到与它类似的方言。它更大的可能是外来方言的影响。笔者推测，它与赣方言之间有联系，因为笔者在研究商水方言的读音现象时，发现很多特殊音变，与赣语区的浏阳方言一致。如非组与晓组的换读，在浏阳方言中也存在，商水方言见系一等读细音，声母不腭化，也与浏阳方言一致。但目前没有移民史的资料来证明这两地方言有渊源关系，不能妄下断语，只能是一种推测。

4.6.2.3 语音换读现象的音理机制

在现代的音变理论中一般分音变和音移(sound drift)。现在语言学中所讲的音移指一个音位随着时间的推移从这一位置到那一位置的移动，就是说，音位的物质载体发生了变化，但没有引起音位类别的分化或混同，使不同音的语素变成同音语素，或者反过来，使同音的语素变成不同音的语素。现代语言学认为音移导致了音位的相关关系发生了变动，属于音变的范畴。

河南方言中晓组字与非组字读音互换的现象，也许可以用“音移”的原理来解释。由于商水方言受了外来方言的影响或自身演变的结果，非组字没有像北方其他方言那样变为 f，而是走向了另条道路，读 x 声母，使得商水方言中的唇音合口的 u 没有消失，这样，非组字的读音完全和现代普通话中合口晓组的读音一致。非组字声母全部读成晓组，这样，在原来非组的位置上就留下了“空位”(slot)，同时，晓组字受到排挤，不得不转移位置，移向 f。当晓组字转移的同时，由晓组转来的字的声母读成了 f，发音部位最前的唇齿擦音 f，与最后的舌根擦音 u 之间又发生了抵触，晓组字“别无选择”，只能是唇齿擦音排挤掉 u 介音，使得 u 介音消失，形成今天完全与普通话中的合口三等非组字的读音相同的情况。当韵母是 u 时，不存在这种换读现象，正说明了这种“转移”理论的可靠性。晓组字的转移是一种音系结构内的自我调整。

4.6.3 结论

一种语言或方言的音韵结构内的变迁，通常变迁的形式是这样的：

$$A>B/\_C$$

其中 A 是变化项，B 是生成项，C 是变化的条件项。商水方言中语音换读的现象则是这种变迁形式内的一种“变体”。首先，非组在 u 介音的作用下，由 f 变成了 x，从而造成晓组字语音转移，转移之后的晓组字，又按照 A>B/_ C 的演变规律变成今天商水方言中晓组字读音同北京话中的非组字一样。从而造成了商水方言中非组与晓组之间的音变方式不同于一般链移音变的：A>B，B>C，而事实上是“语音互换”的方式：A>B，B>A。

萨丕尔曾说过：“在一种语言特具的纯粹客观的、需要经过艰苦的语音分析才能得出的语音系统背后，有一个更有限制的、‘内部的’或‘理想的’系统。它也许同样地不会叫天真的说话人意识到是一个系统，不过它远比第一个系统容易叫人意识到是一个完成的格局、一个心理机构。内部的语音系统虽然会被机械的、不相干的现象掩盖起来，却是语言生命里一个真正的、非常重要的原则。甚至在它的语音内容久已改变了之后，它还能作为一个格局坚持下去，包括语音成分的数目、关系和作用。”（[美] 爱德华·萨丕尔：《语言论》，北京：商务印书馆，1997 年版，第 47—48 页。）

语言是一个系统，这个系统有一个相对稳定的结构格局，正如萨丕尔所说：“语音的内容久已改变之后，它还能作为一个格局坚持下去，包括语音成分的数目、关系和作用。”汉语音系的结构格局是由声母、韵头、韵腹、韵尾组成的，声、韵、调相互制约。在特定的结构位置中活动的语音单位很容易发生变化变体，但位置以及以此为基础的结构规则、音变机理却很稳固，在语音演变中不易发生变化。这样，结构格局的稳固性和语音单位的易变性就构成语音演变中的一对矛盾，语音演变的规律就是这一矛盾对立面的相互作用的结果。商水方言中这种看似“特异”的“语音互换”，其实正是这种音系结构格局为保持稳定性而作的内部调整。

第五章
河南方言的韵母特色及其演变机制

5.1 古德陌麦三韵-i-介音与-i 韵尾的关系

中古曾梗摄德陌麦三韵一二等字的读音是河南中原官话区别于其他北方官话的主要特征之一。河南境内的中原官话德陌麦三个入声韵的字早期应该是有 i 韵尾的,可后来 i 韵尾逐渐消失。一些消失了 i 韵尾的方言,产生了 i 介音,有些方言产生了 i 介音,i 韵尾没有消失,但凡是产生 i 介音的字都无 i 韵尾。还有一些方言 i 介音与 i 韵尾并存,但这些字有两套读音,一套是只有 i 韵尾没有 i 介音,另一套是 i 介音与 i 韵尾在同一个音节内。河南方言中这些开口二等入声韵的字 i 韵尾是如何由产生走向消失的? i 介音又是如何产生? i 介音的产生与 i 韵尾之间有无内在的关系? 通过对这些问题的考察,透视 i 介音在音节结构变化中的作用,可以帮助我们进一步了解 i 介音在汉语音系结构格局中的地位及它对汉语音系结构的影响。

音系的结构格局是语言结构格局的语音表现,音节结构规则是音系结构格局的外部活动舞台,语言演变的方向和目标是由结构格局控制的,不同的变化都难以超越格局所允许的范围。从格局的结构规则和运转规则出发,找出格局控制变化的机制,抓住语音单位的易变性和结构格局的稳固性这一矛盾对立面的相互关系,能够帮助我们清楚解释音变的机理、原因和规律。

河南方言中德陌麦三韵字在中原官话的读音区别于其他官话的原因,与 i 介音在汉语音系结构格局中的特殊地位有关系,同一个音节内如果有 i 介音又有 i 韵尾,音节的结构似乎就处于一种不“和谐”的状态,从而 i 韵尾伴随着 i 介音的产生而消失。

对这三韵字的读音的历史演变加以研究，不但可以帮助我们探寻汉语音系结构格局变化的内在动因，也可以帮助我们解开在北京话文白异读的性质问题及其文读音来源问题上的争议。北京话中这三韵的字都有文白异读，其白读音的形式与现在河南境内中原官话一致。北京话的白读音与中原官话是否存在历史上的联系？如果答案是肯定的，中原官话又怎样影响到北京话，从而使它产生文白异读？

5.1.1　古德陌麦三韵字在河南方言中的读音

中古曾梗深摄入声德陌麦三韵有以下这些字：

曾摄开口一等德韵：北、墨默、得德、忒特、肋勒、则、贼、塞、刻时刻 刻用刀刻克、黑

曾摄合口一等德韵：国、或惑

梗摄开口二等陌韵：百柏伯迫、拍魄、白帛、陌、择泽宅、窄、格、客、额、赫吓恐吓

梗摄开口二等麦韵：擘用手～开、麦脉、摘、责、策册拆测侧、革隔、核审～核果子～、扼厄

表 5.1 至 5.3 是中古曾梗摄德陌麦开口字在河南方言中的读音表。

表 5.1　曾梗一等德韵字在河南方言中的读音

	曾摄一等德韵开口												合口	
	北	墨	默	得	特	肋	则	贼	塞	克	刻	黑	国	或
安阳	pʌʔ	mʌʔ	mʌʔ	t^hʌʔ	t^hʌʔ	lʌʔ	ʧʌʔ	ʧei	ʃai/ʃʌʔ	k^hʌʔ	k^hʌʔ	xʌʔ	kuəʔ	xuəʔ
濮阳	pei	mei	mɛ	tɛ	t^hɛ	lɛ	tsɤ	tsei	sɛ	k^hɛ	k^hɛ	xɛ	kuɛ	xuɛ
洛阳	pei	mei	mæ	tæ	t^hæ	læ	tsæ	tsei	sæ	k^hæ	k^hæ	xɯ	kuei/kuə	xuæ
灵宝 关底	pei	mei	mei	tei	t^hei	lei	tsai	ts^hei	sei	k^hei	k^hei	xɯ	kuei	xuai
灵宝 灵宝	piɛ	miɛ	miɛ	tiɛ	t^hiɛ	liɛ			ɕiɛ	t^hiɛ	t^hiɛ			
郑州	pei	mei	mɛ	tɛ	t^hɛ	lɛ	tʂɛ	tsei	sai	k^hɛ	k^hɛ	xɛ	kuɛ	xuɛ
开封	pei	mei	mɛ	tɛ	t^hɛ	lɛ	tsɛ	tsei	ʂɛ	k^hiɛ	k^hiɛ	xiɛ	kuɛ	xuɛ

（续表）

	曾摄一等德韵开口												合口	
	北	墨	默	得	特	肋	则	贼	塞	克	刻	黑	国	或
平顶山	pei	mei	mai	tɤ	t^{h}ɤ	lai	tʂai	tsei	sai	k^{h}ɤ	k^{h}ɤ	xei	kuo	xuo
舞阳	pei	mei	mai	tai	t^{h}ai	lai	tsai	tsei	ts^{h}ai	k^{h}ɯ	kɯ	xɯ/ xɤ	kuai	xuai
遂平	pei	mei	mai	tæɛ	t^{h}ɛ	læɛ	tsæɛ	tsei	sæɛ	tɕ^{h}ie/ k^{h}ie	tɕ^{h}ie/ k^{h}ie	ɕie/ xe	kuæɛ	xuæɛ
襄城	pei	mei	mei	tei	t^{h}iɛ	lai	tʂai	tsuei	ʂai	k^{h}ɯ	k^{h}ɯ	xɯ	kuo	xuo
商水	pei	mei	mai	tai	t^{h}ai/ t^{h}iɛ	lai	tsai	tsei	sai	k^{h}iɛ	k^{h}iɛ	xiɛ	kuai	xuai
淮阳	pei	mei	mɛ	tɛ	t^{h}ɛ	lɛ	tsɛ	tsei	sɛ	tɕiɛ ciɛ	tɕ^{h}iɛ c^{h}iɛ	ɕiɛ çiɛ	kuɛ	xuɛ
信阳	pɛ	mɛ	mɛ	tɛ	t^{h}ɛ	lɛ	tsɛ	tsei	sɛ	kɛ	k^{h}ɛ	xɛ	kuɛ	fɛ
新县	pɛ	mɛ	mɛ	tɛ	t^{h}ɛ	lɛ	tsɛ	tsei	sɛ	kɛ	k^{h}ɛ	xɛ	kuɛ	xuɛ
固始	pei	mai	mai	tiɛ	t^{h}iɛ	liɛ	tsiɛ		sai	k^{h}iɛ k^{h}ɣɤ tɕ^{h}iɛ	k^{h}iɛ k^{h}ɣɤ tɕ^{h}iɛ	xiɛ xɣɤ ɕiɛ	kuai	xuai
方城	pei	mei	mai	tai	t^{h}ai	lai	tʂai	tsui	sai	k^{h}ai	k^{h}ai	xɤ	kuai	xuai
商丘	pei	mei	mei	tei	t^{h}ei	lei	tsei	tsei		kei	k^{h}ei	xei	kuei	xuaᴇ
睢县	pei	mei	mai	tai	t^{h}ai	lai	tsai	tsei	sai	kiɛ	k^{h}iɛ	xiɛ	kuai	xuai
柘城	pei	mei		tai	t^{h}ai	lai	tʂai		ʂai	k^{h}ai	k^{h}ai	xai	kuai	xuai

表 5.2　梗摄二等陌韵字在河南方言中的读音

		梗摄二等陌韵									
		百	伯	白	拍	陌	择	宅	格	客	额
安阳		pʌʔ	pʌʔ	pai	p^{h}ʌʔ	mʌʔ	ʧʌʔ	ʧʌʔ	kʌʔ	k^{h}ʌʔ	ɣʌʔ
濮阳		pɛ	pɛ	pɛ	p^{h}ɛ	mɛ	tsɛ	tsɛ	kɛ	k^{h}ɛ	ɣɛ
洛阳		pæ	pæ	pæ	p^{h}æ	mæ	tsæ	tsæ	kæ	k^{h}æ	æ
灵宝	关底	pei	pei	pei	p^{h}ei	mei	ts^{h}ei	ts^{h}ei	kei	k^{h}ei	ŋai
	灵宝	piɛ	piɛ	p^{h}iɛ	p^{h}iɛ	miɛ	tɕ^{h}iɛ	tɕ^{h}iɛ	tiɛ	t^{h}iɛ	
郑州		pɛ	pɛ	pɛ	p^{h}ɛ	mɛ	tʂɛ	tʂɛ	kɛ	k^{h}ɛ	ɣɛ

（续表）

	梗摄二等陌韵									
	百	伯	白	拍	陌	择	宅	格	客	额
开封	pɛ	pɛ	pɛ	p^{h}ɛ	mɛ	tʂɛ	tʂɛ	kiɛ	k^{h}iɛ	ɣɛ
商水	pai	pai	pai	p^{h}ai	mai	tsai	tsai	kiɛ	k^{h}iɛ	ɣai
淮阳	pɛ	pɛ	pɛ	p^{h}ɛ	mɛ	tsɛ	tsɛ	tɕiɛ	tɕ^{h}iɛ	ɣɛ
平顶山	pai	pai	pai	p^{h}ai	mai	tʂai	tʂai	kɤ	k^{h}ai	
舞阳	pai	pai	pai	p^{h}ai	mai	tʂai	tʂai	kɯ	k^{h}ai	ɣai
遂平	pæɛ	pæɛ	pæɛ	p^{h}æɛ	mæɛ	tsæɛ	tsæɛ	tɕie	tɕ^{h}ie/k^{h}ie	ɣæɛ
襄城	pæi	pæi	pæi	p^{h}æi	mæi	tʂæi	tʂæi	kæi	k^{h}æi	æi
方城	pai	pai	pai	p^{h}ai	mai	tʂɛ	tʂɛ	kɛ/kɤ	k^{h}ɛ	ɣai
信阳	pɛ	pɛ	pɛ	p^{h}ɛ	mɛ	tsɛ	tsɛ	kɛ	k^{h}ɛ	ŋɛ
新县	pɛ	pɛ	pɛ	p^{h}ɛ	mɛ	tsɛ	tsɛ	kɛ	k^{h}ɛ	ŋɛ
固始	piɛ	piɛ	piɛ	p^{h}iɛ/p^{h}ai	miɛ	tsai	tsai	kiɛ/kɣɤ/tɕiɛ	k^{h}iɛ/k^{h}ɣɤ/tɕ^{h}iɛ	ɣai
商丘	pei	pei	pei	p^{h}ei	mei	tsei	tʂei	kei	k^{h}ei	ɣei
睢县	pai	pai	pai	p^{h}ai	mai	tsai	tsai	kiɛ	k^{h}iɛ	ɣai
柘城	pai	pai	pai	p^{h}ai	mai	tʂai	tʂai	kɯ	k^{h}ai	ɣai

注：襄城言的 iai 韵母只出现于 tɕ、tɕ^h、ɕ 声母后，其他声母后是 ai，只有 i 韵尾，没有 i 介音。襄城的蟹摄二等字都读 iai 韵母，喉牙音声母腭化为 tɕ、tɕ^h、ɕ，如“介戒届解懈蟹”。德陌麦韵一二等字喉牙音则是 ai 与 ɯ 两套韵母。

表 5.3　梗摄二等麦韵和曾深摄职缉韵庄组字在河南方言中的读音

		梗二麦韵开口							合口		曾开三职韵		深缉韵	
		麦	脉	摘	策	册	革	隔	核	获	侧	测	色	涩
安阳		mʌʔ	mʌʔ	ʧʌʔ	ʧ^{h}ʌʔ	ʧ^{h}ʌʔ	kʌʔ	kʌʔ	xai/xʌʔ	xuəʔ	ʧ^{h}ʌʔ	ʧ^{h}ʌʔ	ʃʌʔ	ʃʌʔ
濮阳		mɛ	mɛ	tʂɛ	tʂ^{h}ɛ	tʂ^{h}ɛ	kɛ	kɛ	xɛ	xuɛ	tʂ^{h}ɛ	tʂ^{h}ɛ	sɛ	sɛ
洛阳		mæ	mæ	tsæ	ts^{h}æ	ts^{h}æ	kæ	kæ	xæ	xuæ	ts^{h}æ	ts^{h}æ	sæ	sæ
灵宝	关底	mei	mei	tsei	ts^{h}ei	ts^{h}ei	kei	kei	xai	xuei	ts^{h}ei	ts^{h}ei	sei	sei
	灵宝	miɛ	miɛ	tɕiɛ	tɕ^{h}iɛ	tɕ^{h}iɛ					tɕ^{h}iɛ	tɕ^{h}iɛ	ɕiɛ	ɕiɛ

（续表）

	梗二麦韵开口							合口		曾开三职韵		深缉韵	
	麦	脉	摘	策	册	革	隔	核	获	侧	测	色	涩
郑州	mɛ	mɛ	tʂɛ	tʂʰɛ	tʂʰɛ	kɛ	kɛ	xɛ	xuɛ	tʂʰɛ	tʂʰɛ	ʂɛ	ʂɛ
开封	mɛ	mɛ	tʂɛ	tʂʰɛ	tʂʰɛ	kiɛ	kiɛ	xiɛ	xuɛ	tʂʰɛ	tʂʰɛ	ʂɛ	ɛʂ
商水	mai	mai	tsai	tsʰai	tsʰai	kiɛ	kiɛ	xiɛ	xuai	tsai/tsʰai	tsʰai	sai	sai
淮阳	mɛ	mɛ	tsɛ	tsʰɛ	tsʰɛ	tɕiɛ	tɕiɛ	ɕiɛ	xuɛ	tsʰɛ	tsʰɛ	sɛ	sɛ
平顶山	mai	mai	tʂai	tʂʰai	tʂʰai	kɤ	kɤ	xɤ	xuo	tʂʰai	tʂʰai	ʂai	ʂai
舞阳	mai	mai	tʂai	tʂʰai	tʂʰai	kai	kai	xai	xuai	tʂai/tʂʰai	tʂʰai	ʂai	ʂai
遂平	mæɛ	mæɛ	tsæɛ	tsʰæɛ	tsʰæɛ	tɕiɛ	tɕiɛ	xæɛ	xuæɛ	tsʰæɛ	tsʰæɛ	sæɛ	sæɛ
信阳	mɛ	mɛ	tsɛ	tsʰɛ	tsʰɛ	kɛ	kɛ	xɛ	fɛ	tsʰɛ	tsʰɛ	sɛ	sɛ
新县	mɛ	mɛ		tsʰɛ	tsʰɛ	kɛ	kɛ	xɛ	xɛ	tsʰɛ	tsʰɛ	sɛ	sɛ
固始	mie	mai	tsʰai	tsʰai	tsʰai	kiɛ	kiɛ	xiɛ	xuai	tsʰai	tsʰai	sai	sai
方城	mai	mai	tsai	tʂʰai	tʂʰai	kai/kɤ	kai	xɤ	xuai	tʂʰai	tʂʰai	ʂai	ʂai/ʂɤ
商丘	mei	mei	tʂei	tʂʰei	tʂʰei	kei	kei	xaᴇ	xuaᴇ	tʂʰei	tʂʰei	ʂei	ʂei
睢县	mai	mai	tsai	tsʰai	tsʰai	kiɛ	kiɛ	xiɛ	xuai	tsʰai	tsʰai	sai	sai
柘城	mai	mai	tʂʰai	tʂʰai	tʂʰai	kai	kai	xai	xuai	tʂʰai	tʂʰai	ʂai	ʂai
襄城	mæi	mæi/miæi	tʂæi/tʂiæi	tʂæi/tʂiæi	tʂʰæi/tʂʰiæi	tʂʰæi/tʂʰiæi	kæi/kiæi	xɯ	xuæi	tʂʰæi/tʂʰiæi	tʂʰæi/tʂʰiæi	ʂæi/ʂiæi	ʂæi/ʂiæi

郑开片古入声曾摄开口一等、三等庄组字和梗摄开口二等字今大都读 ɛ 韵母。如郑州、新郑、通许、封丘、尉氏“百柏伯꜀pɛ；德得꜀tɛ；则肋勒꜀tsɛ；拆测侧策册꜀tsʰɛ；客刻克꜀kʰɛ”等。

在商水方言里，这些韵的字分成了两部分。（1）见系一二等字有-i-介音，如“革隔客克刻克核黑”等。（2）其他的字读开口呼，无 i 介音，但有 i 韵尾。如：“厄扼额”ai，“责则泽择宅窄摘”tsai，“策册”tsʰai，“德得”tai，“忒特”tʰai，“肋勒”lai。职韵庄系字和缉韵“涩色啬穑”，读 sai，“侧测恻厕”tsʰai。（3）有文白异读，“侧”白读音为 tsai，“侧歪”，不送气，保留了古音；文读音为 tsʰai，送气；“特”，白读 tʰiɛ（指某人出色，或某事令人满意，非常好或合适）；文读，tʰai，

"特别"。

据目前的材料，河南方言中这三韵的字有 i 介音的，有商水、淮阳、开封、遂平、睢县、灵宝、襄城方言，从 i 介音与 i 韵尾的关系来说，开封、商水、遂平、睢县、灵宝属于一种类型，有 i 介音的字都没有 i 韵尾。襄城方言属于一类，有 i 介音，同时又有 i 韵尾。从声母与 i 介音的关系来说，襄城方言与灵宝方言是一类，灵宝方言唇音字与知系字、见系字都有 i 介音，其他方言只有见系字有 i 介音。郑州、洛阳等地方言，既无 i 介音又无 i 韵尾。

古曾梗深摄入声德陌麦三韵开口一二等字在河南方言中读 ei 或 ɛ 韵母，有些方言一二等字有 i 介音。有 i 介音的字除了中原官话汾河片的灵宝及卢氏方言外，河南境内中原官话这三韵的-i-介音，都只出现于喉牙音字，即见系字。这三韵合口一二等字"国或惑获"在河南方言中读 uɛ 或 uai，除了介音的有无外，主元音也与北京话不同。

这三韵的字在河南方言中的读音，是河南方言区别于其他北方官话的主要特征之一。它们中的开口字在河南方言与其他北方官话的区别现在三个方面：

（1）主元音不同。河南方言中这些字韵母的主元音主要有三种，ɛ 或 e、a，不管是其中的哪一种，所有声纽的字都读同一个韵母，没有依声母条件不同而分化。而北京话中，唇音字的韵母读 ai 韵母，主元音为 a；其他声母的字读 ɤ。韵母的读音因声母的不同而不同。

（2）-i-介音的有无。河南方言中，有不少地方这些字有增生-i-介音的现象。如灵宝方言唇音字"墨默"等有 i 介音，读 miɛ，"革隔客克黑"等喉牙音字在灵宝方言中，则没有介音，却有 i 韵尾，读 ei，在河南中原官话其他方言片中，情况正相反，唇音音一般读 ei 或 ɛ 韵母，没有 i 介音，不少地方喉牙音字则有 i 介音，读 iɛ 韵母，读 iɛ 韵母时，声母有腭化与不腭化两种。

（3）-i 韵尾的有无。在北京话中，这些韵的唇音字有-i 韵尾，其他声母的字都没有-i 韵尾；河南方言中，韵尾的有无，不受声母的条件限制，不同地方的读音有两种情况：① 所有的字都有-i 韵尾，读 ei、ai 韵母或 iai 韵母；② 所有的字都无-i 韵尾，读 iɛ 或 ɛ 韵母。

北京话中，这些字都没有-i-介音，主元音的读音形式与-i 韵尾的有无，受声母条件的限制。河南方言中这三韵的字，主元音与 i 韵尾的有无，都不受声母条件限制，而-i-介音的有无，受声母条件的限制，灵宝方言除外。灵宝方言-i-介音的产生与否，与-i 韵尾的有无，都受声母的条件限制。

这三种语音形式，使得这三韵的字的语音特征表现出与北京话的突出差异，尤其是一二等字读细音的情况，更是北方官话方言中少见的现象。

5.1.2　河南方言德陌麦三韵字 i 韵尾的产生

德陌麦字的主元音在中原官话里是中元音。

梗、曾两摄在唐宋时期发生演变。

据董同龢的拟音，中古开口一等德韵主元音是 ə，到现代汉语中变为 ɤ 或 ei。如：得 tək→tɤ，则 tsək→tsɤ，北 pək→pei，贼 dz^hək→tsei，黑 xək→xei。中古合口是 uə，到现代变为 uo。如：国 kuək→kuo。

开口二等陌麦韵中古的主元音是 ɐ 与 æ，到现代唇音变为 ai，其他变为 ɤ。如：白 b^hɐk→pai，摘 ʈæk→tsɤ。（董同龢，2001：231）

王力的拟音二等开口陌韵中古非唇音字的读音是 ɐk，麦韵是 æk，后来两韵合并，变为 ɐk、ɒk、ɒ，直到今天的 ə。（王力，1980：157—158）

陌 ɐk(非唇)＼
麦 æk(非唇)———— ɐk ——— ɒk ——— ɒ ——— ə
德 ək 中(非唇)———— ək ——— ək ——— e

北京话中，陌麦韵的字都有文白异读，陌麦韵的白读音是 ai，德韵字的白读音是 ei。文读音读 ə，唇音字文读音为 o，白读音念 ai 或 ei，如“百”“北”。

梗摄陌麦二等字和曾摄一等字，在今北京音中的文白异读情况是，文读音韵母为 o、e，白读音韵母为 ai、ei(此处注音用汉语拼音)。

白读：百 bǎi　迫 pǎi　柏 bǎi　伯 bǎ　脉 mǎi　择 zhái　侧 zhāi
窄 zhǎi　摘 zhāi　宅 zhái　色 shǎi　塞 sài　黑 hēi　勒 lēi
肋 lèi　贼 zéi

文读：百 bó　迫 pò　柏 bó　伯 bó　脉 mò　择 zé　侧 cè/zè　窄 zé
摘 zhé　宅 zhè　色 sè　塞 sè　黑 hè　勒 lè　肋 lè　贼 zé

王力在《汉语史稿》考察韵母从中古音到现代音的发展历史时，说：“陌麦职的开口二等字念 ai，德韵的开口字念 ei，在《中原音韵》里就是这样的。《中原音韵》把前者归入皆来韵(ai，uai)，后者归入齐微韵(i、ei、uei)。由此可见，这在十四世纪以前就有了这种读法了。”(王力，1980：158)

德陌麦三韵字 14 世纪在北京话的白读音里就有 i 韵尾了，我们认为北京话里的这个白读音是早期的文读音,北京话里的文白异读有复杂的时间层次与地域层次。尤其在时间层次上表现出不同于汉语其他方言的文白异读的特性。早期的文读音来自中原官话,之后,新的文读形式产生,过去的“文读”又变成了“白读”存留在北京话里,就是今天的文白异读的面貌。

大约 11 世纪,以燕京为中心的幽燕方言,古铎药觉三韵字一律派入萧豪韵,而汴洛方言则派入歌戈韵。大约 12 世纪初,特别是在金人攻陷汴京后,幽燕地区与汴洛地区隔阂消除,汴洛方言与幽燕方言交融。受汴洛方言影响,幽燕方言中的一部分来自古铎药觉三韵字产生了时髦的读书音,读为歌戈韵,与旧读萧豪韵并行。

北京话中的文白异读除这三韵的字以外,其他的文读音也和现在的中原官话一致。如:通摄的“轴 tʂəu/tʂu、熟 ʂəu/ʂu、宿 ɕiəu/su、六 liəu/lu”等字的文读音为 u,和遇摄字合并,白读音为 ou 或 iu,与流摄合并。在 1953 年出版的《新华字典》中这些字的文读音还都存在,但到了 1998 年出版的《新华字典》,“轴”字的文读音已不再收录。这说明随着语音内部的演变,有些白读音逐渐战胜了文读,成为标准读音。在中原官话中,这些字的读音都是 u,与北京话的早期文读音一致。

另外,曾梗深臻摄的字,北京话白读音形式与现代的中原官话一致,说明它在历史上曾经与中原官话有联系。这应该是早期的文读后来在竞争中逐渐取胜,变成了本地音的一部分,再次受其他方言影响的时候,就变成了“白读”。

从历史上汉语基础方言的变换以及北京的地理位置来看,北京话从中原官话借用文读音,也符合实际情况。隋唐以至五代,长安话长时期是标准语的基础方言。北宋定都中原,以汴梁为中心,称为东京,洛阳为西京,大名为北京,商丘为南京。经济发达、文化昌盛的汴洛地区的方言必然会随着经济文化教育向北扩散,不断影响幽燕及其以北的广大地区。中原的语音再次扩展了它的影响。幽燕方言受到中原官话的影响,吸收某些读书音是情理之中的事情。

这样,我们就可以推断,现代河南中原官话里德陌麦三韵入声字元音韵尾的产生是近代的层次。中原官话保持入声韵尾时,梗曾摄入声字是-æe,而北方官话分别是-æe 和-ɔe。入声韵尾消失后,中原官话是-æj 和-ɔj。

5.1.3　河南方言德陌麦三韵字 i 韵尾演变趋

根据侍建国的研究(侍建国,2002),德、陌麦两类入声字的韵尾在官话有两条演变途径,一条是变 i 韵尾,一条是零韵尾。变韵尾-i 的演变发生在北京官话、东北官话,零韵尾的演变发生在江淮官话。德、陌麦韵的字读零韵尾而非 i 韵尾,是晋语与兰银官话的区别之一。开封的德陌麦韵的 i 韵尾是中原官话的特征。

上文表中所反映的河南方言 20 个方言点德、陌麦入声字的读音情况显示,20 个方言点中,有 10 个方言点的字有 i 韵尾(因为有些方言片的材料欠缺,各个方言片的选点数量不一致,这种统计结果不会太确切),说明德陌麦三韵入声字的读音带元音韵尾是河南方言中的普遍特征。但也有不少方言点没有韵尾,即是零韵尾形式,那么元音韵尾与零韵尾哪个是更早期的形式呢?

侍建国认为,遂平方言的-ε 尾应该属于韵尾。其理由是丁声树在《遂平方言记略》描写的元音 ε 出现在两种环境有两个:一是作为元音 a 的变体,出现于齐齿呼与撮口呼音节;二是出现在元音 æ 之后,但 æ 不能单独为韵腹,如"盖 kæε|介 tɕiæε|怪 kuæε"。æ 后面的 ε 可分析为韵尾,理由有三:

第一,遂平方言里,韵尾的 ε 与韵尾 i 在儿化音节里受同一条音变规则制约,即音节 r 化后,尾音 i 或 ε 都脱落,同时韵腹元音都央化。(丁声树 1989)例如下列字的读音:

背 pei<pər|味 uei<uər|嘴 tsuei<tʂuər

盖 kæε<kər|牌 p^hæε<p^hər

第二,遂平话里以 æε 为主要元音的非入声字都来自古蟹摄。这类字在开封、洛阳、郑州、信阳等其他河南方言里,都被描写为带 i 韵尾。

第三,官话韵尾在实际发音过程中,只表示舌位移动的方向。丁声树的记音 ε,表示舌位由 æ 到 ε 的轻微移动,这个向上移动方向,音系地位应与韵尾 i 相同。

商丘话大都带有 i 韵尾。"或"以-e 收尾,类似的还有"塞核"。作为收尾的-e,它只在 a 后面出现。商丘话有 ei 和 ao 韵母,但没有 ai 韵母。来自古非入声的 ei、ao 韵的字,分别对应于其他河南方言如开封、洛阳、郑州、信阳的 i 韵尾,商丘话-e 尾的性质应与遂平话的 ε 尾相同。因此,可以把商丘话的 æe 分析为带韵尾。

高本汉的记音中,(高本汉,1994)开封方言这三韵的字有-i 韵尾,今天开封方言的读音中没有-i韵尾，但有些字产生了-i-介音。襄城方言这三韵的字有两套读音，一套有i介音，也有i韵尾，一套有i韵尾，但无i介音。这种两读的材料来自刘颂浩1993年的记音，（刘颂浩，1993）据古本正1959年的记音，襄城方言中这三韵的字没有i介音，只有i韵尾。说明i韵尾是中原官话早期的形式，i介音是新生的形式。在早期的河南中原官话里，德、陌麦韵的字有i韵尾，后来有些方言里这个-i韵尾消失了，变成零韵尾。如洛阳、郑州方言，有些正处于消失的途中，如襄城、商水、遂平。有些还保留早期的i韵尾。

河南方言中如今德陌麦三韵的字，仍然有大多数保留i韵尾，但有不少方言点已经是i韵尾与零韵尾并存，或i韵尾与i介音并存，或全部有i介音而无i韵尾。

但河南德陌麦韵尾失落的方言中，都保存了少数带韵尾的字，这些字集中在“北墨贼国或获塞核”8字，此8字的读音带元音韵尾在河南中原官话有相当的普遍性。

从音理上说，由带韵尾形式演变为零韵尾形式比反方向的演变更为自然。带韵尾韵母的发音需要有一个动程，零韵尾发音不需要这个过程。汉语中元音数量从古到今是减少的趋势，今天的汉语，不管是普通话也好，保留古音较多的南方方言也好，韵母的数量也是从古到今逐渐减少。正是这种演变趋势的证明。河南中原官话德、陌麦韵字韵尾的演变趋势也是这一规律的体现：带韵尾的是较早的形式，不带韵尾的是后起形式，带韵尾处于向零韵尾发展的途中。

5.1.4　河南方言德陌麦三韵字-i-介音增生与-i韵尾消失的关系

通过对河南方言20个方言点的考察，我们发现，河南方言中德陌麦三韵见系一二等入声字，在部分河南方言中产生了i介音。这些i介音的产生，主要受两个方面的因素影响。

一、i介音的产生与主元音有关。从现代汉语方言中，一介音增生的现象来看，带i介音的一等字很多地方主元音读ɛ、e或æ，这是由于元音ɛ、e、æ在发音上有“前”的特性，容易衍生出带“前、高”性质的i介音。从前面所述董同龢、王力对德陌麦三韵中古音的构拟来看，这三韵的字中古的主元音都是前元音、半高元音。这样的元音与喉牙音结合时，容易产生i介音。

二、i介音的产生与韵尾的消失有关。河南方言中，凡i介音与i韵尾并存的，基本上都表现出同样的特征，即：凡有 i 介音的字，都没有 i 韵尾，有 i 韵尾的都没有 i 介音。如商水方言中，见系字有 i 介音，所以见系字里的 i 韵尾就消失了。如：革隔格各 kiɛ，客刻克剋 kʰiɛ，黑核 xiɛ，吓 ɕiɛ。而没有 i 介音的其他声母的字都有 i 韵尾。如：北默 mei，陌麦 mai，则择 tsai，色涩 sai 等。

遂平、灵宝、睢县方言也是如此。襄城方言的情况比较特别，根据古本正的 20 世纪 50 年代的记音，当时的主元音还是 a，在刘颂浩的记音中，主元音与蟹摄字一样，变成了 æ。升高后的主元音，依然有 i 韵尾，但没有 i 介音。而蟹摄二等字则都产生了 i 介音。我们认为，襄城方言正处于 i 介音产生而 i 韵尾还没有消失的阶段。由襄城方言的主元音与 i 韵尾的表现情况，我们可以认为 i 韵尾的消失与 i 介音的产生有直接的关系。i 介音产生，使得同一个音节结构中重复的两个不稳定音位分别处于音节的前、后位置，导致发音的不便，也导致音节结构的不和谐，这应该是 i 介音使得 i 韵尾消失的原因。下面是襄城方言中 a 元音，舌位升高以后，蟹摄二等与德陌麦一二字的读音对照表。如下表：

表 5.4　襄城方言德陌麦一二等与蟹摄二等比较

德陌麦三韵一二等								蟹摄二等			
二等					一等						
伯	陌	格	客	核	胳	坷	黑	解	鞋	戒	届
pæi	mæi	kæi	kʰæi	xɯ	kɯ	kʰɯ	xɯ	tɕiæi	ɕiæi	tɕiæi	tɕiæi

襄城方言中，蟹摄二等产生了 i 介音而 i 韵尾还没有消失，德陌麦韵字一等字韵母变为了 ɯ，二等字读 ai，有些也读 ɯ。一等字的韵母 ɯ 应是 i 韵尾消失，元音进一步高化的结果，二等字的 i 韵尾没有一等字的演变速度快，只有个别字完成了 i 韵尾的消失过程，大部分字的 i 韵尾还没有消失。

这也说明，襄城方言中 i 介音增生是在 i 韵尾之后发生的。前面我们已经论述过。河南方言中的 i 韵尾在近代就已产生，而襄城方言内的 i 介音是近 40 年内发生的事情。至于 ɯ 与 i 介音或 i 韵尾的关系，是 i 介音增生的前奏。郑张尚芳认为，中古二等字本来是有 ɯ 介音的，是来自上古的 ɤ 介音的，再变为后来的 i：ɤ→ɣ→ɯ→ɨ→i。所以河南有些方言德陌麦三韵的字喉牙音读 ɯ，很可能就是 i 介音增生的中间阶段。

表 5.5　新县方言德陌麦一二等与蟹摄二等读音比较

德陌麦三韵一二等								蟹摄二等			
二等					一等						
伯	德	择	格	革	胳	客	黑	解	鞋	介	届
pɛ	tɛ	tsɛ	kɛ	kɛ	kɯ	$k^h ɛ$	xɛ	kai	xai	kai/tɕiai	kai/tɕiai

新县方言蟹摄二等有 i 韵尾，蟹摄二等与德陌麦一二等都没有产生 i 介音。“介届界芥”等字有两读 kai/tɕiai，说明了新县方言中的 i 介音增生也是在 i 韵尾产生之后。

灵宝方言德陌麦三韵字，i 韵尾都消失了，产生了 i 介音，主元音都是前、半高的 ɛ。灵宝方言的德陌麦三韵字的 i 介音不只限于喉牙音，唇音字与知系字也都产生了 i 介音。而灵宝附近的关底方言则保留了 i 韵尾，未产生 i 介音。如下表。

表 5.6　陌麦韵及职缉韵庄组字在灵宝方言中的读音

	麦	脉	摘	册	策	测	侧	色	涩
关底	mei	mei	tsei	$ts^h ei$	$ts^h ei$	$ts^h ei$	$ts^h ei$	sei	sei
灵宝	miɛ	miɛ	tɕiɛ	$tɕ^h iɛ$	$tɕ^h iɛ$	$tɕ^h iɛ$	$tɕ^h iɛ$	ɕiɛ	ɕiɛ

西南官话中有些方言这三韵的唇音字与端组字有产生 i 介音的现象。如达县的“百柏迫白帛北伯拍墨默麦脉陌得德”都读 ie。这可能是两地方言不约而同地朝着一个方向演变。这种方言音的平行演变是语言发展的规律性之一。

在河南其他方言中，i 介音的产生导致了 i 韵尾的消失，在襄城方言正处于这个演变的进程当中，i 韵尾还没有因为 i 介音的产生而消失。而在其他方言中，则已完成了这个过程，凡有 i 介音的音节，都没有 i 韵尾，或在喉牙音里增生了 i 介音，而整个德陌麦三韵的 i 韵尾已全部消失。灵宝方言见系以外的字的 i 介音，应该是 i 介音范围扩大的反映，是河南方言中德陌麦三韵字韵母演变的最后阶段。

从音理上来说，如果一个韵母里，有 i 介音同时又有 i 韵尾，是不太容易发音的，发单元音时，不需要动程，发双元音时，只需要一个动程，发三合元音时，则需要两个动程。并且,从前高的 i,到低或低后的元音,再到前高的 i,这样的发音过程相当"麻烦"。这应该是河南方言中凡有 i 介音的都没有 i 韵尾的原因,也是 i 韵尾趋于消失的原因。

汉语从中古经近代到今天,声母由三十六声母到早梅诗的二十声母,再到今天的二十一声母,韵母由十六摄减为《要法》的十二摄,由两呼四等减为四呼,声调方面,入声消失。语音发展的趋势是简化,但语音的简化并不是意味着音系结构格局的改变。汉语音节结构从上古的"声母、韵头、韵腹、韵尾",到今天还是保留着这一结构没有变化,但在音韵结构内部却发生了很多变化。这些变化,相互影响,相互制约,导致的语音的不断变化而音系结构格局的保持稳定。王力总结汉语语音演变的总体规律时说:"语音的演变,主要方式是舌头的升降和前后推移,其实是嘴唇的变圆或变扁,鼻腔的或闭或开,声带的颤动或不颤动。单拿舌头来说,同一时代,舌头的向前移动或向后移动,要看韵母来决定。近代 tɕ、$tɕ^h$、ɕ 的形成是一个典型的例子。齐撮呼的 k、k^h、x 从后面来,ts、ts^h、s 从前面来,汇合在舌面上,因而舌面的中部正是齐撮呼的韵头 i、y 的发音部位,同时也正是辅音 tɕ、$tɕ^h$、ɕ 的发音部位。但是,一般说来,语音的演变是朝着一定的方向前进的,不是时进时退的。"(王力,1980:208—209)

王力先生这里所说的,其实就是语音是在音系结构格局内的变化,不管怎么变化,或是语音发音部位或发音方法的改变,而音系的结构格局总体不变。

语音的发展另一个规律就是,"语音的演变,往往由局部而带动全面",(王力,同上)首先音变发生在一个音节结构内,如河南方言德陌麦三韵,i 介音增生,是由于主元音的影响,增生 i 介音,导致 i 韵尾的消失,并进而导致声母的变化。如淮阳方言中,由于德陌麦见系字产生了 i 介音,声母由舌根音 k、k^h、x,逐渐前移,进而变为 c、c^h、ɕ,再进一步变为 tɕ、$tɕ^h$、ɕ。就是由"增生 i 介音"这个局部的变化带动整个声母系统的改变。

5.2 见系一二等字读细音的历史层次

5.2.1 河南方言中的一二等字读细音现象

介音 i 是现代汉语各方言音节结构中共有的语音成分,它的来源与中古音的“等”密切相关：中古开口三四等韵是现代汉语 i 介音的主要来源。除此而外，中古开口二等韵的牙喉音声母字，如“家鞋教闲咸瞎”等，在北方官话区大都产生了 i 介音并引起声母腭化，而在南方各方言区则大都未产生 i 介音，或者至少在白读中尚未产生 i 介音。如厦门、广州、梅县、南昌等地，“家”的读音是“ka”，双峰、汉口白读音是“ka”，文读音是“tɕia”，而在属于官话方言的成都、合肥、济南、北京等的读音是 tɕia。

i 介音在中古开口二等韵中，是由南而北逐渐推移产生不同的层次，南方方言更多地保留了中古读音。南、北方言还有一个差异，那就是：较多滞留了中古读音层次的南方，在中古开口二等韵牙喉音声母字尚保留洪音读法的情况下，中古开口一等韵保留 i 介音的现象则比北方方言更为普遍。中古开口一等韵在语音变化较快的北方方言中一般尚未产生 i 介音。但是，河南中原官话方言则同样存在见系一二等字有 i 介音的语音现象，如中原官话郑开片的开封、南鲁片的遂平、商阜片的睢县、漯项片的商水。

郑开片古入声曾摄开口一等、三等庄组字和梗摄开口二等韵的见系字今大都读 ε 韵母。如郑州、新郑、通许、封丘、尉氏等地方言，“客刻克”读꜀k^hε。但郑开片的开封、兰考方言，这些韵的见系字韵母变成了齐齿呼，有-i-介音，声母不腭化。如“革隔 kiε、客克刻克 k^hiε、核黑 xiε”等。

商阜片德陌麦韵见系一二等字有些有 i 介音，有些无。有 i 介音的又分两种：一种是声母腭化；一种是声母不腭化，如睢县，声母不腭化，读 k-、k^h-、x-。漯项片方言见系梗摄、曾摄入声德陌麦一二等字大都有 i 介音，但一般声母都随着 i 介音的产生而腭化为 tɕ-、$tɕ^h$-、ɕ-。如淮阳、商水县西部的巴村乡、东部的黄寨乡，“革隔”都读 tɕiε，“客克刻”都读 $tɕ^h$iε，“黑”读 ɕiε。唯有处于中间的县城城头镇及附近的一些乡，声母不腭化，仍读 k-、k^h-、x-。下面是这些字在河南方言中的具体表现。

商水方言：

kie　革隔胳膈格~外 各文白两读，白读꜀kie/文读꜀kɤ 骼袼~褙 蛤马~蜊 蝌~蚪子 纥圪疙虼~蚤 嗝打~喽：打饱嗝 O~意：害怕，嫌恶 O~蔫：叶子经晒变软

k^hie　客喀象声词，~嚓 刻克坷~垃 咳~嗽 O~住：捉住 O~哪儿：在哪儿，从哪儿

xie　黑核~桃 蛤~蟆 O~抖：发抖

确山方言：

kiε　格革胳隔各

kʰiɛ 刻客

xiɛ 黑核吓蛤

在确山方言中，这些字的读音正处在演变的边缘，同一人群中已出现由演变而造成的几种读音共存的现象。首先，由于儿化影响，有些字在特殊语境下改读为“ɣ”韵母。如：

(打饱)嗝儿[kɣɤ]

(摸)黑儿[xɣɤ]

(方)格儿[kɣɤ]

(贵)客儿[kʰɣɤ]

另外，见系声母 k、kʰ、x 逐渐开始腭化为 tɕ、tɕʰ、ɕ，如：黑吓 ɕiɛ；客 tɕʰiɛ；胳 tɕiɛ。

这些字中，属于一等字的有：曾摄德韵的“黑克刻”；宕摄铎韵的“胳袼各搁阁”，咸摄合韵的“蛤”；臻摄迄韵的“圪疙”。属于二等字的有：“革隔格客吓核”等。

在商水方言中，腭化的字只有“吓”一字，这个字有文白异读：꜀ɕiɛ 吓唬/ɕia 吓一跳。ɕia 是文读音，受普通话的影响；꜀ɕiɛ 是白读音，是本地读音，只是这个读音声母的演变走在了其他字的前面。这或许是受文读音影响产生的类化作用。

表 5.7 曾梗深三韵入声见系一二三等字的读音

		一等				二等				
		胳	克	刻	黑	革	客	格	吓	核
郑开片	郑州	kɛ	kʰɛ	kʰɛ	xɛ	kɛ	kʰɛ	kʰɛ	xɛ	xɛ
	开封	kiɛ	kʰiɛ	kʰiɛ	xiɛ	kiɛ	kʰiɛ	kʰiɛ	xiɛ	xiɛ
南鲁片	舞阳	kɯ	kʰɯ kʰɤ	kʰɯ	xɯ/ xɤ	kɯ	kʰɯ	kɯ/ kɤ	xɯ	kei
	襄城	kɯ	kʰɯ	kʰɯ	xɯ	kɯ	kʰɯ	kɯ	xɯ	xɯ
	确山	kiɛ/ kɣɤ/ tɕiɛ	kʰiɛ/ kʰɣɤ/ tɕʰiɛ	kʰiɛ/ kʰɣɤ/ tɕʰiɛ	xiɛ/ xɣɤ/ ɕiɛ	kiɛ/ kɣɤ/ tɕiɛ	kʰiɛ/ kʰɣɤ/ tɕʰiɛ	kiɛ/ kɣɤ/ tɕiɛ	xiɛ/ xɣɤ/ ɕiɛ	xiɛ/ xɣɤ/ ɕiɛ
	遂平	kie/ tɕie	kʰie/ tɕʰie	kʰie/ tɕʰie	xie/ ɕie	tɕie	kʰie/ tɕʰie	tɕie	xie/ ɕie	xie/ ɕie

（续表）

		一等				二等				
		胳	克	刻	黑	革	客	格	嚇	核
商阜片	睢县	kiɛ	k^hiɛ	k^hiɛ	xiɛ	kiɛ	k^hiɛ	kiɛ	xiɛ	xiɛ
	柘城	kai	k^hai	k^hai	xai	kai	k^hai	kai	xai	xai
洛嵩片	洛阳	kæ	k^hæ	k^hæ	xɯ	kæ	k^hæ	kæ	xæ	xɯ
汾河片	灵宝	kei	k^hei	k^hei	xei	kei	k^hei/ t^hiɛ	kei tiɛ	xei	xɯ
漯项片	商水	kiɛ	k^hiɛ	k^hiɛ	xiɛ	kiɛ	k^hiɛ	kiɛ/ kɤ	ɕiɛ/ ɕia	xiɛ/ xɛ
	淮阳	tɕiɛ ciɛ	$tɕ^h$iɛ c^hiɛ	$tɕ^h$iɛ c^hiɛ	ɕiɛ çiɛ	tɕiɛ ciɛ	$tɕ^h$iɛ c^hiɛ	tɕiɛ ciɛ	ɕiɛ çiɛ	ɕiɛ çiɛ
信蚌片	固始	kiɛ	k^hiɛ	k^hiɛ	xiɛ	kiɛ	k^hiɛ	kiɛ	xiɛ	
	新县	kɛ	k^hɛ	k^hɛ	xɛ	kɛ	k^hɛ	kɛ	xɛ	xɛ

注：开封方言此类音在张启焕等的《河南方言研究》与刘冬冰《开封方言记略》中的记音有所不同。张的记音中，此类字的韵母为 ɛ，没有 i 介音；刘的记音中，此类字的韵母有 i 介音。《河南方言研究》出版于 1993 年，《开封方言记略》发表于 1997 年，前后相差不过几年，不可能是语音有了演变，应该是因为二人所选方言点不同所致。这里采用的是刘冬冰《开封方言记略》中的记音。

从上表可知，曾梗摄见系入声一二等字读细音的现象在河南方言中原官话区并不是例外现象，而是有相当的普遍性。这些字在河南方言中的读音有四种情况：一是读洪音，主元音为 ɛ、æ、a 3 种；二是韵母读 ɯ；三是 æ、ɯ 并存；四是有 i 介音，有 i 介音的方言中这些字的主元音几乎全部为 ɛ，只有遂平为 e。

河南中原官话南鲁片的襄城、郏县、临汝、宝丰、鲁山、舞阳、南阳、方城、内乡等地方言中，这些字读 ɯ 韵母，如"黑꜀xɯ、给꜀kɯ、胳꜀kɯ、核꜀xɯ、后 xɯ꜄"等。除洛嵩片外其他各片大都没有这个韵母。以舞阳方言为例，看看这些韵的字在河南方言南鲁片的表现：

kɯ（阴平）疙~瘩 胳~膊 旮~旯 嘎蝌圪袼~褙（阳平）胳动词,~肢 虼~蚤 格~噫,恶心 鸽

k^hɯ（阴平）坷~垃 喀 O~茬 ① 故意找茬为难人；② 乱七八糟地塞满　咳~嗽 阌房~阆儿

xɯ（阴平）黑天~了　（阳平）蛤黑~豆　（去声）后~后,后边

属于中原官话汾河片河南境内的灵宝方言，"黑"也读 xɯ。但曾梗两摄其他字在灵宝方言中有两套韵母。其中，又分为三种情况：一是见系字读洪音

ei；二是知组与精组字读 iɛ，产生了 i 介音，声母腭化为 tɕ-、tɕ^{h}-、ɕ-；三是知组与精组，同一个字中有两读：洪音 ei，与细音 iɛ，如“册 ts^{h}ei/tɕ^{h}iɛ”。端系字也存在两套读音，一套有 i 介音，读 iɛ，一套无 i 介音，读 ei，只是端系的 i 介音未影响到声母，如：“特 t^{h}ei/t^{h}iɛ”。

洛阳方言，æ 与 ɯ 两个韵母并存。一些字读 æ，如“客格吓”；另一些字读 ɯ，如“圪坷黑核”等。

舞阳方言中这些字也是两套读音，ɯ 与 ai 同时存在。是 ai 向 ɯ 发展，还是 ɯ 向 ai 发展呢？还是由于语言接触造成的两种读音的并存呢？

商水方言中，这批字中有些字有两套读音，如灵宝方言中“特”读 t^{h}ei/t^{h}iɛ，在商水方言有同样性质的两读：

“特”t^{h}iɛ，～哩很（表示某件事或某样东西特别好），这个人很～（表示某个人特别出众，有能力）/t^{h}ɛ，～别，～殊

“格”kiɛ，方～，～子/白读读音为꜁kɤ，～架，两个人～了（吵架、怄气）

“吓”꜀ɕiɛ，～唬/ɕiaᵓ，～一跳，小孩儿～着了

“剋”k^{h}iɛ，～烦（讨厌，厌恶）/k^{h}ɤ～夫（一种迷信说法，认为妻子的“命”不好，会害死丈夫）

商水方言中的这种异读是一种文白异读。白读音有 i 介音，文读音无 i 介音。

不同于南方方言的“一等 i 介音”现象的是，在河南方言中一等有 i 介音的字，除了“蝌”是合口平声，“蛤～蟆”是开口平声外，都是陌、麦、德、合等韵的开口一二等入声字，且除了灵宝方言外，其他方言几乎只限于见系字。

这些字的主元音从低元音 a，到 æ、ɛ，再到高元音 ɯ、i，是逐渐高化的过程。这个过程是不是此类字元音从中古到现在发展中的一个连贯的过程？ɯ 与 æ、ɛ 并存，i 与 ɛ 并存的现象，应该正是这些字演变路径的反映。ɯ 韵母与 i 介音之间是否有某种联系呢？如果它们之间是有联系的，这个演变的过程是怎样的呢？通过方言比较，我们可以更清楚地看到河南方言中“一等 i 介音”历史层次的真实面貌。

5.2.2　一二等读细音的历史层次

河南中原官话见系一二等读细音，有的方言中声母腭化，有的方言中

声母未腭化，说明了 i 介音不是这些韵本身就有的，而是后起的。结合方言的横向比较，我们可发现，这样的现象在中原官话中并不是有独无偶的。冀鲁官话中也有曾梗摄见系一二等字有 i 介音的情况，如下表所示。

表 5.8　冀鲁官话中的表现

	保唐片						石济片			沧惠片	
	广灵	保定	天津	平谷	昌黎	卢龙	石家庄	巨鹿	济南	盐山	利津
刻	꜀kʰɯ	꜀kʰei	kʰɤ꜄	kʰɤ꜄	꜂kʰei	kʰɤ꜄	kʰɤ꜄	꜀kʰei	꜀kʰei	꜀kʰə	kʰei꜆
客	꜀tɕʰiə	꜂tɕʰiɛ	kʰɤ꜄	꜂tɕʰiɛ	꜂tɕʰie	tɕʰiɛ꜄	꜂tɕʰiɛ	kʰɤ꜄	꜀kʰei	꜀tɕʰiə	kʰei꜆
隔	꜀kə	꜀kɤ	꜁kə	꜀tɕiɛ	꜀kɤ	꜀tɕiɛ	꜀kɤ	꜀kɤ	꜀kei	꜀tɕiə	kei꜆

“客、隔”两字，保唐片各小片除天津以外的代表点，以及赵深片的石家庄，都另有开口呼读音。如平谷“客隔”又读 kʰɤ꜄、꜀kɤ꜄。

冀鲁官话中的 i 介音也与洪音 ɤ 并存，说明官话方言中的 i 介音正处于产生的过程当中，有些方言中产生得早，甚至引起了声母的变化，有些方言中产生得晚，同时存在两套读音。

关于一等细音现象，南方汉语方言更为常见，学界对这一问题也有较多的研究。如客赣方言不少点部分开口一等字带 i 介音。万波(1998)认为赣语是主元音引起的介音增生。他注意到赣语带 i 介音的一等侯韵字很多地方主元音读 ɛ、e 或 æ，他解释说，由于元音 ɛ、e、æ 在发音上有“前”的特性，容易衍生出带“前、高”性质的 i 介音来。

中原官话见系一等读细音的，主元音也是 ɛ。虽然在客赣方言中，-i-介音大多发生在侯韵，在中原官话中发生在德、陌、麦三韵，但它们的主元音却在见系前一致变成了半高或半低的前元音。

郑张尚芳(2002)曾指出：“(增生 i 介音)在以 e、ɛ 为主元音的韵里，是更常见的音变。不管在方言或雅言的历史音变里，e 的裂化都是值得首先注意的规律。”事实的确如此，方言中 e、ɛ 前增生 i 介音的一二等韵比比皆是。如瑞金方言中的一些有 i 介音的字，主元音都是 e 或 ɛ(刘泽民：《客赣方言历史层次研究》(博士论文)，2004：94)。见下表：

表 5.9　瑞金方言中 e、ɛ 前增生 i 介音的一二等韵

苔咍	该咍	荷歌	我歌	艾泰	阶皆	街皆	蟹佳	快夬
tɕie1	kiɛ3	khiɛ1	ŋiɛ1	ŋiɛ5	kiɛ1	kiɛ1	khiɛ3	khiɛ5

刘泽民在他的博士论文《客赣方言历史层次研究》借助数据库，统计出客赣方言中很多地方所存在的这种见系一二等字读细音的现象。并且指出"在客赣方言中，有些点 i 介音增生仅限于侯韵的见系等牙喉音字"。

郑张尚芳(2002)指出，侯韵读细音的现象分布很广，粤语、赣语、徽语、吴语都有，他举了深圳、弋阳、休宁、歙县、黄岩等地方言为例，其中温州的例证非常有说服力。温州侯韵字一分为二，"偷投斗楼走狗口后"等多数字读 ɐu，"头骰豆痘"等少数字跟尤韵字同韵，19 世纪时这些字读 iu，现在温州城老派读 eu，新派读 əu。而温州西南郊这些字现在还读 iu，并且声母遵循 t、tʰ、d 逢 i 腭化的规则，"头豆"等字读 dʑiu，说明这些字读 iu 韵已经很久了。当地老文士认为这些字文读应读 au，可见 iu 是白读。郑张尚芳认为这个白读层来源相当古老，当是前中古期侯韵 u>ɯu>ə 复化历程里最早增生的过渡音 ɯ 的遗存。在中原官话中 i 介音的产生也是仅发生在喉牙音，看来牙喉音声母有更强烈的增生 i 介音的倾向。

据此，我们可以说汉语方言中一等字增生 i 介音有两个条件：一、声母为喉牙音；二、韵母主元音为前高元音 ɛ 或 e。

中古喉牙音声母开口二等字在北京话中后来大都产生了-i-介音。但蟹开二梗开二牙喉音今没有 i 介音的却很多，如"挨楷揩矮隘庚坑梗更格客额赫耕铿耿隔厄"。蟹、梗两摄，只有耕韵影母(莺、樱)变齐齿，其他都不变，这点在近代语音材料如《洪武正韵》中已有反映。在河南方言中，这些字的情况不太相同，"杏"在商水方言中读 xəŋ，没有 i 介音，是存古现象。而"核客格"等字又产生了 i 介音。i 介音的产生与否，既然与摄有关，那么 i 介音的产生应当是与主元音有主要关系的。

这一规律可以从河南陕县原镇店方言蟹摄二等字的读音情况得到证明。北京话没有 i 介音的一些蟹摄二等字在陕县方言中却有 i 介音，如：北京话中有些 i 介音的字，在陕县方言中却没有 i 介音。如：

蟹摄开口二等佳韵：街꜀kai、鞋꜁xai

　　　　　　　蟹韵：解꜂kai(～决，～开鞋带)/tɕiɛ꜄(晓也，～不开他说的是什么意思)、蟹 xai꜄

怪韵：戒 tɕiei꜄、诫 tɕiei꜄、届 tɕiei꜄、介 tɕiei꜄、械 tɕiei꜄

皆韵：皆꜀tɕiɛ、谐꜁ɕiɛ

陕县方言中蟹摄二等 i 介音的有无，是由韵的不同作为条件的，这些韵的差异主要在于韵母主元音舌位的高低。凡有 i 介音的，舌位都是高的前元音 ɛ 或 e，如“怪韵”和“皆韵”，没有 i 介音的，都是低元音 a，如“佳韵”和“蟹韵”。陕县蟹摄三四等韵的字喉牙音都读 tɕ、tɕʰ、ɕ 声母，韵母都读 iɛ，有 i 介音。

武汉方言中，蟹摄见系二等字都没有 i 介音，声母读 k、kʰ、x，韵母都读 ai，主元音是低元音 a。[1]

在客赣方言中蟹摄二等与四等合流，情况与河南陕县方言一样，二等与四等合流有两类读音：一类是 ai，一类是 iɛ 或 ɛi。iɛ 或 ɛi 的读音是白读层的读音。当韵母的主元音为低元音 a 时，有 i 韵尾无 i 介音，当韵母的主元音为 ɛ 时，喉牙音声母字有 i 介音。同时，不同于河南陕县方言的是，客、赣方言中还有 ɛi 的读音，主元音为前半高的 ɛ，却有 i 韵尾而无 i 介音。这是在 i 韵尾与 i 介音的关系中比较复杂的一种情况。熊燕（熊燕，2003：83）认为客、赣方言中的蟹摄四等与二等合流，是蟹摄四等主元音低化的结果，那么，ɛi 的 i 韵尾应该是这个低化过程中产生的。

但是，夏剑钦在《浏阳方言研究》（夏剑钦，1998）中提到属于赣语的浏阳方言古流、曾、臻三摄的开口一等见系字也有 i 介音。例如：“斗陡”tiau、“口”cʰiau、“登”tiĩ、“吞”tʰiĩ。浏阳方言的一等有 i 介音的韵，主元音不是“前、高”的 e 或 ɛ，而是低元音 a，并且声母也不只是见系而是有端系。

据刘宝俊提供的材料，在湘、吴方言中，i 介音除出现在侯、痕、登韵外，还出现在山摄开口一等寒韵、咸摄开口一等谈、覃韵、蟹摄开口一等泰、咍韵。刘宝俊认为，ɑ 元音韵和 ə 元音韵在现代方言中产生了 i 介音，实际上是两种不同音变来源的结果。ɑ 元音产生 i 介音，是在 ɑ 元音前移、上升为 æ、ɛ、e 之后才产生了 i 介音的，ə 元音产生 i 介音则是历史上早已发生的音变，“是来源颇古的语音现象”。中古 ə 元音的侯、痕、登三韵在赣、客方言中大都是在保存韵尾的情况下产生 i 介音的，而中古 ɑ 元音的咍泰寒谈覃诸韵大都是在失去韵尾的情况下才产生 i 介音的。“这说明侯、痕、登三韵并不以韵尾的消失或弱化作

[1] 这里所用的材料来自张邱林的记音[张邱林.陕县（原店镇）方言蟹摄开口二等见系字的读音[J].华中师范大学学报（哲学社会科学版），1995，5：85－86.]。

为影响元音变化和介音产生的必要前提，它的中古 ɑ 元音发音部位原本就接近于 i，具备了 i 介音产生的条件。”（刘宝俊，1993）如此，浏阳方言 ɑ 元音前产生 i 介音的原因也就得到了解释。至于浏阳方言中端组字，即舌尖中音，而非舌根音声母也产生了 i 介音，徐通锵这样解释：“鄂东南地区的某些方言，这方面的演变比赣方言快，侯、痕、登三类韵的 i 介音已不限于见系字，已扩大到所有的声母（登除精组字外）。”（徐通锵，1994）

见系一二等字产生 i 介音的音理机制既已得到合理解释，那么，河南方言中的这些一二等字读 ɯ，与 i 介音之间又是怎样的关系呢？我们可以这样解释：河南方言中的 ɯ 韵母是主元音进一步高化的结果。主元音由 ai 高化之后变为 ɛ 或 e，在此，不同的方言中有了不同的演化方向。襄城、舞阳各地的方言，元音再进一步升高，变为后高不圆唇的 ɯ。商水、开封、睢县、遂平各地方言，元音 ɛ 与喉牙音的共同作用，导致了 i 介音的产生，变成了 iɛ。

陈忠敏认为：“-ɯ 是个不正则的后高不圆唇元音，它要向正则元音演变，舌位往前移就是-i。”（陈忠敏，2003：53）陈先生认为吴语、徽语里鱼韵字的读音的层次来源就是 ɯ，并认为 ɯ 容易向 i 转化，闽语泉州话厦门话之间已有 ɯ>i 的音变，ɯ>i 只是改变一个语音特征。他这样解释闽、吴语里鱼韵字各个读音层次的分化过程：

闽语：*ɯ（泉州）→i（厦门）

吴语：*ɯ（汤溪、永康）→ɤ（开化）→ ə（常山、玉山）（元音低化、央化）
　　　　　　　　　　　　　　　　↘ əɯ
　　　　　　　　　　　　　　　　↘ ɯə（江山、庆元）→ɤə（遂昌）（元音后裂）

*ɯ（汤溪、永康）→ ie（赣语、浙西吴语、徽语）（元音后裂）
　　　　　　　　↘ ei（沿海吴语、北部吴语）（元音前裂）

陈先生这里的“不正则”指的应该是 ɯ 是一个不稳定的音位，具有易变性。

i 与 ɯ 之间的转变应该是相对的，而不是单向的。这两个元音都是音节结构中具有易变性的元音音位。同样作为［＋高］［－后］的元音，它们之间的转化关系应该是相互的，都容易转化到对方。汉语方言中也有前高元音 i 向后高元音 ɯ 演变的现象。据严修鸿（严修鸿，2002）对连城北部一些方言的研究，连城北部一些方言的-ɯ 韵尾都是由-i 韵尾演变过来的：

A. 徽语黟县：堆 tuaɯ^{31}　推 t^{h}uaɯ^{31}　雷 luaɯ^{44}　菜 ts^{h}uaɯ^{324}　该 kuaɯ^{31}　开 k^{h}uaɯ^{31}　蚁 ŋuaɯ^{53}

B. 连城县厦庄话：肥 $\mathrm{p^{h}}$ɐɯ　杯 pɐɯ^{44}　子 tsɐɯ^{41}　色 sɐɯ^{55}　德 tɐɯ^{55}　归 kuɐɯ^{44}　骨 kuɐɯ^{55}

C. 上杭县古田话：贝 pʌɯ^{44}　街 kʌɯ^{44}　弟 $\mathrm{t^{h}}$ʌɯ^{44}　肥 $\mathrm{p^{h}}$ʌɯ^{41}　虱 sʌɯ^{35}　桂 kuʌɯ^{21}　规 kuʌɯ^{44}　怀~身,~孕 $\mathrm{k^{h}}$uʌɯ^{41}　骨 kuʌɯ^{35}

其中，黟县的 uaɯ 当由 uai 变来，厦庄和古田的 ɐɯ、ʌɯ 的前身最可能是 εi。

河南方言中，德陌麦三韵见系一二等入声字 i 介音与 i 韵尾及后高不圆唇元音 ɯ 之间，肯定有着某种内在的转化关系。襄城方言中，作为一等字的“胳”读 ɯ，“格”读 kai。“格”的读音 ai 应该是较早的阶段，随着 i 介音的消失，主元音高化为 ε，现进一步高化为 ɯ，应该是河南方言中这三韵的见系一二等字读细音的演变过程。

ai → ε → ɯ
ai → ε → iε

现实方言产生 i 介音的条件，不管是四等、二等还是一等，韵母中主要元音一定是前元音。在这一前提下，元音的舌位越高，产生 i 介音而并入“三”等韵的可能性就越大，如四等韵，《切韵》时期的主要元音是 e，它最早与三等韵合流，在现实的方言中已难以见到三四等之间的区别。其实，如声母为见系字，由于“前”(i)与“后”(见系声母)的矛盾，也比较容易产生 i 介音。再次，赣方言和鄂东南方言的情况说明，只要元音相同，i 介音的产生不会“顾此失彼”，而依照语音规律无例外的方式一起演变，如有例外，也一定可以找到产生例外的条件。这些音变的机理都是受汉语的音系结构格局支配的，汉以后因 i 介音的产生而形成的中古三等韵，其语音条件大体上应与此相似，即音系中有一批韵母的主要元音相同，比方说，同为 ε 或 e，由于其“前”的特征，在声、韵之间增生一个 i 介音，如现在赣方言和鄂东南方言那样。根据吴方言区某些方言点提供的线索，四等韵的主要元音低于三等韵(金有景，1964，1982)，《切韵》时期的四等韵 e 可能是元音高化的结果。

语音单位的易变性和音系结构格局的稳固性之间的矛盾，导致语音系统不断发生变化的同时，音变又很难摆脱格局的控制而随意演变。i 介音的产生也是如此。由于主元音与声母的变化，导致 i 介音的产生，而同时，i 介音的产生又摆脱不了音系结构格局的控制，从而使它具有特定的条件、方向与音理机制，从汉语音系整体结构格局来看，i 介音产生是受其前面“前”“高”的元音和其后舌根的喉牙音声母的影响，其音理机制是分别是同化与异化作用。

5.3 鱼韵字的读音类型与历史演变

5.3.1 鱼韵字在河南方言中的读音类型

中古鱼虞韵的读音在汉语方言的情况比较复杂。综合来说，北方官话区方言一般鱼虞合并，读音类型相对单一，如北京话鱼虞韵都读 u；南方方言如吴语、徽语、闽语、赣语等鱼虞韵则有文白异读，文读音鱼虞合并，白读音鱼虞有别。这种差异早在隋唐就已形成。颜之推在《颜氏家训·音辞篇》里说："北人以庶为戍，以如为儒。""庶、如"为鱼韵（举平以赅上去，下同），"戍、儒"为虞韵。颜之推又说："北人之音，多以举、莒为矩。""莒"为鱼韵，"矩"为虞韵。这说明颜之推时代，南方鱼虞有别，而北方鱼虞已经合并。

遇摄合口知系字在河南方言中的读音类型从整体上来说是鱼虞合并的，但不少方言一韵之内依声母不同而读音有别，具体差异的情况，各个方言片之间有不同，一个方言片内部也有不同，尤其是西南部地区的分化情况更为复杂，语音形式上差别也比较大。综合来看，河南方言遇摄知系字的读音主要有以下几种类型：

（1）合口一等模韵与合口三等鱼虞韵合并，都读 u 韵母，这一特征包括河南的大部分地区。如安阳、获嘉、洛阳、孟津、南阳、方城、邓县、舞阳、平顶山、郑州、开封等地。

（2）韵母的读音依声母而分化，知章组字读 u，庄组字读 uo，如商水、遂平、柘城、睢县等地。

（3）鱼虞合并，全读舌尖后圆唇元音 ʮ。如南阳的陕县。

（4）鱼虞合并，但内部依声母不同读音不同。知章组字读舌尖后圆唇元音 ʮ，庄组字读 u。如渑池、新安、汝阳等地。

（5）鱼虞合并，内部依声母而分化，知章组字读 ʮ，庄组读 ou。如宜阳、灵宝、淅川、内乡等地。

（6）鱼虞合并，内部依声母不同分化为 y 与 ou。知章组读 y，庄组读 ou。

从类型上来说，河南方言遇摄合口字的读音分为两大类，一类是鱼虞模合并，只有一种读音，u 或 ʮ；另一类是合并之后，知章组读一类，为 u 或 ʮ，庄组

读一类，为 uo 或 ou。知章组读音与庄组读音不同是普遍特征。下面是鱼虞模三韵在河南各地读音对照表。

表 5.10　遇摄合口知系字读音对照表

	鱼韵							虞韵			模韵
	猪	锄	楚	梳	薯	舒	助	数	输	殊	做
安阳	ʧu	ʧʰu	ʧʰu	ʃu	ʃu	ʃu	ʧu	ʃu	ʃu	ʃu	ʧuo
获嘉	tʂu	tʂʰu	tʂʰu	ʂu	ʂu	ʂu/tʂʰu	tʂu	ʂu	ʐu/ʂu	tʂʰu	tsu
洛阳	tʂʮ	tʂʰʮ	tʂʰʮ	ʂʮ	ʂʮ	ʂʮ	tʂʮ	ʂʮ	ʂʮ/ʐu	ʂʮ	tsu/tsou
灵宝	tʂʮ	tsʰəu	tsʰəu	sou	ʂʮ	ʂʮ	tsʰəu	sou	ʂʮ	ʂʮ	
郑州	tʂu	tʂʰu	tʂʰu	ʂu	ʂu	ʂu	tʂu	ʂu	ʐu	tʂʰu	tsu
开封	tʂu	tʂʰu	tʂʰu	ʂu	ʂu	ʂu	tʂu	ʂu	ʂu	tʂʰu	tsu
商水	tsu	tsʰuo	tsʰuo	suo	ɕy	tsʰu	tsuo	suo	zu	tsʰu	tsu
淮阳	tsu	tsʰu	tsʰu	su	su		tsu	su	su/zu	tsʰu	tsu
舞阳	tʂu	tʂʰu	tʂʰu	ʂu	ʂu	ʂu	tʂu	ʂu	ʂu	ʂu	tsu
遂平	tsu	tsʰu	tsʰuo/tsʰu		su	su	tsuo	suo		tsʰu	tsu
襄城	tʂu	tsʰu	tsʰu	ʂu	ʂu	ʂu	tʂu		ʐu/ʂu		tsu
方城	tʂu	tʂʰu	tʂʰu	ʂu	ʂu	ʂu/tʂʰu	tʂu	ʂu	ʐu	ʂu	tsu
商丘	tʂu	tʂʰu	tʂʰu	fu	fu	fu	tʂu	fu	ʐu/fu	tʂʰu	tsou
睢县	tʂʮ	tʂʰuo	tʂʰuo	ʂuo	ʂʮ	ʂʮ	tʂuo	ʂuo/ʂu	ʂʮ	tʂʰu	tsu
柘城	tʂu	tʂʰuo	tʂʰuo	ʂuo	ʂu	ʂu	tʂuo	ʂuo/ʂu	ʂu	ʂu	tsu
信阳	tɕy	tsʰou	tsʰou	sou	ɕy	ɕy	tsou	sou	ɕy/ʐy	ɕy	tsou
新县	tʂʮ	tʂʰou	tʂʰou	ʂou	ʂʮ	ʂʮ	tʂʮ	ʂou	ʂʮ	ʂʮ	tsuo
固始	tsu	tsʰuo	tsʰuo	suo	su	su	tsuo	suo	zu		tsou

注：洛阳音此处根据张启焕等所著《河南方言研究》的记音，与贺巍的《洛阳方言研究》记音不同。贺巍的记音中此类字都读 u 韵母，“做”有文白两读：白读 tsou/文读 tsu，“殊”贺巍记音 tʂʰu，“输”贺巍记音：ʂu/ʐu。

这应该是所取方言点不同所致记音有别。《河南方言研究》可能取一点而代表整个洛阳地区。贺巍在《河南省西南部方言的语音异同》中把河南西南部地区的遇摄知庄章三组字的韵母分别得很细致，共有四类，这四类有些方言属于南鲁片，有些方言属于嵩洛片。摘引如下：

（1）洛阳、孟津、南阳、南召、方城、邓县、新野、唐河、社旗等九点全读 u 韵，如“猪初书”等。

（2）陕县全读 ʮ 韵母，如“诛锄舒”等。

（3）栾川、偃师、新安、渑池、洛宁、汝阳、临汝等七点知章组读 ʮ 韵母，如“蛛厨鼠”等；庄组读 u 韵，如“助锄梳”等。

（4）宜阳、伊川、嵩县、灵宝、卢氏、西峡、淅川、内乡、镇平等九点知章组读 ʮ 韵，如“著除暑”等，庄组读 əu 韵，如“助雏疏”等。

方城方言笔者亲自做了调查，记音与贺巍所谈一致。马培芝《灵宝方音与北京语音的对应》所记之音亦与贺巍所记一致。

5.3.2　鱼韵字读音的历史演变

《切韵》时期，鱼虞韵的读音还是有分别的，直到五代，二韵读音合并，分别演变为今天北京话中的 u 或 y。那么，河南方言中 ʮ 韵母又是怎么发展来的呢？鱼虞二韵合并之后，又依声母不同而内部分化，分化的形式也不同，庄组字分别有 ou 与 uo 两种读音。如果都是从五代至宋合并之后的同一个读音演变来的，为什么又会有完全不同的读音形式呢？我们首先来看一下鱼虞韵中上古至今的音变历程。

根据杨剑桥先生的拟音，（杨剑桥，2005：126）鱼虞韵字在汉语中各个阶段的读音是这样的：

表 5.11　鱼韵发展轨迹

	《诗经》音	西汉音	东汉音	魏晋音	隋唐音	五代音	宋代音	元代音	明清音
鱼韵	jɑg →	jɑg →	jɑ →	jɔ →	iɔ →	iu →	iu →	u →	u
						↘	u	↘	y

表 5.12　合口三等虞韵的发展轨迹

	《诗经》音	西汉音	东汉音	魏晋音	隋唐音	五代音	宋代音	元代音	明清音
虞韵	jog →	jog →	jo →	jo →	io →	iu →	iu →	iu →	y
							↘	u →	u

这是鱼虞韵在北方方言中的演变道路。北京话中的鱼虞韵合并以后，读音是 u 或 y，内部没有分化，而在河南方言中，大部分地区鱼虞韵的读音知章组与庄组有别。今天南方方言很多地区的鱼虞韵的文读音知章组与庄组也有区别。一般认为，南方方言的鱼虞韵的文读音是来自北方方言，但具体是哪一种方言不确定。以河南方言鱼虞韵的白读音情况和南方方言文读音情况对照一下，我们认为这个“北方方言”其实就是中原官话。

根据《颜氏家训》的记载，颜之推时代，北方鱼虞就已合并，《切韵》里鱼虞分韵反映的应该是南方方言的鱼虞韵读音。早期吴语里鱼虞韵读音是分开的，但今天吴语里文读音的鱼虞是合并的，只是合并之后的读音依知章组与庄组声母的不同而不同。其中庄组声母后的韵母基本都是 u 或 əu，知章声母的

韵母是 y 或 ʮ,这和河南方言,尤其是洛阳一带的方言何其相似!

陈忠敏认为,吴语中鱼虞韵庄组声母后的韵母读音不同于其他声母后的韵母读音,可能是吴语自身演变的结果,也可能是权威方言输入的时候就不一致,并倾向于是第二种情况。

> 庄组声母后面的读音跟其他声母后面的韵母各地读音都不一样。松江、开化、绍兴、金华、永康等地是一种类型,在这些方言里,除了庄组声母后读 u 或 əu 以外,其他声母组后的韵母读音都是分别相同的。庄组声母后的韵母有不一样的读音可能的解释有两,一是吴语自身的演变,一是输入的那种权威方言就是这种模式。我们倾向于第二种解释,因为在其他东南方言,如闽语、赣语里,鱼韵庄组声母后韵母读音都跟知、照组声母的不一样。也就是说鱼韵文读层读音传入吴语的时候,庄组声母后的韵母跟其他声母后的韵母已经不同。(陈忠敏,2003)

据此,我们可以推知河南方言中鱼虞韵合并后,庄组与知章组声母后韵母读音不同,来源很早,应该在中原官话传入吴语之前,属于很老的一个时间层次。

杨剑桥先生对《切韵》时代鱼虞韵的拟音也是鱼虞有别的,只是到五代时鱼虞才合并。这种拟音是综合考虑了北方与南方方言的情况下作出的。我们可以推断,这两套拟音中有一套是北方方言的,即早期北方方言鱼虞韵是 jɔ 或 jo,之后演变为 iu,再分化为 u 或 y。庄组声母由 u 裂化为 əu 或 uo,知章组声母由 y 再进一步演变为 ʮ。其演变路径如下:

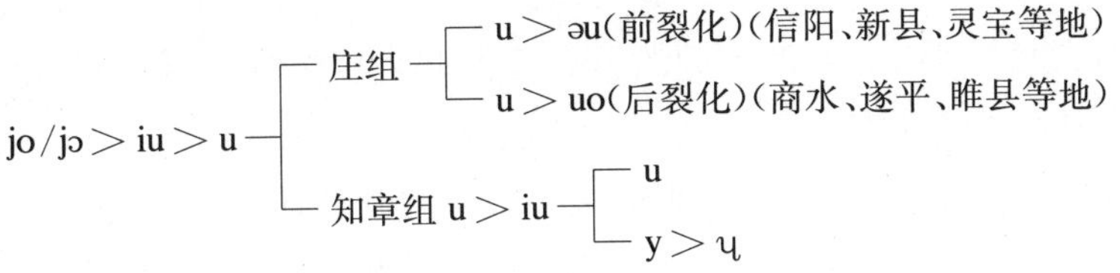

从 iu 分化出 u 然后再依庄、知章组声母而分化,应该是在宋元时期。我们猜想,中原官话鱼虞韵传入吴语的时间应该是在宋元时期,随着蒙古族的入侵,中原地区的人民大批南下,中原官话由此传入吴方言,从而造成了今日吴语鱼虞韵的文白异读两套系统的叠置。

第六章
中原官话与《中原音韵》的关系

历史文献和汉语方言是进行汉语音韵史的研究两项主要材料。历史文献代表形式类别(form),方言提供实质内容(substance)。历史文献是纵向的时间发展序列,方言材料则代表横向的空间差异。语言的发展同时表现在空间和时间两个方面,空间差异可以反映语言发展的不同阶段,时间是无形的,而空间差异则是有形的,是时间留在语言中的痕迹,可以成为观察已经消失的"时间"窗口。从方言差异的比较去探索语音的发展,有助于对文献材料作符合语音事实的解释。

《中原音韵》是一部反映元代北方话的语音系统的重要文献,在汉语发展的历史过程中占有举足轻重的地位。结合现代方言研究《中原音韵》,不仅能够给我们显示出元代北方口语的实际面貌,而且告诉我们汉语从中古到近代,再到现代的语音发展情况。因此,很多学者已经对《中原音韵》进行过整理和分析,并取得不少研究成果。但是,关于《中原音韵》究竟是以哪个方言为基础的问题,学界一直存在争议,至今没有定论。

对《中原音韵》基础音系的问题的研究概括起来主要有三种观点:北方官话说、大都音说、以洛阳音为主体的河南音说。

主张北方官话说的有罗常培、张世禄等人。罗常培认为:"元周德清著《中原音韵》以北音为宗,平分阴阳,入派三声。"(罗常培,1982:45)张世禄说:"周德清是为着提倡文学的革命,因而创立北音韵书,以分析北音里的声韵。在当时北音已有统一全国的趋势,而且北音区域为近代政治中心所在的地方,所以叫做中原之音。"(张世禄,1984:211)北方官话说认为《中原音韵》当时所有的"中原雅音""中原之音"是指的整个北方官话区的方言。"北音"的说法过于笼统，北音包括的范围很大，各次方言点的语音也不尽相同，因此这种说法显然不能成立。

主张大都音的认为，《中原音韵》表现的是 14 世纪元代的大都音，是现代北京话的祖语。持此说者有赵荫棠（1936）、赵遐秋、曾庆瑞（1961）。当代学者中，也有人坚持大都音说者，如刘勋宁（1998）从《中原音韵》中萧豪与歌戈重出，及入声归派两个方面的情况为依据，认为《中原音韵》的基础方言应是北方官话。

主张以洛阳音为主体的河南音说是李新魁。他先后在《关于中原音韵音系的基础和入派三声》《中原音韵的性质及其代表的音系》两篇论文（1963，1962），及《中原音韵音系研究》（1983）论著中都阐述了自己的观点。

杨剑桥先生总结了李新魁"河南洛阳音说"的主要理论根据，认为在有关《中原音韵》基础方言的几种意见中，以"河南洛阳音说""意见最胜"。（杨剑桥，1996：99）

李新魁"河南音说"的主要根据是：（1）周德清之书不可能是"杂采无前贤词曲，掇拾成编"的，因为各地元曲作者有方言分歧，语音不能完全一致，同时用元曲韵脚的字数也不足以编制韵书。因此周德清据以撰作的应当是一个实际的口语。（2）洛阳当时是全国或北方的政治、经济、文化中心，洛阳话在长时间内被作为民族共同语和标准音。（3）唐宋元明时代古人所谓的"中州""中原"，都是指河南洛阳一带。（4）在《中原音韵》音系中虽然某些特点跟北京音相合而跟其他方言不合，但也有许多特点跟北京音不合而跟其他方言相合，不能以此断定其音系是大都音。其结论认为："《中原音韵》所代表的，不是当时的大都音，而是当时以洛阳音为主体（即基础方言点）的河南音。周德清在《中原音韵》中所记述的语音系统，正是那时候代表河南音（中原音）的洛阳音系。"（李新魁，1983：11）

笔者认同李先生的观点，认为"洛阳音说"比较接近《中原音韵》语音基础的实际。但是，仅把《中原音韵》的语音基础定在"洛阳"，范围又过于狭窄，有不够确切之处。原因有四：

一、宋元时期，从文化、经济、政治地位来说，汴京比洛阳更为重要。当时的文化中心是位于河南中心地带的汴京。

二、从近代戏曲的起源来说，据近代文献记载，近代戏曲起源于以汴京、洛阳为中心的中原地区，而《中原音韵》是一部为戏曲用韵而作的韵书。

三、从现代的中原官话与《中原音韵》的语音特点来说，并非某一个城市或地区的语音与《中原音韵》有联系，而是河南境内大多数中原官话区方言的普遍特征与《中原音韵》有联系。

四、一种基础方言不可能只是某一个城市或地点的方言，而应有一个相对广泛的区域，正如现代的北京话并非单指"北京市"的方言一样。

基于这四点，我们认为，《中原音韵》的语音基础应该是以汴京、洛阳为中心的"汴洛音"，即今天中原官话的主体——河南境内的中原官话。下面我们从近代戏曲的发展与《中原音韵》的关系，以及现代中原官话语音特点与《中原音韵》音系的比较两个方面，来讨论现代的中原官话与《中原音韵》的关系。

6.1　中原地区与近代戏曲的发展及《中原音韵》的关系

《中原音韵》是一部为戏曲用韵而作的韵书，考察元戏曲的起源可以帮助我们了解这部韵书的语音基础。李新魁在这方面也做了研究，他认为："河南是近世戏曲最活跃的发祥地。最初戏曲的音韵咸以本地的口语音为创作或演唱的依据。如与元曲有极密切关系的'慢词''诸宫调''吟叫'等均发源于河南洛阳、开封一带。"(李新魁，1983：22)"开封洛阳一带"的说法是正确的，在宋代人的文献中，与元曲有极密切关系的"慢词""诸宫调""吟叫"等均有起源于汴京的记载，虽然没有明确说"起源于洛阳"，但戏曲的起源地不可能是某一个固定的城市，而应是一个地区。汴京是当时的文化、政治、经济中心，前人记载时，用一个中心城市指代某一带地区，是正常的。如孟元老《东京梦华录》："崇观以来，在京瓦肆伎艺"中，有"孔三传《耍秀才诸宫调》"。耐得翁《都城纪胜》："诸宫调本京师孔三传编撰，传奇灵怪，入曲说唱。"吴曾《能改斋漫录》："词自南唐以来，但有小令，慢词当起于宋仁宗朝。中原息兵，汴京繁庶，歌台舞席，耆卿失意无俚，流连曲坊，遂尽收俚俗语言，编入词中，以便伎人传习，一时动听，散播四方。其后东坡、少游、山谷相继有作，慢词遂盛。"[1]开封在历史上

〔1〕 以上诸材料转引自刘静(2003)。

曾经是七朝古都，至宋代而从北方的政治中心一跃升为全国的政治、经济、文化中心。伴随着商品经济的迅速发展，人口急遽增长，人口结构的变化，导致新兴的市民阶层在当时汴京人口中占据了相当大的比重。随着市民阶层的勃然兴起，市民文艺也应运而生。在中国俗文学史上，宋代是一个灿烂辉煌的时代。翻一翻《东京梦华录》便可窥见其一斑，踏索、上竿、说书、讲唱、相扑、影戏等充满了大大小小的勾栏瓦肆。宋代的俗文学对后来的中国文学产生了巨大的影响，特别是其讲唱文学(例如诸宫调)直接导致了元代戏曲的产生。

据刘静(刘静，2003)对《中原音韵》"车遮"韵的产生及其在宋元俗文学中的应用，《中原音韵》的语音是当时"中原雅音"的代表，有关麻韵三等字与二等字相区别的首次记载是宋代的毛晃。

毛晃在《增修互助礼部韵略》(书成于宋绍兴三十二年，1162)微韵后加注案语说："所谓一韵当析为二者，如麻韵自奢以下，马韵自写以下，祃韵自藉以下，皆当别为一韵，但与之通可也。盖麻马祃等字皆喉音，奢写藉等字皆齿音，以中原雅音求之，迥然不同矣。"毛晃这段话表明麻韵二等字与三等字主要元音已发生变化，当别立一韵时，又特别强调只有在"中原雅音"系统中麻韵才"当析为二"，在其他音系中则"与之通可也"。这说明公元 12 世纪，麻韵仅仅在"中原雅音"系统中分化了，而在其他音系中则尚未分化。据此可知，"车遮韵"产生的年代，是在公元 12 世纪。在此之后第一个另立车遮韵部的是周德清的《中原音韵》，以此判断，《中原音韵》代表的就是"中原雅音"。

然而，"中原雅音"究竟为何地语音？对这一问题的回答是研究《中原音韵》以何地方言为基础语音关键。分析考察车遮韵在宋元俗文学作品中的运用情况，不仅可以帮助我们进一步了解车遮韵产生的时间，更为重要的是可以帮助我们认识《中原音韵》的语音性质。

刘静就宋代俗文学中的韵文，诸如大曲、舞曲、鼓子词、转踏、平话中的诗歌、戏文、诸宫调，以及元曲对"车遮韵"的运用情况进行了考察，得出的结论是"诸宫调中已产生车遮韵，这已是无可争议的事实"，并认为"中原雅音"的代表是现代的中原官话、当时的汴京音。

据当时的文献记载，宋元俗文学形式中使用的语音标准是区别于《广韵》音系的"中原雅音"。而在诸多俗文学形式当中，第一个打破《广韵》音系、大胆使用"中原雅音"的是诸宫调。产生于汴京的诸宫调，使用的不是当时的读书音《广韵》音系，它所采用的语音系统，就只能是当地的语音。这样，车遮韵、诸宫调、汴京音、“中原雅音”、《中原音韵》就形成一条线，从而可以作为《中原音韵》的基础语音很可能就是当时的汴洛音，也即今天的中原官话的历史依据。

当时“车遮韵”的读音是“中原雅音”的读音，从现代的中原官话中可以得到证明。车遮韵是《中原音韵》音系区别于《广韵》音系的显著标志之一。该韵有两个真韵母，含 63 个小韵，188 字。其中舒声韵字 56 个，入声作舒声韵字 132 个。舒声韵字来源于《广韵》麻韵三等(举平以赅上去，下同)，入声作舒声韵字主要来源于《广韵》月、薛、屑、叶、业、帖六韵。根据杨剑桥先生的拟音，这两个韵的音值是 iə 和 iuə。(杨剑桥，2005：162—164)中原官话中这两韵的韵母最常见的主元音是 ə 与 ɤ，洛阳与开封一带的主元音是 ə，更接近于《中原音韵》的语音。但是，杨剑桥先生的拟音，与现代方言和明清资料不太一致。根据杨耐思先生的拟音，车遮部元代读音是 ɛ，ə 是现代方言的读音，那么，由车遮韵读音而得出以洛阳和开封一带基础方言的“汴洛音”是《中原音韵》的基础方言这个结论，也值得商榷了。

6.2 现代河南境内中原官话音系特征与《中原音韵》音系的比较

在研究《中原音韵》的方言基础问题上，应从语音系统的大势上着手讨论，而不能凭某一种语言现象的趋同或差异来定论。在研究河南方言的语音的过程中，我们发现现代的中原官话在很多方面与《中原音韵》有继承关系。这里我们从声母、韵母及入声的归派，对中原官话和《中原音韵》的语音特征加以比较，进而讨论中原官话与《中原音韵》的关系问题。

6.2.1 中原官话与《中原音韵》声母系统上的相似点

就声母系统而言，现代河南境内中原官话的声母大多是 23 个声母，与北京话相比，多一个 v，该声母是《中原音韵》中存在的。在这一点上，中原官话与《中原音韵》保持一致，而北京话则区别于《中原音韵》。这是就同一声母的类别而言的，下面我们看同一声母的字的归属情况。

6.2.1.1　微母独立

微母独立是中原官话与《中原音韵》的共同特征。通过研究，我们认为中原官话微母独立，是继承了《中原音韵》的读音。

现代汉语普通话中没有浊的唇齿擦音 v 声母。中古的微母字与影、喻二母合流，读零声母。

在河南方言里，基本上都保持了中古微母的独立，读唇齿擦音 v。如汾河片河南境内的灵宝、陕县，中原官话的郑开片、洛嵩片、漯项片、商阜片、南鲁片和信蚌片的部分地区，都有 v 声母。v 声母在河南方言中的分布，从北到南，从东到西，几乎涵盖了河南境内所有的方言。这些地区有：安阳、新乡、灵宝、三门峡、渑池、新安、巩县、孟津、洛阳、偃师、荥阳、新郑、郑州、密县、登封、伊川、宜阳、洛宁、卢氏、栾川、嵩县、伊阳、临汝、禹县、襄县、陕县、宝丰、鲁山、伊川、内乡、淅川、镇平、南召、南阳、方城、平顶山、叶县、舞阳、西平、确山、泌阳、唐河、新野、邓县、桐柏、信阳、正阳、罗山、光山、新县、驻马店、上蔡、项城、周口、商水、许昌、长葛、杞县、睢县、宁陵、柘城、鹿邑、商丘、夏邑、永城、虞城、民权等 70 个县市。下面仅举数地方言以考察微母在河南方言中的读音情况：

安阳：微味尾米 vei、温 vən、王 vaŋ、翁 vəŋ、袜 vʌʔ、屋 vəʔ

商水：袜 va、微尾味 ve、无武毋巫诬舞怃侮勿物雾务 vu

舞阳：味惟未微 vi

睢县：微薇未味 vi

洛阳：微尾味未 vi

信阳：袜挖瓦我窝位围委味温闻问翁 v

罗山：袜蛙窝豌弯亿乌污 v

据丁声树对遂平方言的记音（丁声树，1989），遂平方言中没有 v 声母，微母在遂平方言中读零声母。开封方言的微母已变为零声母，但在相邻的杞县，微母依然存在，体现了偏远地区的方言发展缓慢的特点。

根据张启焕等人所著《河南方言研究》记载河南 127 个县市的声母读音情况，这 127 个县市中，保留微母独立的有 91 个县市，占总数的 79.5%以上。不保留微母的只有 34 个县市，只占总数的 20%多，它们分别是：汲县、新乡市、新乡县、南乐、清丰、内黄、濮阳市、范县、台前、浚县、滑县、长垣、封丘、原阳、兰考、郑州、中牟、开封县、开封市、尉氏、民权、太康、扶沟、西华、沈丘、新蔡、平舆、汝南、泌阳、方城、息县、固始、潢川、商城。

舞阳方言微母字的独立只存在于止摄合口三等字，如“味未惟维微”在舞阳方言中读齐齿呼韵母 i。和舞阳方言相同，睢县等地方言的唇齿浊擦音也只能与 i 相拼，其他微母字没有 v 声母。如“温威位歪外万”等都读零声母。

v 声母在河南方言中是普遍存在的，微母变为零声母则是个别现象，是语音进一步演变的结果。

微母在《中原音韵》里是独立存在的，还没有并入影喻两母。只是由中古的唇齿鼻音 ɱ 变为了唇齿擦音 v。罗常培《中原音韵声类考》根据等韵三十六字母考订声类的条例是：“凡一音之中而括有等韵三十六字母二组以上者，即可据以证其合并，偶有单见，不害其同，一此一例也。”（罗常培，1932）罗氏考订出的声类为 20 个：

p	p^h	m	f	v
t	t^h	n	l	
ts	ts^h	s		
ʧ	$ʧ^h$	ʃ	ʒ	
k	k^h	x	o	

杨耐思、宁继福、李新魁、薛凤生、王力诸家所订声类中，都有唇齿的浊擦音 v，即微母是独立的。[1]

下面是“微母的小韵”与“影云以”的小韵对立的例子，可以据以证明《中原音韵》微母的存在：

齐微韵去声 1 小韵：未味（微）/2 小韵：谓渭猬（喻）慰蔚（影）

鱼模韵上声 10 小韵：武舞鹉侮庑（微）/15 小韵：稳（影）

真文韵上声 3 小韵：晚挽（微）/14 小韵：绾（影）

蒋冀骋《近代汉语音韵研究》一书对《蒙古字韵》的拟音中，微母也是独立的，只不过《蒙古字韵》中的微母音值是 ɱ，区别于《中原音韵》的 v。

从近代汉语的研究成果以及《中原音韵》中的例证，我们可以断定元代音系中，微母是独立存在的。

---

〔1〕 杨耐思.《中原音韵》音系[M].北京：社会科学文献出版社，1981.
宁继福.《中原音韵》表稿[M].吉林：吉林文史出版社，1985.
李新魁.《中原音韵》音系[M].北京：社会科学文献出版社，1981.
薛凤生.《中原音韵》音位系统[M].北京：北京语言学院出版社，1981.
王力.汉语语音史[M].北京：中华书局，1985.

河南方言中的微母，除了保留古代的微母读音以外，在与韵母的配合上，也表现出与《中原音韵》的一致。河南方言中的不少地区，v 只能和 i 相拼，如“微薇惟唯维潍未味 vi”，能和 v 相拼的都是中古的止摄合口三等字，在《中原音韵》中属于“齐微”韵。

《中原音韵》中的“齐微”韵来自《广韵》的齐、微、祭、废、支脂、之、灰和质、昔、锡、职、德、缉、陌等入声韵。“齐微”韵的音值是：i、ui、ei。韵母是 i 的字是：逼纰脾迷非肥微低荻梯啼呢黎疾妻齐西知笞直池实机及溪奇希奚衣移。

我们在前文中谈到，河南方言中非组微韵、废韵、未韵的字，读 ei、i 或 y，读 i 的是河南方言的普遍特征，包括晋语区在内的 8 个方言片的对比中，中原官话区 7 个方言小片中有 6 个读 i 韵母，信阳各地的方言读 ei 韵母，是由其地理位置的造成的。信阳地处河南与湖北的交界地带，方言特征多与西南官话趋同。可见，《中原音韵》中“齐微”韵的 i 韵母在河南方言保留最多。这两方面结合起来，我们不能不说，河南方言中很多方言点“微薇惟唯维潍未味”等字读 vi 是继承了《中原音韵》的读音。

6.2.1.2　精系字不腭化

北京音的见系声母 k、k^h、x 和精系 ts、ts^h、s 都不与前高元音 i、y 相拼，而腭化为 tɕ、$tɕ^h$、ɕ。也就是说，北京话是不分尖团的，精组字在细音前都腭化为 tɕ、$tɕ^h$、ɕ。河南方言中的精系字不腭化，即“分尖团”则是一个非常普遍的特征。以洛阳为代表的洛嵩片和以开封方言为代表的郑开片都分尖团。见系拼细音 i 而不腭化的语音现象在河南方言中也广泛存在。在第四章对河南方言“分尖团”现象的讨论中，我们列举了河南境内中原官话 7 个方言片的 20 个点的“分尖团”情况，发现有 12 个方言点是分尖团的，占 60%。为了凸显内部例外现象，还有意选取了不分尖团的一些例外方言点。如果只以方言片来计算，7 个方言片中，5 个都是分尖团的，占 70%以上。

河南方言中分尖团的情况除了汾河片的灵宝方言有例外，其他中原官话区内，都是精系字在细音前不腭化，见系字腭化。这从一个方面，又证明了中原官话与《中原音韵》的一致性。

但我们只能说，中原官话在精系字不腭化这一点上，与《中原音韵》没有区别，而我们不能据此认定，北京话在这方面与《中原音韵》有异。因为“尖团音”合流，读舌面前音 tɕ、$tɕ^h$、ɕ 是清代中期以后的事情。北京话的精系腭化可能只是演变速度比河南境内的中原官话快一些，中原官话只是完成了见系细音前的腭化，精系字在细音前还没有发生变化。二百年前的北京话，应该也是没有腭化的，京剧中的上口字分尖团现象就是一个证明。

6.2.1.3　古知庄章二分

中古知庄章声母的分合关系是《中原音韵》声母系统中最复杂的问题。有些学者主张中古知庄章声母到了《中原音韵》已经完成了合并，知庄章声母合而为一，如罗常培、赵荫棠、李新魁等。也有主张知庄章声母还没有完全接近现代汉语的北京话读作一套的面貌，声母仍然是分而为二的状态，如陆志韦、宁继福等。观点不一致，是由于各家对《中原音韵》小韵分类上的分歧，也是由于理论和方法的不同而造成的差异。

坚持知庄章声母在《中原音韵》中二分的学者，认为中古知庄章三组声母在《中原音韵》中分为两组：一组为舌尖后音 tʂ、tʂ^h、ʂ；一组为舌叶音 ʧ、ʧ^h、ʃ。这是就古知组和照组在《中原音韵》中的分合情况的传统观点。首先章组并入庄组，成为三十六字母的照组，然后知组再并入照组。罗常培、赵荫棠根据《中原音韵》知组和章组、知组和庄组、章组和庄组分别同在一个小韵中的事实，认为当时知组和照组已经合一，其音值为 ʧ 等或为 tʂ 等。这一观点，在很多方面都得到了证明。

现代汉语普通话中，知庄章三组声母合为一组 tʂ、tʂ^h、ʂ。河南方言中，知庄章声母很多方言点则是二分的，尤其是以郑州、开封、洛阳为中心的郑开片、洛嵩片等地的方言。如洛嵩片的分合情况，正与《中原音韵》吻合。洛嵩片 21 个县市，古知庄章三组字中知组二等和庄组及章组止摄开口呼的字，今读舌尖前音 ts、ts^h、s；知组二等和庄组字今合口及其他各摄的章组字（止摄开口除外）今读舌尖后音 tʂ、tʂ^h、ʂ。

知庄章声母在河南方言中的读音形式有四种：（1）tʂ、tʂ^h、ʂ，（2）ts、ts^h、s，（3）tɕ、tɕ^h、ɕ，（4）ʧ、ʧ^h、ʃ。知庄章声母在整个河南方言中的分化与演变类型有三种：

第一种：合并为一组声母。

A. 读 ts、ts^h、s。如中原官话漯项片，洪音前读 ts、ts^h、s，细音前读 tɕ、tɕ^h、ɕ；

B. 全部读 ʧ、ʧ^h、ʃ。如晋语区安阳方言。

第二种：知庄章二分。

A. 读 ts、ts^h、s 和 tʂ、tʂ^h、ʂ；

B. 读 ts、ts^h、s，tʂ、tʂ^h、ʂ，tɕ、tɕ^h、ɕ 三组声母。

第三种：新乡、遂平方言 tʂ、tʂ^h、ʂ 都只拼儿化音节。ts、ts^h、s、z 只拼非儿化音节。

归纳起来，只有两种：

（1）新乡、遂平方言 tʂ、tʂ^h、ʂ 拼儿化音节，ts、ts^h、s、z 只拼非儿化音节，其实都是第一种类型中的 A 类。知系字全部并入了精组变为 ts、ts^h、s，ts、ts^h、s 声母在儿化音节前，受到卷舌音 r 的影响，又退回到 tʂ、tʂ^h、ʂ。是同化音变的一种。这时的 tʂ、tʂ^h、ʂ 与其他方言中的 tʂ、tʂ^h、ʂ，分属于不同的时间层次。安阳方言的 ʧ、ʧ^h、ʃ，是知系声母最早的形式。知系声母在安阳方言中没有分化，语音形式也保留了较早的阶段。

（2）二分型。也是河南方言中最常见的一种类型，且主要分布在河南中心地带的郑开片、洛嵩片等方言中，洛阳方言就属于这一类型。

综合考察河南方言中知系字在不同地区的表现，正好体现了知系字演变的全过程：ʧ→tʂ→ts→tɕ。

新乡、遂平方言则是：ʧ→tʂ1→ts→tɕ→tʂ2。tʂ1、tʂ2 不是同一个性质。tʂ1 是知系演变为 tɕ 之前的知系声母，tʂ2 是受韵母同化后产生的新形式。

洛阳一带的方言，保持了二分的状态，其演变的进程处于知系字演化的中间阶段：tʂ→ts。《中原音韵》中的知庄章二分，也应该是处于演变中的中间阶段。

6.2.1.4　*疑母字浊声母的残留*

现代汉语普通话中，古疑母字已消失，与影喻母合并，变为零声母。《中原音韵》中疑母字的鼻音声母 ŋ 是否存在则在学界一直有不同的看法。

《切韵》的声母系统中影疑母是对立的。到《中原音韵》时期疑母鼻音声母 ŋ 是否存在，主要有两类看法：一类认为有，一类认为没有。

罗常培认为疑母字已与影喻两母合并，在《中原音韵》不存在了。王力也持此说。根据王力先生（1980）的拟音，《切韵》时影母为零声母，韵母前加喉塞音，疑母为 ŋ。到了 14 世纪《中原音韵》时代，疑母在当时的标准语里已经消失，和喻母（云以）完全相混。同时影母和喻母在北方话里也只在平声一类有声调上的差别，上去两声完全相混。他认为 ŋ 声母消失的原因是由于舌根鼻音在 i、y 的前面容易消失或发生变化，因为 ŋ 的发音部位和 i、y 距离较远。在北京话里，除一部分齐齿字转化为 n 之外，其余都变了零声母。

赵荫棠、丁邦新等学者则认为疑母的 ŋ 声母大部分消失，只有部分残留。赵荫棠认为疑母字在《中原音韵》中“要消灭，然而没有全消灭”（赵荫棠，1936：93—96），疑母与影喻母合并的，读零声母，与泥娘母合并的，读 n 声母。不消灭的是一二等之字，仍读 ŋ 声母。

丁邦新认为《中原音韵》中疑母字大部分已经与影母喻母合流，变成了零声母。只有小部分疑母字自成小韵，并且跟“影喻”对立，如“仰昂傲鳌敖嗷遨俄我饿哦额业虐疟”。“在以后的发展中，这一小部分疑母字也逐渐完成了与影母、喻母的合流”。（丁邦新，1998：128—129）

赵荫棠、丁邦新的看法应该更符合《中原音韵》的实际情况。疑母字在《中原音韵》中大部分都与影母喻母合并了，只剩下一小部分与影喻二母字有对立关系，这一事实，可从《中原音韵》中疑母与影喻字小韵分立上得到证明：

江阳韵上声 21 小韵：仰（疑）/2 小韵：养痒（喻）鞅（影）

去声 25 小韵：仰（疑）/4 小韵：漾炀养样（喻）

歌戈韵去声 12 小韵：饿（疑）/5 小韵：萼鹗鳄（疑）恶垩（影）

萧豪韵去声 8 小韵：傲鳌（疑）/30 小韵：奥懊澳（影）

这些例子说明，疑母字在《中原音韵》的音系中还有残留，只是它处于消失阶段，正在从鼻音声母 ŋ 向零声母过渡。

河南方言中的疑母字，有些方言中还保留有 ŋ 声母。另有一些方言中，开口韵前演变为舌根浊擦音 ɣ，合口前与微母合流，读浊的唇齿擦音 v，或与影喻合流，读零声母。还有一些方言则与北京话相同，疑母与影喻母合并，全部读零声母。具体情况如下：

（1）中原官话的郑开片，与北京话相同。

（2）中原官话漯项片、商阜片、豫北的晋语区，如安阳开口一等和二等今读舌根浊擦音[ɣ]，和中古的匣母同音，如“牛[ɣəu]、硬[ɣəŋ]”。合口的疑母，有的读[v]，与微母合并；有的读零声母。郑开片占河南全省面积的 44%，漯项片占 15%多，可见这一现象在中原官话中涵盖面之广。

（3）洛阳片一等“疑、影”两母，灵宝今读[ŋ]，其他各县市读作舌根浊擦音

[ɣ]，开口二等的一部分字读[ŋ]，一部分读[ɣ]。合口“疑”母，只有元韵、模韵、鱼虞韵今读零声母，其余均读[ɣ]声母。

（4）信蚌片开口一二等韵的“疑、影”两母字，读[ŋ]和[ɣ]，合口韵的字读如微母[v]，如[ŋ]额鹅袄鞍恩。信阳地区的罗山县方言分南片与北片，南片疑母字读[ŋ]，北片有读零声母的，如“鹅”字音有的读为[o^{45}]。

（5）汾河片的灵宝方言，疑母和影母字细音前，读舌面鼻音声母 ȵ，洪音前读舌根音 ŋ。

河南方言中大部分地区的方言，疑母开口韵前是独立的，读 ŋ 或 ɣ。一些保留 ŋ 声母的方言，ŋ 的保留与否，是以韵母的开口度大小为条件的。洪音前保留 ŋ，细音前或读 ȵ，与泥娘母合流，或读零声母，与影喻母合流。

从疑母字有鼻音声母 ŋ 的残留这一点来说，中原官话似乎又是与《中原音韵》情况一致。但是，保留 ŋ 声母的方言都是河南的边缘地带，而非以开封、洛阳为中心的中心地带，这不同于中原官话与《中原音韵》其他语音方面的相似。处于中原官话中心地带的方言，疑母在开口前大多读浊的舌根擦音 ɣ。ɣ 与 ŋ 都是舌根浊声母，ŋ 在语音演变的过程中变为 ɣ，从音理上来说，是可能的。故河南方言中的 ɣ，很可能是后来语音进一步演变的结果。

总之，河南方言疑母字的总体情况是部分保持独立。在这一点上，中原官话与《中原音韵》具有一致性则又是一个确凿的事实。

6.2.2　中原官话与《中原音韵》韵母上的相似点

6.2.2.1　“车遮”韵语音形式的一脉相承

《中原音韵》的“车遮”韵来自《广韵》的麻韵三等和月、屑、薛、叶、帖、业等入声韵。

《广韵》的假摄开口三等麻韵知系字，在河南方言中原官话区主要有 5 种读音：ɛ、ɤ、ʅɤ、ʅɛ、ɤr。洛阳、郑州读 ɛ，睢县读 ɤr，襄城方言读 ʅɤ，新乡读 ʅe，商水读 ɤ，舞阳、扶沟等地读 ɛ。如：

洛阳：遮浙折哲者这 tʂʅɛ

车彻撤扯 tʂ^{h}ʅɛ

奢设舌蛇舍赦社涉射 ʂʅɛ

热惹 ʐʅɛ

新乡：这社 tsʅe

郑州：tʂʅɛ 遮摺褶～子(皱纹)蛰折～断浙蔗哲辙

tʂʰʅɛ 车奢徹扯撤

ʂʅɛ 赊佘蛇舌折弄～了赦舍涉设射社摄(文)

ʐʅɛ 热惹

睢县：tʂɤr 折、tʂʰɤr 车、ʂɤr 设、ʐɤr 热

襄城：tʂʅɤ 遮哲这

tʂʰʅɤ 车彻扯撤

ʂʅɤ 赊舌设社

ʐʅɤ 热惹

固始话读 iɛ，如“这”tɕiɛ。

城镇和乡下之间读音有交叉现象。而麻韵字在洛宁方言中读舌面后次低圆唇元音 ɔ，与咸开一二等、山开一二等和山合三等入声字的合并。

《中原音韵》中的“车遮”韵知系字在河南方言中的读音特殊之处，在于韵母是舌尖介音，这是汉语其他方言中比较少见的现象，在汉语语音发展史上，也是值得注意的现象。

按照杨剑桥先生对假摄开口三等麻韵古音的构拟，三等麻韵在汉语中的发展轨迹如表 6.1 所示。（杨剑桥，2005：162—164）

表 6.1　三等麻韵发展轨迹

	《诗经》音	西汉音	东汉音	魏晋音	隋唐音	五代音	宋代音	元代音	明清音
三等麻韵	iɑg →	iɑg →	iɑ →	ia →	ia →	ia →	ia →	iə →	ɤ(车遮者蔗社舍) ie(野冶也夜且姐邪谢写)

为什么近代的-i-介音，到河南方言中会变成舌尖后元音-ʅ-介音呢？从音理上来说，这些字的舌尖介音应该是受声母影响的结果。

《中原音韵》中的“车遮”韵，在河南方言中有舌尖介音的都是知系字，知系字的声母是“舌尖后”塞擦音 tʂ 等，它的前身是舌叶音 ʧ 等。

中古假摄三等麻韵从古至今的演变过程，是主元音的逐渐高化。到明清的时候，根据声母的不同，分化为两类读音。在北京话中，知系字的三等麻韵

变为开口，读 ɤ，其他声类前仍保持了中古的-i-介音。在河南方言知系字三等麻韵，有些地方的方言丢掉了-i-介音，读开口的 ɤ 或 ɛ，有些方言则把-i-介音变为舌尖后展唇元音-ʅ-。河南方言中的舌尖后的-ʅ-介音应该是舌面元音-i-介音进一步发展的结果。杨剑桥师在谈到汉语 ɿ、ʅ 韵母的产生时，认为 i 在精组声母后，容易被同化为舌尖音，并引用麦耘的话来证明此观点："麦耘指出：'作为舌尖前音声母的精组，把 i 韵母同化为舌尖前韵母，本是极自然的事……'"（杨剑桥，1996：86）

河南方言中的假摄三等麻韵在知系卷舌声母的影响下，舌面元音 i 被同化舌尖后元音 ʅ 是同样的道理。i 是一个舌面高元音，在元音系统的变动中（高化之类）会受其他元音的推和拉而发生变化。它的发音点如果由舌面移至舌尖，就会转化为舌尖前元音 ɿ；如果舌尖略为翘起，它就会转化为舌尖后元音 ʅ。i 的这种变化又会进一步引起声母的变化。i 如转化为舌尖前元音 ɿ，和它组合的声母 tɕ 就会转化为 ts。i 在演变过程如果舌尖略为翘起而成为卷舌元音 ʅ，那么 tɕ、tɕ^{h}、ɕ 就会转化为 tʂ、tʂ^{h}、ʂ。汉语方言中的很多此类音变已经证明了这一音变规律。洛阳方言中"车遮"韵其他声母的字读 ɤ 或 ɛ，只有知系声母的字读 ʅə 类韵母，也是这一音变规律的体现。

"车遮"韵从《广韵》分化出来的时代，在宋元戏曲中的运用，与"中原雅音"和宋元汴洛音、宋元戏曲，及《中原音韵》的关系，上文我们已讨论过。它足以证明《中原音韵》基础是当时的汴洛音，即现代的中原官话。河南方言中"车遮"韵的现代读音，及其演变过程，又为此说增添了新的例证。

从"车遮"在河南方言中的语音演变的过程来看，知系字的舌尖介音-ʅ-，是从《中原音韵》"车遮"韵的舌面介音-i-演变过来的，它们的主元音与《中原音韵》的"车遮"韵的主元音在有些方言片中表现为极为接近，在有些方言片中则完全相同，说明了河南方言中的"车遮"韵知系字的读音与《中原音韵》中的"车遮"韵是一脉相承的。

而知系"车遮"韵的字在北京话中则全部读开口，没有介音，与《中原音韵》表现出更大的差异。

6.2.2.2　"齐微"韵读音相同

《中原音韵》中的"齐微"韵，来自《广韵》的齐、微、祭、废、支脂、之、灰和质、昔、锡、职、德、缉、陌等入声韵。"齐微"韵的音值是：i、ui、ei。韵母是 i 的字是:“逼纰脾迷非肥微低荻梯啼呢黎疾妻齐西知笞直池实机及溪奇希奚衣移”。

《中原音韵》的“齐微”开口韵字“非飞肥吠废费肺痱费微维尾未味”在河南大多数方言中读 i 韵母,正与《中原音韵》中“齐微”韵读 i 韵母的字相吻合。(详细情况见上文)北京话在这方面则与《中原音韵》不一致。

6.2.2.3　个别小韵的同音现象

《中原音韵》中一些同音字(同一小韵的字),在今普通话中不是同音字,在河南方言中是同音字。如:

	北京话	河南话
齐微韵:	笔 pi≠北 pei	笔 pei=北 pei
鱼模韵:	俗 su≠续 ɕy	俗 ɕy=续 ɕy(不分尖团地区) /俗 sy=续 sy(分尖团地区)
车遮韵:	怯挈箧 tɕʰiɛ≠客 kʰɤ	怯挈箧 tɕʰiɛ=客 tɕʰiɛ /怯挈箧 tɕʰiɛ≠客 kʰɛ(主元音同)
庚青韵:	横 xəŋ≠宏纮闳鋐弘 xoŋ	横 xoŋ=宏纮闳鋐弘 xoŋ
	硬暎鹰应 iŋ≠凝 niŋ	硬暎鹰应 iŋ=凝 iŋ /硬 ɣəŋ≠凝 iŋ

6.2.3　中原官话与《中原音韵》的差异

6.2.3.1　“萧豪”的读音

中古宕江摄入声字在《中原音韵》既收于“萧豪”韵又收于“歌戈”韵,即重出于两部,也就是说,在《中原音韵》中它们有两套读音。

在河南方言中,宕江摄入声字都读作“歌戈”韵。如:

薄 puə　剥 puə　凿 tsuə/tʂuə　络 luə　烙 luə　酪 luə　勺 suə/ʂuə　脚 tɕuə　嚼 tɕuə　角 tɕyə　药 yə　钥 yə

轴 tsu/tʂu　熟 su/ʂu　宿 su/ɕy 六 liu　粥 tsəu/tʂəu　肉 zəu/ʐəu

觉角$_{\sim落}$脚爵嚼 tɕyə

雀鹊却确 tɕʰyə

学削 ɕyə

药约岳钥虐疟乐$_{音\sim}$ yə

古铎药觉三韵字在《中原音韵》重出于“萧豪”韵和“歌戈”韵，学界一般认为是文白异读现象。宁继福在《十四世纪大都方言的文白异读》(宁继福，1991)一文中，曾经考查了古铎药觉三韵字在《新校元杂剧三十种》《元曲选》《元曲选外编》《元人杂剧钩沉》《全元散曲》的押韵情况，并与《中原音韵》加以比较。其结果是这三韵的字在当时，押萧豪韵的占大多数，而押歌戈韵的是少数。

	萧豪	萧豪、歌戈	歌戈	合计
铎	26	23	3	52
药	19	13	1	33
觉	14	6	0	20
合计	59	42	4	105

“萧豪”韵用的多，“歌戈”韵用的少。说明“歌戈”韵可能是文读音，“萧豪”韵是白读音。王力认为这种两韵并收的性质和今天北京话的文白异读是一样的：“并入歌戈者大约是文言音；并入萧豪者大约是白话音。”(王力，1985：384)

《中原音韵》中“萧豪”韵，韵母为 iau。今天北京话里这些字也是有文白异读的，其文读音韵母为 e、o、uo、ue，白读音为 ao、iao(此例专为考察韵母情况，故不记声调)：

白读：薄 pau　剥 pau　凿 tsau　络 lau　烙 lau　酪 lau　勺 ʂau　脚 tɕiau
角 tɕiau　药 iau　钥 iau

文读：薄 po　剥 po　凿 tso　骆 lo　络 lo　酪 lo　勺 ʂo　脚 tɕye　嚼 tɕye
角 tɕyc　药 yc　钥 yc

表面看来，北京话里中古宕江摄入声药觉铎韵的白读音与《中原音韵》一致。很多人以此为根据，认为《中原音韵》的基础方言为大都音，而不是以汴洛音为代表的中原官话。这样为《中原音韵》的基础方言作定论是不恰当的。

一、与《中原音韵》“萧豪”韵的读音一致的不只是北京话，还有东北、河北广大的地区的方言表现出这种一致。正像我们不能用河南方言中的精系字不腭化来认定《中原音韵》的基础方言是中原官话一样——因为北京话的精系字曾一度也可能表现出一致性，我们也不能用北京话的某一个语音形式与《中原音韵》一致而认定《中原音韵》的基础方言是大都音——因为与《中原音韵》相似的这一语音形式是很多方言同时具备的。如果以北京话“萧豪”韵与《中原音韵》的一致就认为《中原音韵》基础方言是曾经的大都音，那么我们同样可以据此说它是河北音，或东北音。

二、北京话的“萧豪”韵读音与《中原音韵》的一致只是表层的，内部其实是有差异的。平山久雄在深入考察了北京话入声归派的情况后得出结论：“《中原音韵》里古通、江、宕、曾各摄入声字也有文、白异读的现象，例如宕摄开口入声一等字分入萧豪韵和歌戈韵，其音值是-au 和-o，前者可谓是白音，后者可谓是文言音，这情况和现代北京相似，但也有一些不同，其中最重要的是《中原音韵》里‘入声作某声’的条件不管文、白都基本相同，北京话里入声的分化条件则依文、白而大有不同，……因此北京话的文言音不能是《中原音韵》的直接后代。”(平山久雄，1995)

三、北京话的文白异读不是单一的层次，是多种复杂的时间层次的叠置。北京话不同于其他汉语方言之处，在于其地位的特殊性。北京话的角色在历史上有转换，这种角色转换，导致了北京话文白异读层次的复杂性。在北京话尚未成为标准官话的基础方言前，当时北京话的文读是外来的，白读是本地的；到了北京话成为标准官话的基础方言时，本来是土语的读音，变成了各地模仿的文读，而早先外来的文读，此时也变为白读。新的文读也会在不同的时代随着语言演变的复杂性而产生。也就是说，北京话文白异读并不是某一个时代的产物，而是有着丰富的时间层次。北京话文白异读的雏形产生于元代，其时的文读音来自当时的“中原雅音”，即现代的中原官话。(杨剑桥先生认为北京话里的文读音来自“中原雅音”，也即早期的中原官话，刘雪霞在《北京话的文白异读面面谈》一文中，援引了丰富的材料证明杨剑桥先生的这一观点是符合北京话文白异读的实际面貌的。(刘雪霞，2005))到了明代，又有新的文白异读产生。从近代到今天，随着北京话逐渐成为权威方言，其文白异读的性质也有所改变，白读音逐渐占优势，被淘汰的大多是文读音。而这个保留下来的“白读”音也曾是过去的文读音。故北京话中的“萧豪”韵的白读音并非是北京话自身从《中原音韵》继承过来的。所以，以《中原音韵》“萧豪”韵与现代北京音“一致”而认为《中原音韵》的基础方言是元代的大都音，只是看到了表面的形式。

6.2.3.2 入声的归派

现代中原官话与北京话在声调上的差别，从调类来说，最主要的表现在古入声的归派不一致上。中原官话的入声基本上是派入阴平与阳平，为“入派二声”型。北京话中，古入声派入“阴平、阳平、上声、去声”，即“入派三声”型。

反对《中原音韵》的基础方言为“洛阳音”的，都会以《中原音韵》与中原官话在入声归派上的不同作为例子。一般承认《中原音韵》有入声的学者，都认为《中原音韵》的入声是派入“平、上、去”三声的，与现代北京话的入声归派基本一致。

《中原音韵》入声消失，派入“平、上、去”三声，是符合语言实际的。音韵学界对这一问题的研究成果已经相当丰富，我们这里不再一一赘述。现在我们要讨论的是，能否以现代的中原官话“入派二声”、《中原音韵》“入派三声”就断定《中原音韵》的基础方言不是当时的汴洛音。

语言是不断发展变化的，在发展的过程中，有继承与演变两种情况。一种语言其对古代某一个阶段的语言形式，不可能完全抛弃，但也不可能停留在某一个语言形式上几百年不变。在对中原官话与《中原音韵》的音系进行比较时，要考虑到时间的因素。目前的汉语方言与《切韵》相比，表现出各自不同的差异与一致，但并不影响我们把《切韵》作为一个汉语方言共同的源头，在作方言研究时，不管是音变形式丰富的南方方言还是相对简单的北方官话，都会把《切韵》作为参照点。今天的中原官话在语音形式上，与元代的《中原音韵》有差异也有一致，正是符合语言发展的历史规律的。要讨论哪一种语言是《中原音韵》的基础方言，在进行音系比较时，不能停留在“共时”的平面进行简单的比较。对于一致的方面，要能找出它们的继承关系，对于差异的一面，要看它能否用语音演变来进行解释。

今天的中原官话“入派二声”与元代的《中原音韵》的“入派三声”的不一致，不一定代表元代的时候，它们的入声消失方式也不一致。考察整个北方官话入声消失的过程，联系中原官话入声演变的情况，我们认为中原官话的“入派二声”是可以进行解释的。

黎新第在研究官话方言入声字消失的层次与相互关系时，把“中原官话”与“北方官话”作为两个概念。“北方官话”的清入声字是归入阴平的，“中原官话”的古入声清声母字本来是归上声、次浊声母字本来归去声的，“中原官话”作为与“北方官话”毗邻的方言，受到北方官话强烈的影响，中原官话现在的古清入声字归阴平，是这种影响的结果；而次浊入声字归入阴平，可以用清声纽和次浊声纽的特殊关系加以说明：

> 不仅现代中原官话次浊入声字归调和清入声字相混，兰银官话也是次浊入声字归调与清入声字相混，不同只在于一归阴平，一归去声。汉语语音史上有名的浊上变去，也只限于全浊上声变去声，次浊上声则和清纽上声一样，仍然持上声的读法不变。现代陕北清涧方言，也是清纽和次浊纽的一部分字变归上声，而全浊声纽的一部分字变归阳平。在促变舒声问题上，这种次浊声纽和清纽的联合，或者可以这样来解释：在古入声字归调中，全浊纽总是率先发生变化，归调比较稳定；次浊纽、清纽则变化在后，归调不如全浊稳定。在需要减少归并的调类时，不稳定的容易起变化，因而自然就是次浊入声字与清入声字合并了。（黎新第，1987）

黎新第认为次浊声母与清声母的关系，是中原官话次浊入声归阴平的潜在因素，直接导致中原官话次浊入声归阴平的，是西南官话的影响，“减少一个归并的调类和转移一个归并的调类也并无差异”。

这一观点如果成立，《中原音韵》基础方言问题在入声归派上的难题矛盾就得到了解决。

“《中原音韵》的基础方言是中原官话”这个结论，与“现代中原官话入声归派与《中原音韵》不一致”这个语音现象之间的矛盾，既已得到解决，我们再来看北京话入声归派与《中原音韵》入声归派的关系。

北京话的入声归派，只有古全浊和古次浊声母的入声字，舒化后的声调有规律可循，清声母没有规律。刘镇发（2004）从历史音变的角度讨论了北京话入派三声的规律，得出的结论是北京话入声字的演变其实质是“入派二声”，并指出“《中原音韵》不是北京话的祖语”。北京话的入声字虽然说是分派到三声，但分布极不平均。根据刘镇发的统计，除了阳入归阳平和次浊入归去声以外，在常见的459个清入字中，也是念去声和阳平的最多，其比例是59.0%。念阴平的只有125个，占29.2%，念上声的只有54个，共占11.8%。这样，中古清入声在北京话念上声的字只有一成左右，跟《中原音韵》中清声母入声几乎全部念上声的情况完全不同。也就是说，北京话跟《中原音韵》的关系较疏远。

> 北京话入声主要只是派到两个声调：阳平和去声。因此，北京话主要表现为一种“入派两声”的方言，跟附近入派三声的方言不同，更和《中

原音韵》有根本的差别。(刘镇发,2004)

但刘镇发同时指出冀鲁官话才是《中原音韵》的基础方言,我们认为证据不足,不能苟同。

6.3　结　　论

从语音的系统上来看,通过以上的比较可以看出,中原官话与《中原音韵》在语音上的相似处居多,二者在语音特征上的一致大于差异。虽然今天的中原官话也有与《中原音韵》不一致的地方,但这种不一致可以用历史音变来解释,今天的不一致,不能说明历史上也不一致,正像"精系字的腭化"问题一样,今天的北京话精系腭化,不能说明200年前它的精系字也是腭化的,不能以此来否认北京话与《中原音韵》这一语音形式曾经一致。

从近代戏曲的发展来看,汴洛一带是近代戏曲的发源地。通过以上的研究,我们知道,元代戏曲用韵中,主要采用的是本地的语音,也是当时的官话音,即当时的汴洛方音。《中原音韵》作为一部韵书,记载的语音形式正是戏曲用韵中的语音形式,自然也就是当时的"中原雅音"——汴洛音。

从中原官话历史上的地位来看,中原官话的核心地带——河南的汴洛地区,长期是中国政治、经济、文化的中心。汴洛方言长期是汉语的权威方言,也是宋元时期的标准语。元人孔齐在他的《至正直记》中说:"北方声音端正,谓之中原雅音,今汴、洛、中山等处是也。"[1]明确地指出:"中原雅音",就是元时洛阳、开封一带的方言。《中原音韵》音系能够代表的是"中原雅音"——元时官话方言的语音系统,是为大多数学者所同意的,作为"中原雅音"的代表方言,汴洛方言,自然也就是《中原音韵》的基础方言。

通过对现今中原官话与《中原音韵》语音形式的比较,结合近代戏曲起源于宋元汴京一带的历史事实,汴洛地区在中国历史上的地理与经济、政治、文化地位,以及汴洛方言在汉语历史上的特殊地位,我们认为,《中原音韵》的基础方言是宋元时期的汴洛音,即现代的中原官话。

---

〔1〕〔元〕孔齐.至正直记[M].粤雅堂丛书,一册:5.

第七章
语法音变及其形态特征

所谓语法音变，是词干发生音变后表示一定的语法意义。河南方言存在着比较丰富的语法音变现象，即有动词性变韵表示形态范畴的语法意义的音变，也有名词性的构词与构形音变。河南方言的语法音变主要表现为韵母音变的语法化现象，我们把这种语法音变叫作“变韵”。河南方言中的语法音变，主要有两种类型：动词变韵和名词变韵。

我们这里所讨论的动词变韵，不完全等同于学界的“D 变韵”，而是单指通过动词韵母发生音变来表示形态范畴的音变，去掉了本质上属于合音的地名变韵。名词变韵，最显著的是子尾变韵，学界又叫“Z 变韵”。子尾变韵是河南北部和中部方言的普遍特征，此外还有丰富的地名变韵。河南方言的地名变韵，与动词变韵性质不同，不应当归为一类；而地名变韵的韵尾变为-u/-o，与“子尾变韵”语音形式相同，因而我们把这两种音变共同归入“名词变韵”。本章没有沿用“D 变韵”“Z 变韵”的名称，而用动词变韵和名词变韵两大类，来概括河南方言的语法音变。

7.1 河南方言中的语法音变

一、动词变韵。河南方言的动词变韵主要出在河南中部和北部方言，如长葛与舞阳两地方言中的单音节动词变韵，与语法意义和语法关系密切相关。动词变韵可以表达时、体、方向和处所等语法意义。当单音节动词重叠时，单音节动词也会发生同样性质的变韵。同时，表达不同的时和体的动词变韵，受不同的条件制约。我们这里说的动词变韵与贺巍先生所说的“D变韵”不是完全对应的概念。贺巍在《获嘉方言研究》一文中所谈到的一些D变韵表示处所词和地名变韵方面，有些其实是合音现象。比如“一亩地 ti”/“书掉地 tiɛ 了”。后句发生所谓D音变的“地”其实是“地上”的合音形式，这种合音是河南方言的普遍特征。我们把这种变韵归入名词变韵当中，因为它和动词变韵表示形态范畴是完全不同的性质。我们这里讨论的河南方言的动词变韵专指单音节动词变韵表示“时”“体”等形态范畴的现象。

二、名词变韵。在谈到河南与山西境内的子尾变韵的时候，方言学界一般用的“Z变韵母”这个概念，这里的Z应该是“子”的意思，但不是专指子尾变韵。如贺巍在谈到获嘉方言的Z音变的时候，认为Z变韵母可以作量词。其实所谓的“Z变韵母作量词”的实质还是子尾音变现象。因为在河南方言中，“子”是一个非常能产的后缀形式，很多名词或量词后都可加“子”尾，如“一摞碗”在河南东部，中原官话区的商水方言中常说成“一摞子碗”，而在获嘉方言中，“摞”的韵母看似量词发生了音变，由 luɤ 变成 luo，其实是“摞子”中的“子”后缀导致的韵母变化。河南方言中很多地名音变也都收u尾，和子尾变韵性质相同。贺巍把地名音变归为D变韵母中，我们在这里把它归入名词变韵中去。开封方言中也有代词变韵的现象，也属于名词变韵的一种。子尾变韵只是名词变韵的一种，也是最主要的名词变韵形式。子尾变韵是河南北部方言的普遍特征，方言学界对这种现象的研究一般是解释为“合音”，但合音现象不能解释安阳及属于冀鲁官话的河南北部方言的 tə 变韵形式，直到河南东部的商丘方言的“子”，根据其前面词根的韵尾而有不同的变韵形式，也不能用“合音”现象解释。

应该怎样界定河南方言中这种语法音变的性质，是古代汉语某种语音形式的遗留还是在现代语言条件中触发的创新音变，还是语言接触的产物，需要更进一步的研究。如果是存古，就需要找出和上古音一脉相承的联系和证据；如果是竞争的结果，它们是在语言的借用过程中遗留下来的语音和语法层次，那么，产生这种层次的语言接触的实际状况是怎样的？如果是演化过程中的创新音变，触发这种音变的原因是什么？对其音变机制当作如何解释？对这些问题的回答，将对汉语语音史的研究，乃至亲属语言的比较研究，提供有价值的借鉴。

7.1.1　动词变韵

河南方言中的动词变韵主要发生在河南北部、中部和中南部。北部获嘉、济源等地的方言属于晋语，中部与中南部的方言属于中原官话。河南方言中的动词变韵从语音形式上来说，以北部最为丰富。可能是由于这些地区的方言有入声、有鼻化元音故而其韵母数量多，韵母形式更为丰富，也可能是因为这些地区的动词变韵处于更早的一个演变阶段。下面就手头所有的材料，考察舞阳、长葛、获嘉、济源等地的动词变韵的语音形式、语法意义、制约条件，从而来判断这种语法音变的性质。

7.1.1.1　动词变韵的语音形式

河南方言中的动词大多数可以通过韵母发生一定的变化来表示时、体、方向、处所、重叠、持续等语法意义(其声母和声调不变)。如获嘉、济源、长葛、舞阳等地。获嘉、济源位于河南省的北部、黄河以北，其中获嘉属于新乡地区。长葛位于河南省的中部，舞阳县位于河南省的中南部。长葛方言和舞阳方言都属于中原官话区的郑曹片。这些地方的方言中的动词变韵的变韵形式有同有异，其所表达的语法意义也有同有异。它们的共同特点是都可以表达完成体、已然时。

对同一个单音节动词而言，在相同的条件下，我们可以根据动词的韵母是否发生音变来判断该动作是否已经发生了，是已然还是未然。如：舞阳方言中，“包”本来的单字音是 paɔ，音变之后的韵母是 ɔ，它们分别表示不同的语法意义。

a.（包子）里头包(pɔ)红薯。（包着）

b.（包子）里头包(paɔ)红薯。（包）

在句 a 中，“包”的读音为 pɔ，发生了音变，意义相当于“包着”，表示动作已经完成，包了已经包好了，里边是红薯馅儿。句 b 中“包”的读音是没有发生的音变的原韵母，读为 paɔ，表示动作尚未进行，尚未完成，包子还没有包馅儿，里面将要包上红薯馅儿，动作处于未然时。

又如长葛方言中，“栽”的单字音是 tsai，变韵之后是 tsɛ。

c. 年时年(去年)我在这儿栽(tsɛ^{13})几棵树。

d. 年时年(去年)我在这儿栽(tsai^{13})了几棵树。

在句 c 中，由于句中有表示过去的时间词“年时年”，而句中没有表示完成体的助词“了”，动词“栽”必须变韵，读 tsɛ，否则句子不能说。句 b 中有表示完成义的助词“了”，则动词读本来音，不变韵。

舞阳方言的动词变韵所表示的语法意义比长葛方言中的动词变韵所表达的语法意义更为丰富，它不只表达完成和已然，还可以表达经历体、进行体、持续体，也可以表示方向和处所。表示方向和处所的时候，动词的变韵可以用于未然时。另外，舞阳方言的单音节动词重叠的时候，如果是处于完成体和已然时，也会发生变韵。

动词变韵有一定的条件限制，表达不同的语法意义所受的条件限制也不同。下面来看看长葛方言和舞阳方言中动词变韵的具体表现形式。

长葛方言和舞阳方言中，都只有单音节动词才发生变韵。两地方言动词变韵的语音形式有很多共同之处。两地方言的动词变韵都有 4 种音变形式，动词变韵之后，形成新的韵母系统，在原来的音系中增加出 10 个新的音变韵母。我们姑且称其为音变韵母。10 个音变韵母的主元音有 3 个，即：ə、ɛ、ɔ。虽然有这么多共同点，两地方言的音变形式的内部表现却存在差异。

1. 长葛方言有 43 个韵母。其中除 a、ia、ua、o、ə、uo、yo、ɛ、iɛ、uɛ、yɛ、ɚ 12 个韵母外，其他 31 个韵母逢动词都可以发生变韵，变韵之后形成新的韵母系统，剩下 3 个主元音 ə、ɛ、ɔ。变韵之后形成的韵母系统，有 4 种变韵，加上相应的齐齿呼、合口呼和撮口呼，共有 10 个韵母：ɿə、ʅə、ɛ、ɔ、iɛ、uɛ、yɛ、iɔ、uɔ、yɔ。

长葛方言的音变根据音变后的主元音，可以分为三类。这三类音变的主元音分别 ə、ɛ、ɔ，我们分别以 ə 变韵母、ɛ 变韵母、ɔ 变韵母称呼它们。

（1）ə 变

ɿ>ɿə

ʅ>ʅə

（2）ɛ 变

ai、əi、an、ən>ɛ

i、iai、ian、iən>iɛ

uai、uəi、uan、uən>uɛ

y、yan、yən>yɛ

（3）ɔ 变

au、əu、aŋ、əŋ、oŋ>ɔ

iau、iəu、iaŋ、iəŋ>iɔ

u、uaŋ、uoŋ>uɔ

yoŋ>yɔ

下面举例说明儿类音变的具体表现：

（1）ə 变韵母

ɿ>ɿə

撕几尺布 sɿ^{13}>sɿə^{13}

ʅ>ʅə

吃个馍 tʂ^{h}ʅ^{13}>tʂ^{h}ʅə^{13}

（2）ε 变

ai、ei、əi、ən、an>ε

买 mai^{55}>mε^{55}	买（mε^{55}）点儿菜
配 p^{h}ei^{21}>p^{h}ε^{21}	配（p^{h}ε^{21}）个螺丝
给 kəi^{13}>kε^{13}	给（kε^{13}）他点儿钱
搬 pan^{13}>pε^{13}	搬（pε^{13}）几块儿砖
分 fən^{13}>fε^{13}	分（fε^{13}）点儿粮食

i、iai、ian、iən>iε

洗 si^{55}>siε^{55}	洗（siε^{55}）个澡
戒 tɕiai^{21}>tɕiε^{21}	戒（tɕiε^{21}）一年烟
编 pian^{13}>piε^{13}	编（piε^{13}）两领席
寻 siən^{52}>siε^{52}	寻（siε^{52}）个媳妇儿

uai、uəi、uan、uən>uε

拽 tʂuai^{21}>tʂuε^{21}	拽（tʂuε^{21}）下衣裳
垒 luəi^{55}>luε^{55}	垒（luε^{55}）一堵墙
烩 xuəi^{21}>xuε^{21}	烩（xuε^{21}）一锅菜
端 tuan^{13}>tuε^{13}	端（tuε^{13}）碗饭
换 xuan^{21}>xuε^{21}	换（xuε^{21}）件儿衣裳
炖 tuən>tuε	炖（tuε）一锅肉

y、yan、yən>yε

捋 ly^{13}>lyε^{13}	捋（lyε^{13}）点儿树叶儿
镟 syan^{21}>syε^{21}	镟（syε^{21}）根锭子
淋 lyən^{21}>lyε^{21}	淋（lyε^{21}）一身湿

au、əu、aŋ、əŋ>ɔ

刨 pʰau^{21}>pʰɔ^{21}　　刨（pʰɔ^{21}）棵树

走 tsəu^{55}>tsɔ^{55}　　走（tsɔ^{55}）趟亲戚

帮 paŋ^{13}>pɔ^{13}　　帮（pɔ^{13}）两天忙

缝 fəŋ^{52}>fɔ^{52}　　缝（fɔ^{52}）两针

iau、iəu、iəŋ、iaŋ>iɔ

缲 tsʰiau^{21}>tsʰiɔ^{21}　　缲（tsʰiɔ^{21}）根带儿

修 siəu^{13}>siɔ^{13}　　修（siɔ^{13}）个水库

浆 tɕiaŋ^{21}>tɕiɔ^{21}　　浆（tɕiɔ^{21}）几尺布

请 tsʰiəŋ^{55}>tsʰiɔ^{55}　　请（tsʰiɔ^{55}）桌客

uoŋ、u>uɔ

送 suoŋ^{21}>suɔ^{21}　　送（suɔ^{21}）几个盘缠

做 tsu^{21}>tsuɔ^{21}　　做（tsuɔ^{21}）个菜柜

yoŋ>yɔ

用 yoŋ^{21}>yə^{21}　　用（yɔ^{21}）几天

2. 舞阳方言有 42 个韵母。有 13 个韵母的单音节动词不发生变韵，其中的 ɯ、ʅ、uɛ 三个韵母只在复合韵母中出现，不存在单音节的动词；有 10 个单音节动词的韵母也不发生变韵，但可以用原韵表示和变韵一样的语法意义；其他 29 个韵母的单音节动词都可以通过音变来表示特定的语法意义。舞阳方言动词变韵也是 4 种，加上相应的齐齿呼、合口呼和撮口呼也是 10 个韵母：ɔ、ɛ、ye、e、iɔ、uɔ、yɔ、iɛ、uɛ、yɛ。

（1）e 变

ɿ、ʅ>e

u、y>ye（因受声母韵母的影响，u、y 变韵有细微的区别）

（2）ɛ 变

ei、ən、ai、an>ɛ

i、ian、in>iɛ

uei、uən、uai、uan>uɛ

yn、yan>yɛ

（3）ɔ 变

aɔ、əu、aŋ、əŋ>ɔ

iaɔ、iəu、iaŋ、iəŋ>iɔ

uaɔ、uəu、uaŋ、uəŋ>uɔ

yŋ>yɔ

下面举例说明舞阳方言动词变韵的情况：

（1）e 变

ɿ>e

死：sɿ^{55}>se^{55}

表完成：他死（se^{55}）一年多了，你还不知道？

表经历：要不是他，我都死（se^{55}）几回了。

表处所：他死（se^{55}）沟里了。

ʅ>e

支：tʂʅ^{24}>tʂe^{24}

表完成：我支（tʂe^{24}）半天都没把车子支好。

表进行：院里支（tʂe^{24}）锅

表方向：把锅支（tʂe^{24}）当院，敞开烧。

（2）ε 变

ai、ei、ən、an>ε

带：tai^{31}>tε^{31}

表完成（了）：我带（tε^{31}）几斤苹果去他那儿。

表进行（着）：你话里带（tε^{31}）刺儿。

睡：ʂei^{31}>ʂε^{31}

表完成（了）：一觉睡（ʂε^{31}）十个钟头。

表进行（着）：床上睡（ʂε^{31}）仨人。

表经历（过）：人家睡（ʂε^{31}）几回高级宾馆。

表处所（在）：你就睡（ʂε^{31}）这儿吧。

认：ʐən^{31}>ʐε^{31}

表经历：他就认（ʂε^{31}）一回错。

表完成：一生下来，就给他认（ʂε^{31}）个干娘。

in、i、ian>iε

寻：sin^{53}>siε^{53}

表经历：她呀，寻(siε^{53})几回婆家，都没成。

表完成：我这是寻(siε^{53})人家的破衣裳穿着哩。

表方向(到)：那个妮寻(siε^{53})哪儿去了？寻北山了。

提：t^{h}i^{53}>t^{h}iε^{53}

表完成：他在会上提(t^{h}iε^{53})一大堆意见。

表进行：领导在会上提(t^{h}iε^{53})名表扬他。

表经历：——你提(t^{h}iε^{53})过他的事吗？

——就在会上提(t^{h}iε^{53})了一回。

表方向：先把东西提(t^{h}iε^{53})到我屋里。

编：pian^{55}>piε^{55}

表完成：他一上午就编(piε^{55})俩麦秸帽。

表经历：都帮你编(piε^{55})好几回了。

表方向：把他俩编(piε^{55})一班。

uai、uei、uən、uan>uε

揣：tʂ^{h}uai^{24}>tʂ^{h}uε^{24}

表完成：怀里揣(tʂ^{h}uε^{24})个东西。

表方向：你把温度计揣(tʂ^{h}uε^{24})哪里去了？

愧：k^{h}uei^{31}>k^{h}uε^{31}

表完成：就这件事，他心里愧(k^{h}uε^{31})半年。

表处所：谁知道他愧(k^{h}uε^{31})心里去了？

端：tuan^{24}>tuε^{24}

表完成：你端(tuε^{24})半天斗子了，歇会儿吧。

表进行：手里端(tuε^{24})碗

表经历：端(tuε^{24})两三回了，还端不好。

混：xuən^{31}>xuε^{31}

表完成：混(x^{h}uε^{31})三年，混(xuε^{31})个文凭。

表方向：香油混(xuε^{31})菜油里了。

yn、yan>yε

论：lyn^{24}>lyε^{24}

表完成：俩人论(lyε^{24})了一夜。

表经历：这事都论(lyε^{24})几遍了，还说哩。

表方向：刚才咱论(lyɛ^{24})哪儿去了，接着论吧。

选：syan^{55}＞syɛ^{55}

表完成：一共选(syɛ^{55})五个干部。

表经历：半年选(syɛ^{55})几回，老住选。

表方向：矿址选(syɛ^{55})山里了。

(3) ɔ变

aɔ、əu、aŋ、əŋ＞ɔ

包：paɔ^{24}＞pɔ^{24}

表完成：夜儿集上包(pɔ^{24})点儿萝卜种。

表进行：头上包(pɔ^{24})手巾。

表经历：(伤口)都包(pɔ^{24})三四回了，还不见好。

偷：t^{h}əu^{24}＞t^{h}ɔ^{24}

表完成：偷(t^{h}ɔ^{24})了一辆自行车。

表方向：你看他，偷(t^{h}ɔ^{24})亲戚门里了。

表经历：他偷(t^{h}ɔ^{24})几回了？

当：taŋ^{24}＞tɔ^{24}

表完成：当(tɔ^{24})二年干部，不认哩人啦。

表进行：那时候，他当(tɔ^{24})保长。(相当于："他当着保长。")

表经历：当(tɔ^{24})几任村长，还恁没肚量。

蹦：pəŋ^{31}＞pɔ^{31}

表完成：蹦(pɔ^{31})一会儿就不蹦了。

表经历：动不动蹦(pəŋ^{31})起来了，蹦(pɔ^{31})几伙了。

表方向：她蹦(pɔ^{31})大石头上骂了起来。

获嘉、新乡、济源方言都是有入声和鼻化韵的方言，这些地区的动词变韵语音形式共属一个类型，不同于河南中部和中东部的长葛和舞阳方言。下面以获嘉方言动词变韵的语音形式为例加以说明：

ɐ(＜ï)		uɤ(＜u)	
ɛ(＜ai　ei)	iɛ(＜i)	uɛ(＜uai　uei)	yɛ(＜y)
ɔ(＜au ou)	iɔ(＜iau iou)		
ã(＜an)	iã(＜ian)	uã(＜uan)	yã(＜yan)

ɛ̃(＜ən)	iɛ̃(＜in)	uɛ̃(＜un)	yɛ̃(＜yn)
ɔ̃(＜aŋ əŋ)	iɔ̃(＜iaŋ iŋ)	uɔ̃(＜uaŋ uŋ)	yɔ̃(＜yŋ)
ɐʔ(＜əʔ)	iɐʔ(＜iʔ)	uɐʔ(＜uʔ)	yɐʔ(＜yʔ)

从获嘉方言的动词变韵形式我们可以看出，获嘉方言动词发生变韵之后的韵母有 22 个，比长葛、舞阳方言多出 12 个。但这三个地方的变韵形式其实有很多相似性。获嘉方言的变韵后的韵母数量多出 12 个，其中有 12 个是鼻化韵母，有 4 个是入声韵母。它们变韵后的韵母的主元音和长葛、舞阳方言一样，也是 3 个，有 ɐ、ɛ、ɔ，都是半高或半低元音。河南方言中的动词变韵的"韵变韵母"主元音都是半高或半低元音，是它们语音形式上的共同特征。

长葛、舞阳两地的动词变韵后的"韵变韵母"数量减少，是由于发主变韵的时候鼻音韵尾比获嘉方言的鼻音韵母更进一步弱化，完全变成了阴声韵尾，而获嘉方言的鼻音韵尾只弱化为鼻化元音。另外，获嘉是有入声的方言，其动词变韵之后，入声韵尾没有消失，只有主元音改变。我们可以判断，河南方言中的动词变韵有一个共同的来源，而现在正逐步消退，长葛、舞阳方言的动词变韵形式是获嘉、新乡、济源等地的动词变韵衰退的方向。这个衰退的速度由北向南逐渐增加。

潘悟云先生认为可能是由于它们有一个共同的表示"时、体"范畴的语音形式，这个语音形式逐渐弱化，与前字音节发生合音而形成的这种看似内部屈折的语法变韵。从河南方言中动词变韵形式从北到南鼻音韵尾的弱化程度，到"韵变韵母"数量的逐渐减少来看，这种解释有一定的道理。〔1〕

7.1.1.2　动词变韵所表达的形态范畴

河南方言的动词变韵表示的语法意义在各个方言中多寡不一。长葛方言中的动词变韵只表示完成和已然。获嘉方言的动词变韵，除了可以表示完成体、已然时外，在连动中句，动词韵母发生音变，还表示方式或已然；不发生音变，则表示目的或未然。如："他牵马来了。"动词"牵"如果用原韵母 tɕʰian˧，表示"他来牵马"的意思；如果用音变韵母 tɕʰiɛ˧，表示"他牵着马来的"。前者是目的和未然时，后者是方式、完成体、已然时。

新乡方言与舞阳方言表示的语法意义比较接近，且也是最为丰富的。

---

〔1〕 此处所引潘悟云先生的观点，是其在笔者博士论文预答辩时向笔者所提建议。

1.新乡方言动词变韵的语法功能

(1) 表示动作或状态的持续，相当于动词后加“着”。

开(k^{h}ε^{33})门儿

睁(tsõ^{33})眼

骑(tɕ^{h}iε^{31})车儿

(2) 表示动作或变化已完成，相当于动词后加“了”。

栽(tsε^{33})几棵树

漫(mã$^{213-21}$)一地水

(3) 表示动作刚结束，有短时义，相当于重叠动词中间加“了”，“V 了 V”结构。

钢(kõ$^{213-21}$ kõ$^{213-21}$)刀(tao^{31})

(4) 表示添加于某处，相当于动词后面加“上”。

披(p^{h}ε^{33})衣裳

穿(ts^{h}uã^{33})鞋

(5) 表示动作的到达的处所，相当于动词后加“到”。

车翻(fã^{33})路沟里了

把驴拴(suã^{33})树上

舞阳方言的动词变韵所表示的语法变韵可以表示完成体和已然时，还可以表达经历体、进行体、持续体，也可以表示方向和处所。表示方向和处所的时候，动词的变韵可以表示未然时。另外，舞阳方言的单音节动词重叠的时候，如果是处于完成体和已然时，也会发生变韵。

2.舞阳方言中的动词重叠音变

舞阳方言的单音节动词在动词重叠时也会发生音变，相当于“V 了 V”。这些叠音动词音变后所表示的语法意义同未重叠时意义一致。如：

找找 tʂaɔ tʂaɔ→tʂɔ tʂɔ	我又去找找，也没找着。
张张 tʂaŋ tʂaŋ→tʂɔ tʂɔ	他张张嘴，也没说出话来。
捅捅 t^{h}uŋ t^{h}uŋ→t^{h}ɔ t^{h}ɔ	我捅捅他，不让他往下说了。
拍拍 p^{h}ai p^{h}ai→p^{h}ε p^{h}ε	他拍拍身上的土，走了。
看看 k^{h}an k^{h}an→k^{h}ε k^{h}ε	就我去看看他。
煺煺 t^{h}ei t^{h}ei→t^{h}ε t^{h}ε	我叫$_{\text{把}}$鸡子煺煺。
掀掀 ɕian ɕian→ɕiε ɕiε	我就轻轻掀掀他的被子。

晾晾 liaŋ liaŋ→liɔ liɔ　　　　赖好$_{\text{随便}}$晾晾，可就干了。

敲敲 tɕʰiaɔ tɕʰiaɔ→tɕʰiɔ tɕʰiɔ　　敲敲门也没人答应。

这些动词重叠变韵表示的是短暂义与尝试义，同时，表示动作处于已然时和完成体中，未然时中的动词不发生重叠变韵。

舞阳方言的动词，发生变韵与不发生变韵分别所表示的语法意义比较如下：

完成体：

送（suɔ^{31}）他两瓶酒。（已然时，酒已送过）

送（suŋ^{31}）他两瓶酒。（未然时，酒尚未送）

进行体：

河里冲（tʂʰuɔ^{24}）个倭瓜。（已然时，倭瓜正在河里冲着）

河里冲（tʂʰuŋ^{24}）个倭瓜。（未然时，仅表示要冲走或冲去之意）

经历体：

这地犁（liɛ^{53}）两遍，还恁硬。（已然时，地已经犁过两遍了）

这地犁（li^{53}）两遍，才能下种。（未然时，地还没犁或还没有犁够两遍）

方向或处所：

a. 明儿你把我领（liɔ^{55}）你们厂参观参观。（未然时，事情还没有发生）

b. 你把我领（liɔ^{55}）这儿算咋说哩。（已然时，事情已经发生，已经“领”到这儿）

表“完成、经历、进行”体的语法意义时，动词变韵只能发生在已然时的，不能表示未然时；表处所与方向的时候，动词变韵既可以用在表示已然时的句子中，又可以用在表示未然时的句子中。如例句“领”都发生了变韵，由原韵母“liŋ^{55}”变为“liɔ^{55}”。因为表示动作方向与处所的时候，动作与“时、体”无关。

3. 河南各地方言动词变韵的共同特点

首先，变韵的动词都只限于单音节动词。就时和体而言，两地方言的动词变韵都可以表达完成和已然，并且受同样的音变条件的制约。

其次，动词变韵都可以和表示相应的语法意义的助词换用。长葛方言中动词变韵与表示完成意义的“了”同时存在，两者可以换用。同长葛方言一样，舞阳方言的动词变韵表示完成、进行和经历体与表示相应的语法意义的“着、了、过、到（在）”也是同时存在，有时可以换用。

第三，动词变韵与用相应的助词，都有语体的差异。如长葛方言中“了”表完成义，更加郑重，用动词变韵表完成，比较口语化。舞阳方言中用“着、了、过、到(在)”表示相应的进行体、完成体、经历体和方向，有强调的意义，用动词变韵则比较口语化。

第四，动词变韵所受条件制约相同。长葛方言和舞阳方言中的动词变韵，都可以在肯定性的陈述句、疑问句和感叹句中出现。动词变韵，如果发生在陈述句中，因本身含有完成意义，动词后不能再加时态助词“了”。陈述句中动词不变韵的，如果该句有完成义则必须用“了”。如上例长葛方言中“年时年我栽tsai了几棵树”，动词“栽”不变韵，读tsai，则句中必用助词“了”，来表完成义。下表是动词变韵所表示的语法意义的异同。

表7.1　各方言点动词变韵所表示的语法意义的异同

语法意义 / 方言点	语体	体				时				
						已然				
	口语	持续	完成	进行	经历		重叠(短时)	未然	方向	处所
舞阳	+	+	+	+	+	+	+	+	−	+
长葛	+	−	+	−	−	+			−	−
新乡		+	+			+	+	+	−	+
济源			+			+			+	
获嘉			+			+		+	+	

注：a. 表示三种体和方向、处所四种语法类型在语音上没有区别，过去时与现在时在语音上亦无区别；

b. 音变一般只出现在表已然时中，不出现在表未然时，但有例外。如舞阳方言中“带”，单字音是tai，变韵后的读音是tɛ，可以出现于将来时，如：

明儿你把小孩也带(tɛ)来。

把这些东西都带(tɛ)去吧。

从上表可以看出，表“完成体”与“已然时”是所有河南方言动词变韵共同的语法特征。

7.1.1.3　动词变韵的条件限制和出现环境

河南方言中这种表达语法意义的单音节动词变韵，受条件的制约，并非只要出现相应的语法意义，就可以毫无例外地发生音变。这些制约的条件有句法上的制约，有词汇意义上的制约，也有语义的制约。表达不同的语法意义，所受的制约条件也不同。

一、句型制约

A. 表完成体、经历体、进行体的音变只能出现在表肯定的陈述句、疑问句、感叹句中，一般不出现在表否定的陈述句、疑问句、感叹句中，不能出现在祈使句中。如：

a_1表肯定的陈述句：上午就变（piɛ）颜色了。

（动词"变"变韵：pian→piɛ）

a_2表否定的陈述句：上午还没变（pian）颜色哩。

（动词"变"不变韵，读本来音 pian）

b_1表肯定的疑问句：你帮（pɔ）他几回？

（动词"帮"变韵：paŋ→pɔ）

b_2表否定的疑问句：那当时你就没帮（paŋ）他一把？

（动词"帮"不变韵，读本来音 paŋ）

c_1表肯定的感叹句：人家出门还带（tɛ）夫人！

（动词"带"发生音变：tai→tɛ）

c_2他多不会请（ts^{h}iŋ）客！净请（ts^{h}iɔ）些不相干的人！

c 的两个句子，前句是表否定的感叹句，动词"请"不发生音变，读本来音 ts^{h}iŋ；后句是肯定的感叹句，"请"读变韵后的音 ts^{h}iɔ。

d_1表否定的祈使句：别抽（tʂ^{h}əu）了！

（动词"抽"不变韵，读本来音 tʂ^{h}əu）

d_2表肯定的祈使句：你去把他给我叫（tɕiaɔ）回来。

（动词"叫"不变韵，读本来音 tɕiaɔ）

这种句型的制约也是和变韵所表示的语法意义联系在一起的。单音节动词的三种体都只表示已然时，不表示未然时。表否定陈述句、疑问句、感叹句中的动作显现的是没有发生或出现过的动作，祈使句中的动作也是尚未发生或出现过的，都是未然时，故不发生音变。

B. 表示动作的方向或处所的音变，由于它与动词的体、时没有关系，故它既可以出现在肯定句中，也可以出现在否定句中，还可以出现在祈使句中。如：

a. 肯定句：他把户口办上海了。（动词"办"变韵：pan→pɛ）

b. 否定句：他没能把户口办上海去。（动词"办"变韵：pan→pɛ）

c. 表肯定的祈使句：你把电灯安这屋里。（动词"安"变韵：an→ɛ）

d. 表否定的祈使句：不能罪名都安他身上。（动词"安"变韵：an→ɛ）

总结如下表：

表 7.2 动词变韵的句型制约

句型 / 语法意义	肯定句（陈述、感叹、疑问）	否定句（陈述、感叹、疑问）	祈使句
完成体	+	—	—
经历体	+	—	—
进行体	+	+	—
方向、处所	+	+	+

二、句子成分制约

1. *表完成体的动词，变韵与否受其后宾语或补语的制约*

A. v＋数量词＋〈名词宾语〉（"〈〉"表示可以省略）

在表达完成体意义的句子中，动词变韵的话，数量词不可缺，没有数量词在完成体中就不发生音变。如：

a_1来（lai）人了。（表完成、已然，无数量词，动词"来"不变韵）

a_2来（lɛ）几个人。（表完成、已然，等于"来了几个人"，有数量词，动词变韵）

b_1分（fən）地了。（表完成、已然，无数量词，动词不变韵）

b_2分（fɛ）二亩地。（表完成，等于"分了二亩地"，有数量词，动词变韵）

舞阳方言的动词变韵既可以表达完成体，也可以表达进行体、经历体和持续体。如果句子中没有数量词而发生了音变，则这种音变不表示完成体的语法意义，如，"穿"在"穿（tʂʰuɛ）袜子"一句中，发生音变（tʂʰuan→tʂʰuɛ），这个句子表达的是"穿着袜子"而不是"穿了袜子"，即表达经历体而不是完成体。

长葛方言中的动词变韵只表示完成体，所以所有发生音变的句子中都有数量词。如果数词为"一"，则数词可以省略，只有量词。如：

买 mai　　买点儿菜 mɛ　tiɛr　tsʰai

抬 tʰai　　抬筐土 tʰɛ　kʰuaŋ　tʰu

栽 tsai　　　　栽棵树 tsɛ　kʰuo　ʂu

不能加数量词的动词短语，在表达完成体句子中动词不能发生音变，只能用相应的助词来表示语法意义。如“摆架子、说长嘴、丢脸面”等短语中的动词都不能在表完成意义的句子中发生音变。

B. v＋数词＋动量词＋〈名词宾语〉

在这种结构里，常见的动量词有：下、趟、次、遍、顿、通、气、伙等。如：

a. 敲(tɕʰiɔ)三遍铃了。(动词“敲”变韵：tɕʰiaɔ→tɕʰiɔ)

b. 吃(tʂʰe)一气。(“吃”变韵：tʂʰʅ→tʂʰe)

如果其后的名词宾语是地点名词，如果是表方向和处所，则不受这一限制，即便表达的也是完成体和已然时，数词和动量词也可以省略。(如：动词“去”tɕʰy→tɕʰye)

c_1. 去(tɕʰye)两趟上海了。(表完成，相当于“去了两趟上海了”)

c_2. 去(tɕʰye)上海了。(表处所，虽然也有已然和完成义，但可不用数词和动量词)

C. v＋数词＋时量词＋〈名词宾语〉

这种结构中的动词变韵，可以表示动作的完成，也可以表示动作的持续。如果表达的是动作的持续，仅表示动作持续的时间，不表示动作结束后所经历的那段时间。常见的时量词有：会儿、阵儿、天、年、星期、月等。如：

表完成：a. 看(kʰɛ)半天戏。(看：kʰan→kʰɛ)

　　　　b. 哭(kʰye)一阵子。(哭：kʰu→kʰye)

　　　　c. 害(xɛ)一星期病。(害：xai→xɛ)

表持续：d. 这本书我看(kʰɛ)一年了，还没看完。

　　　　e. 这场戏我已经看(kʰan)了一年了，还记得很清楚。

句 d 是表示动词“看”持续了一年，动作还在持续。“一年”是动作已经的时间。动词“看”变韵。句 e 表示动作结束后，时间持续了一年。动词“看”不变韵。

2. 表进行体的动词受动词词汇意义的制约

单音节动词变韵表进行体，只限于持续动词。瞬间动词不可变韵表动作进行。这类持续动词常见的有：站、跪、包、摆、腌、装、捆、铺、盖、戴、堆、存、缝、糊、塞、晾、放、举等。

该类音变的特点是：主语是表处所或人的名词，或代词，谓语是对主语现存状态、状况、情形的描述、说明、解释等。如：

A. 主语是处所名词，表存在。这一类的句子一般都是存现句，表示某地有某人或某物，或是对某地的状态进行描述。

a. 校图书馆藏（ts^{h}ɔ）好些名画。（藏：ts^{h}aŋ→ts^{h}）

b. 门外站（tʂɛ）个人。（tʂan→tʂɛ）

c. 衣裳上缝（fɔ）个大布袋。（fəŋ→fɔ）

d. 屋里铺（p^{h}ye）地毯。（p^{h}u→p^{h}ye）

B. 主语是人，表示说明和描述。

老王现在开（k^{h}ɛ）大商场，使（ʂe）保姆，出门还带（tɛ）保镖，指头上还戴（tɛ）个大金攻戒指。（开：k^{h}ai→k^{h}ɛ；使：ʂʅ→ʂe；带：tai→tɛ；戴：tai→tɛ）

他还在大树底下跪（kyɛ）哩。（跪：kui→kyɛ）

他还搁(在)那儿锄（tʂ^{h}ye）地哩。（锄：tʂ^{h}u→tʂ^{h}ye）

舞阳方言中，当句子侧重于表达谓语对主语的状态进行描述和说明时，常用单音节动词变韵的形式来表达；侧重于表示动作进行时，常用时间副词“正”或动态助词“着”来表示，“正”和“着”不能同现，只能任取其一。如：

a. 他正捆（k^{h}un）被子。

b. 他捆（k^{h}un）着被子，看着电视。

句 a 和句 b 语义上侧重表达“捆”的动作正在进行，动词“捆”不发生音变，而用“正”和“着”来表现这一语义。用音变表示的进行体，语义上侧重的是谓语对主语状态的描述。如上文所提到的两种类型。

另外要说明的是，舞阳方言中的进行体不同于普通话。普通话中的时间副词和动态助词可以在句中同现，如“他正在捆着被子”，舞阳方言则不能。

3. 表经历体的动词变韵也受补语的制约

表示经历体的单音节动词变韵，后必须有数词加动量词充当补语，宾语则可有可无。常见的动量词有：回、遍、趟、次、顿、坳等。如：

我嚷（ʂɔ）他两岸回，才改过来。（嚷：ʂaŋ→ʂɔ）

我去（tɕ^{h}ye）十趟了，还没办成事。（去：tɕ^{h}y→tɕ^{h}ye）

就胜（ʂɔ）人家一场，就恁神气。（胜：ʂaŋ→ʂɔ）

为这挨（ɛ）几顿打了，老不改。（挨：ai→ɛ）

就这事吹（tʂ^{h}uɛ）几伙了。（吹：tʂ^{h}uei→tʂ^{h}uɛ）

另外，临时借用为量词的名词或动词，也可以做这类动词的补语。如：

那场病害得我死(se)几死儿。(死：sɿ→se)

我就卖(mɛ)一秤就不再卖了。(卖：mai→mɛ)

除以上两种情况，其结构中的句子，即使单音节动词已然时的经历态，也不发生这种音变，要用“过”来表示相应的语法意义，“过”不能省略。如：

我也费(fi)过劲，可是效果不大。

去年降(tɕiaŋ)过大冰雹。

我吃(tʂʰʅ)过食堂。

4. 表方向与处所的动词变韵与否受补语和语义的制约

表方向和处所的单音节动词变韵，其后的动词需带地点补语，语义上不侧重于动作发生的地点。如果语义上着重说明这个地点补语，则需用“到、在”加以强调。如：

(祈使句，未然)　别把人逼(piɛ)绝路上。(逼：pi→piɛ)

把信揣(tʂʰuɛ)怀里吧。(揣：tʂʰuai→tʂʰuɛ)

先把东西提(tʰɛ)到我屋里。(提：tʰi→tʰiɛ)

(陈述句，已然)　他家搬(pɛ)石家庄了。(搬：pan→pɛ)

作补语的除地点名词外，还可以是表地点的指示代词，如“这儿”“那儿”，疑问代词如“哪儿”“啥(地方)”等。

就埋(mɛ)那儿吧。(埋：mai→mɛ)

把牛拴(ʂuɛ)这儿中不中？(拴：ʂuan→ʂuɛ)

她寻(siε)$_{走来}$啥庄了？(寻：sin→siɛ)

不知顺手塞(sɛ)哪儿了？(塞：sai→sɛ)

如果单音节动词后是时间补语，动词不发生音变，动词后加“到”，“到”不能缺省。

夜儿黑$_{昨晚}$看戏看(kʰan)到下两点。

选(syan)到腊月才选出来。

三、受语言环境的影响

由于动词音变的三种体都表已然时，不表未然时，因此，语言环境对音变有一定影响。当说话人之间知道动作已经发生、完成或可能已经发生过，就用动词的变韵形式，反之，不用动词变韵形式。比如，当丈夫知道妻子来给他送饭，会问：“饭送(suɔ)来了没有？”动词变韵；如果他不知道妻子是来送饭的，会问："饭送(suŋ)来了没有？"动词不变韵。语境的影响是在于判断是否已然，然后决定是用变韵还是非变韵。

7.1.2 名词变韵

名词变韵主要发生在河南北部和中部方言中。北部的方言在方言分区上属于晋语，如新乡、长垣、获嘉等；中部和中北部的方言属于中原官话，如郑开片，除清丰、内黄少数地方外，大都有子尾变韵。河南方言的名词变韵表现为凡带"子"尾的名词，都是以加-u/-o尾的形式表示，同时也有量词、代词的变韵和地名变韵。贺巍把它称之为Z音变，这里的Z应该是"子"的意思，贺巍的Z音变是对动词变韵(贺巍称之为D音变)之外的名词性词语的变韵的统称，而不是专指子尾变韵。我们在这里称之为名词变韵。名词变韵中最显著的是子尾变韵。子尾变韵是河南北部和中部方言的普遍特征，中部方言属于中原官话，北部方言属于晋语。山西境内的晋语方言中也有同样性质的音变。但山西晋语的子尾变韵的表现形式与衰变过程不同于河南方言的子尾变韵。

北京话轻声的"-子"在山西和河南一带的晋语和中原官话区，大致有两类读音：一类是-ə-类读音，特点是韵母元音央化，主要分布在山西境内的晋语区，"-子"一般保持独立、自成音节；另一类是-o/-u类，特点是韵尾为后圆唇元音，主要分布在晋语和中原官话的交汇区，也就是河南北部方言与靠南的中部中原官话区的方言，"-子"一般失去独立音节地位合入前字音节。

山西南部晋语区的"-子"尾读音有多种，子尾变韵可能正是在这样的子尾读音条件下产生的。根据王洪君先生研究，它们有·tsɿ、·tsəʔ、·tsə、·zəʔ、·zə、·təʔ、·tə、·ləʔ、·lə、·əʔ、·ə等多种形式，形成了声母从塞擦音到塞音或擦音到流音再到零声母，韵母趋央的完整的弱化链。这一系列的最后环节可追踪到原平方言的·ə，零声母只占一个时间格……后缀弱化到这个阶段，就开始与前字音节合为一个若即若离的长音节的现象，前字辅音性的塞尾脱落，鼻尾传到后缀的时间格上，如原平方言。(王洪君，1999)

子尾的进一步演变是子变韵，其形式也很丰富，但主要特征是后圆(-o/-u)，如河南辉县、淇县、获嘉、浚县、滑县、延津、原阳、济源、温县、长垣、新乡、开封、郑州、舞阳等豫北甚至豫中方言；山西闻喜、运城(三路里)、阳城等晋南方言。

如果"子尾变韵"真的是和北京话中的后缀"-子"一样的"-子"尾与前字韵

母相互影响(且暂时不管是一种什么情况的相互影响),从音变机制上来说,这种音变现象是很难解释的。

一般认为,两类读音形式的产生,都是轻声不断作用的结果,子尾读音由强到弱,由弱到“化”入前字音节,形成变韵,体现了连续的进程。如果说“子”尾音变是一种合音现象的话,“子”这样一个中古属精组止摄开口三等、上古属精母之部韵的字,其语音形式是舌尖元音,怎么可能转化为[－前][＋高][＋圆]的-o/-u这样的元音呢?王洪君也用合音来解释这种音变现象,但认为是与一种“语音形式为u的后缀”的合音,这样就等于否认了河南方言中的这种名词后缀是“子”。那么,这个语音形式为“u”的后缀又是什么呢?有些方言的小称音变也是用同样的-u/-o尾来表示。如:霍州的“小称变韵”。[1]

斜扛前表示一般物体,用基本韵母,斜扛后表示较小物体,是变韵后的小称韵母:

盆 p^hei^{35}/p^hu^{35}	葱 $ts^huəŋ^{11}/ts^hu^{11}$	伞 $saŋ^{33}/sa^{33}$
门 $məŋ^{35}/mu^{35}$	蜂 $fəŋ^{11}/fu^{11}$	鞍 $ŋaŋ^{11}/ŋa^{11}$
桶 $t^huəŋ^{33}/t^hu^{33}$	篮 $laŋ^{35}/la^{35}$	碗 $uaŋ^{33}/ua^{33}$

霍州方言的小称音变阳声韵变u尾,如果可以解释为是与“儿”的合音化,为什么“儿”这种与u这两种完全不同的语音形式与前字音节发生合音时会有完全相同的结果呢?

另外,河南方言中同时存在着与子尾变韵性质接近的地名变韵,一些字在地名中韵母会发生变化,韵尾变为-u/-o,这种与“子尾变韵”同样语音形式的韵尾又如何解释呢?地名中是不可能也有这种语音形式为-u的后缀的。

也有人试图用上古韵部“之幽”通押的现象,来寻找这种变韵现象的音变原理(陈卫恒,2004),但也只是提供了一种可能,并没有确定的解释,并且,这种解释,是以假定这个后缀一定是“-子”为前提的。

总之,河南方言中的名词变韵与动词变韵一样,性质复杂,有待更多的材料和更深入的研究。

7.1.2.1　河南方言中子尾变韵的语音形式

河南方言中的子尾变韵指的是名词单字音与带相当于普通话的“子”后缀

[1] 田希诚:《霍州方言的小称变韵》,《山西大学学报》1992年第1期。

时的读音形式不同，如获嘉话的单字“鸡”读[tɕi^{33}]，但“鸡子”读[tɕiou^{33}]；“筷”单念是[k^{h}uai^{13}]，而筷子则读[k^{h}yo^{13}]。单字声调不变，但韵母发生了变化，特别是合入了-o/-u 这样的韵尾成分。“柿子[ʂou^{13}]、梯子、鸡子、沙子、鸭子、刷子、桌子、骡子、脖子、茄子、碟子、瘸子、筷子”等。子尾 u 化的韵母有条件限制。如开封只有 13 个韵母 ɿ、ʅ、i、a、ia、ua、ɤ、uɤ、iɛ、yɛ、ai、uai、ei，能有 u 化韵。其他方言点能 u 化的韵母多少不等，但也大都在此范围之内。

河南方言中的“子尾变韵”应该是后缀“子”与前字韵母相互影响发生的韵母的音变现象。说它是“子尾”，可以从河南其他无子变韵的方言得到证明。子尾变韵主要发生在河南的北部与中部，在更往南的地区就没有子变韵。但是，南部与东部河南方言中的“子”尾与河南北部子尾变韵的语法意义完全相同。如新乡方言中的子尾变韵有语法意义：(1) 名词标志，与普通话中的“子”尾相同。如：孩 xio^{31} | 梯 tiu^{33} | 脚腿 tɕiõ^{54} | 绑腿带 tio^{31}。(2) 表示感情色彩，轻微的厌恶意义。如：婆子 po^{31} | 后茅子 mo^{31} | 坷垃垡子 fo^{31}。在东部的商水方言中，“子”尾常常也带有感情色彩，表示厌恶与轻蔑，如“近视眼儿”，是指一般的近视的人，“近视眼子”，则带有讨厌与轻蔑的意思。“老婆子”，带有“可恶”的感情色彩。下面是河南各地方言的子尾变韵的语音形式。

1. 济源方言的名词变韵特征

济源有 81 个韵母，有 44 个基本韵母，21 个儿化韵母，名词变韵韵母(Z 变韵母)16 个。44 个基本韵母中，有 8 个韵母没有名词变韵形式。这 8 个韵母是：ɥ、u、iəu、əŋ、iŋ、yŋ、əʔ、uʔ。名词变韵与基本韵母的关系如下：

əu<l̩			
ïəu<ï	iːu<i əi uə iʔ		
ɔ<a ə au aʔ	iɔ<ia iə ai iau iaʔ	uɔ<ua uə uaʔ	yɔ<yə uai yaʔ
ã<an	iã<ian	uã<uan	yã<yan
ɔ̃<aŋ	iɔ̃<iaŋ	uɔ̃<uaŋ	
	iːŋ<ən in		yːŋ<y un yn uŋ yʔ

济源方言的子尾变韵除 l̩ 变 əu，ï 变 ïəu，韵母和基本韵母 əu 相同外，其他各韵音变之后韵母的主元音变为[iː- yː- ɔ ɔ̃ ã]5 个。l̩ 韵母音变形式是 əu，l̩ 变成了声母。只有“侄儿 tʂəʔ˧ ləu˩˨”一个例子。

2. 河南长垣方言子变韵与单字韵对应表

əːo<ɿ ʅ ə	iəːo<i ie ei ae	uəːo/ɥəːo<uə uei/ɥ	yəːo<y ye yə ue

aːo<a au　ia:o<ia iau　ua:o<ua
ɛːo<ɛ ae　uɛːo/ɥɛːo<uae ue/ɥe
aːe<ae　iaːe<iae　uaːe<uae　yaːe<yae
aːŋ<aŋ　iaːŋ<iaŋ　uaːŋ<uaŋ

10 个基本韵母 u、ou、iou、əŋ、iŋ、uŋ、iuŋ、ɚ、uɛ、iei 没有名词变韵。后 3 个韵母是由于辖字较少而没有需要子变韵的名词词根，前 7 个则是子变韵与单字韵母同形。单字韵母 ei、uei、ae、uae 分别对应两到 3 个子变韵，这是由于这些韵母原来有两到三层不同的文白形式。

长垣子变韵仍都是 5 个时间格的长音，大多数的第 5 个时间格保持了[+圆][+后]特征。但在以下几个方面合音有了新的进展：(1) 调型不再有变化，只是单字调型的简单延长。(2) 前字韵尾与子变后缀音形相同或相近的 u、ou、iou、əŋ、iŋ、uŋ、iuŋ 不再有子变形式。(3) 后缀音形影响到前字韵腹的语音特征开始融合：韵腹位置上舌尖元音、高元音、中高元音的对立消失，造成 ɿ、ʅ、ə/i、ie/uə、uei/y、ye、yə 的子变韵合流。[1]。(4)第 5 时间格的后缀特征与第 4 时间格前字韵尾如果高度相同，则在前后、圆唇特征上被同化。即，ae 韵后的第 5 时间格不再保持后圆的 o，而与第 4 时间格同化为前展的 e。(王洪君，1999)

3. 开封方言的子尾变韵表现为 u 化韵

u 化韵起标志名词的语法作用，其功能相当于北京话里的后缀“子”。能 u 化的韵母有 13 个：ɿ、ʅ、i、a、ia、ua、ɤ、uɤ、iɛ、yɛ、ai、uai、ei。

ou<ɿ　尺子 tʂʰou˧˩˧|柿子 ʂou˧˩|狮子　虱子 ʂou˧˩˧

iou<i　梯子 tʰiou˧˩˧|鼻子 piou˨˦|箅子 piou˧˩|蹄子 tʰiou˨˦|李子 liou˥|椅子 iou˥|鸡子 tɕiou˧˩˧|虮子 tɕiou˥

au<a　叉子 tʂʰau˧˩˧|沙子 ʂau˧˩˧|渣子 tʂau˧˩˧|一沓子 i˧˩˧ tau˨˦|尖把子 tsian˧˩˧ pau˧˩

iau<ia　瞎子 ɕiau˧˩˧|鸭子 iau˧˩˧|夹子 tɕiau˧˩˧|匣子 ɕiau˨˦|一下子 i˨˦ ɕiau˧˩

uau<ua　刷子 ʂuau˧˩˧|袜子 uau˧˩˧

au<ɤ　鸽子 kau˧˩˧|沫子 mau˧˩˧

uau<uɤ　桌子 tʂuau˧˩˧|镯子 tʂuau˨˦|骡子 luau˨˦|戳子 tʂʰuau˧˩˧|一撮子

〔1〕 ae 韵子变入 iəːo 和 uei 韵子变入 yəːo 则与合音紧密相关。

tsuau˥｜果子点心 kuau˥｜豁子 xuau˨˦｜婆子 pʰuau˦˨｜脖子 puau˦˨

iau<iɛ　茄子 tɕʰiau˦˨｜叶子 iau˨˦｜蝎子 ɕiau˨˦｜左撇子 pʰiau˨˦｜碟子 tiau˦˨｜镊子 niau˨˦｜疖子 tsiau˨˦

yau<yɛ　月子 yau˨˦｜尥蹶子 liau˧˩˨ tɕyau˦˨｜瘸子 tɕʰyau˦˨｜黑雀子痣 xiɛ˨˦ tɕʰiau˨˦

au<ai　筛子 ʂau˨˦｜色子骰子 ʂau˨˦

iau<uai　筷子 kʰiau˧˩˨

iou<ei　一辈子 i˦˨ piou˧˩˨｜痱子 fiou˧˩˨｜妹子 miou˧˩˨

子变韵后的韵母主元音为两个：a 与 o。韵尾都是 u。

au<a ai ɤ　iau<ia ai uai　uau<ua uɤ

ou<ʅ　iou<i　ei

开封方言的鼻音韵母不能 u 化。这类韵的子缀名词在开封话中一般不加子尾。例如：铲（子）tʂʰan｜剪（子）tsian 等。新乡方言子尾变韵不同于开封方言。开封方言的子尾变韵是主元音之后加 u 尾。新乡方言子尾变韵之后主元音变成-u 与-o，没有韵尾。如：孩子 xio³¹｜梯子 tʰiu⁵⁴｜带子 tio²¹³⁻³¹｜腿子 tɕiõ⁵⁴。

4. 关于郑州方言

郑州方言有 42 个基本韵母，可以发生子尾变韵的韵母有 23 个韵母，子尾变韵后的韵母有 8 个。变韵后韵母系统中多出 4 个韵母 uou、you、uau、yau。Z 变韵母与基本韵母的关系如下：

ou<ɿʅ ou　iou<i ei iou

uou<u　you<y uei

au<a o ɤʅɛ au　iau<ia iɛ ai iau　uau<ua uo　yau<yo yɛ uai

如：ɿʅ>ou　菜子子 tsou｜树枝子 tʂou

uy>ou　鸡嗉子 suou｜驴驹子 tɕyou

i ei>iou　小妮子 niou｜砖坯子 pʰiou

uei>you　柜子 tɕyou

a ia ua>u　鞋拔子 pau｜豆芽子 iau｜鸡爪子 tʂuau

o uo yo>au iau yau 鸡脖子 pau｜骡子 luau｜豆角子 tɕyau

iɛ yɛ>iau yau 紫茄子 tɕiau｜茓子 syau

ɤʅɛ>au 菜盒子 xau｜存折子 tʂau

ai uai>iau uau 稻稗子 piau｜筷子 tɕʰyau

ou、iou、au、iau几个韵母本身都是u尾,因前字韵尾与后缀音形相同或相近而不变韵,或者说是音变韵母与基本韵母同形。如:绸子 $tʂ^h$ou|瘤子 liou|帽子 mau|小子 siau。

郑州作为河南的省会,普通话的普及程度比较高。故郑州方言受普通话影响较大,郑州方言的文白异读比较多,很多中原官话的语音特点与普通话的语音同时存在。郑州话的子尾变韵也受到普通话的影响,正处于消失的过程中。郑州老派和郊区人多用,郑州新派就不大用了。子尾变韵的合用频率也有所不同,有些变韵形式用得多,有的用得少。

5. 林州方言中的子尾变韵变为l声母则是主要形式

林州方言子尾变韵主要有两个读音形式:əʔ/·ləʔ,且都自成音节。例如:

桌子 tʂʌʔ^{21} ·ləʔ　栗子 liəʔ·ləʔ　燕子 ia^{45} ·ləʔ　茄子 $tɕ^h$iə^{41} ·ləʔ

勺子 ʂuə^{41} ·ləʔ　椅子 i^{31} ·əʔ　房子 faŋ^{41} ·əʔ　梳子 ʂu^{31} ·əʔ

ləʔ和əʔ两种读音形式,是实际调查记音,本地人语感上不区分这两种音变形式,它们可以自由变读。林州方言的子尾变韵əʔ和ləʔ两种读音形式并非完全是自由变读,而是各自有不同的语音分布条件。子尾前面词根音节韵母中的最后一个音素的语音特征,直接影响着子尾的读音:入声韵-ʔ和-a/-ɔ/-ə类阴声韵后接·ləʔ,其他类韵后接·əʔ。声化韵n只辖"你"一字,后不接子尾。·əʔ在不同的词根音节后,还有些色彩上的差异,比如:在i/y后读音近iəʔ,u后近uəʔ,ŋ后近ŋəʔ,声化韵l后近·ləʔ等。例如,入声韵ʔ和i两类韵母:

(1) 入声韵ʔ,其后子尾通读·ləʔ

(2) i类韵,其后子尾通读·əʔ

子尾变韵后带上声母,在更北部的方言地区就表现得比较突出。商阜片子尾一律不用u韵,如商丘、宁陵、太康、鹿邑等。但商丘方言中的子尾也有变韵。

商丘方言的子尾音变不同于其他方言的子尾音变,它不仅是韵母发生音变,声母也会随着"子"前面的词的韵尾而变化,"子"前面的字,如果不是阳声韵尾n、ŋ,"子"读tɛ。如"面条子、葱花子、大嫂子、袜子、肚子、筷子、柿子"等。这是一种同化现象。"子"前面的字是阳声韵尾的话,"子"读作nən。如蝇子[iŋ nən]、蚊子[uən nən]、柿饼子[ʂʅ piŋ nən]、帘子[liɛn nən]、辫子

[piɛn nən]等。

同时，助词“的”和“着”也发生同样性质的音变。也即受到读音阳声韵尾的影响。“的”在阳声韵尾字的后面读 lən，在非阳声韵尾后面读 lei。“着”在阳声韵尾字的后面读 nən，在非阳声韵尾后面读 tɛ，音变形式和“子”尾变韵完全相同。

下面是山西、河北境内晋语区和河南境内的晋语的一些子尾变韵形式的比较：

商丘	林州	安阳	汤阴	邯郸	长治
nən/lən	əʔ/ləʔ	tə	tə	tə	təʔ
忻州	大同	沁县	天镇	绛县	原平
tə	tsəʔ	ləʔ	zə	ɣə	ə

如果说河南北部各点汉语方言的“子”尾变韵是可以用合音解释的话，商丘话的子尾音变则是一种同化现象。商丘方言的这种音变也许可以用来解释其他地区子尾变韵的性质，或者我们可以从中看到子尾音变的过程和方向。

7.1.2.2 河南境内的地名变韵

除了“子尾变韵”这种改变语音形式构词的语法音变以外，河南境内还存在着同样性质的地名变韵。具有地名变韵的方言，有的有子尾变韵，有的没有。但不管有否子尾变韵，这些方言的地名变韵都在语音形式上表现出极强的一致性，且与子尾变韵的语音形式完全一样。

处于豫东地区的属于中原官话的商水方言没有子尾变韵，但有一些字的韵母在地名中发生音变，变韵后的语音形式，大多是收-o/-u 尾，也有些音变是韵母元音央化，韵母变为-ɛ/ə。如：i>iɛ，y>yɛ，ɿ>ə。但大多数地名变韵都是收-o/-u 尾，和贺巍谈到的获嘉的 D 变韵母表示小地名的音变情况一样。如：u、əu、iu→uo。

商 水	获 嘉
李 li>liɛ：李寨	旗 tɕ^{h}i>tɕ^{h}iɛ：高旗营儿 kau˧ tɕ^{h}iɛ iə̃r
使 sɿ>sə：大使庄儿，小使庄儿	师 sï>sɐ：师庄儿 sɐ˧ tʂuãr˧
吕 ly>lyɛ：吕庄儿 lyɛ^{53} tsuar^{213}	吕 ly>lyɛ：小吕庄儿 ɕiau lyɛ tʂuãr˧
许 ɕy>ɕyɛ：许庙 ɕyɛ^{53} miau^{21}	
苏 su>suo：苏坡 suo^{13} puo^{213}	

朱 tsu＞tsuo：朱庄儿 tsuo^{13} tsuər

杜 tu＞tuo：杜潭 tuo^{51} t^{h}an^{53}

吴 u＞uo：吴楼 uo^{53} lou^{53}

舒 su＞suo：舒庄儿 suo^{13} tsuar^{113}

胡 xu＞xuo：胡集儿 xuo^{53} jir^{53}

娄 ləu＞luo：娄庄儿 luo^{53} tsuar^{213}

刘 liu＞luo：刘庄儿 luo^{53} tsuar^{213}

朱 tʂu＞tʂuɤ：朱庄儿 tʂuɤ tʂuãr

杜 tu＞tuɤ：杜官滩 tuɤk uan t^{h}an

“舒、吴、胡”遇摄合口平声字，“娄”流摄开口一等平声侯韵字，落侯切，“刘”流摄开口三等尤韵，力求切。

同样是在地名中，“刘楼”“大刘”中的“刘”不变韵。由此看来，地名变韵可能是受后面字音的影响，似乎是同化现象。“刘庄儿”中的“刘”韵母由齐齿呼变为合口呼，应该是受了后字合口韵“庄”的影响。再如“苏坡 suo^{13} puo^{213}”中，“苏”的韵母，单字音为 u，变成 uo，能明显地看出是受了后字韵母“坡 uo”的影响。

商水方言中，地名中的同化音变很多，如干河沿儿 gaŋ^{13} xə^{53} ianr 中“干”的韵母，单字音为 an，受后字“河”的舌根音声母 x 的影响，韵尾由 n 变成了舌根音 ŋ。“东邓店(儿)təŋ^{13} təŋ^{o} tianr^{31}”中“东”的韵母，单字音为 oŋ，是合口，受后字开口韵母“邓”的韵母 əŋ 的影响，丢掉了韵头 u，变成 əŋ。商水方言还有一种合音现象造成的地名音变，如：北蔡寺＞pai^{53} sɿr^{31} | 苏王城＞suaŋ^{13} ts^{h}ar^{31}。只是有些地名音变的发生机制能明显地看出，其他一些地名变韵的发生机制不易看出。

7.1.2.3　子尾变韵的衰变过程

王洪君通过对山西各地及豫北地区的子尾变韵的对比研究，试图理清子尾变韵在山西境内与河南境内不同的衰变过程。

闻喜城关 Z 变音的语音特点是：声调长且变调，韵母长且后收 u，u 的具体语音表现因词根韵母的不同而有所不同。闻喜南乡山区和北垣两点的 Z 变音较之城关有较大衰败。三点 Z 变音的差异表明，闻喜 Z 变音的衰变路径是：失落 u 而保留长韵、长调、变调→长韵长调消失、只保留变调→等同于词根单字韵。这一衰变方式在晋南地区广泛存在。河南北部 Z 变韵的衰变路径则是：失落长调而保留 u，u 融入词根韵母→融入 u 的子变韵母进一步归并。这一路径演变的结果不直接造成与词根单字韵母的同音。两地 Z 变韵衰变的方式虽然不同，但向单字韵母格局的靠拢，却又是一致的。

子尾变韵广泛分布在山西南部和河南北部和中部。根据已发表的材料看，晋南和豫北子尾变韵的起点基本相同，都是长调且后加 u（或 əu、o），但后来衰败的路径却不相同。如下所示：

晋南：（1）加 u、长韵/调、调型异→（2）不加 u、长韵/调、调型异→（3）不加 u、普长韵/调、调型异→（4）不加 u、韵/调普长、调型同＝词根单字音

豫北：（1）加 u、长调/长韵→（2）普长调/韵、u 并入→（3）u 化韵母归并

豫北长垣的子变音均为长调并均后加 o，是第一阶段的典型代表。获嘉的前高和舌尖元音韵母的 Z 变音为单字音加 əu 的长调/长韵，是第一阶段的遗留。获嘉除前高和舌尖元音韵外，其他 Z 变音的调/韵与单字音等长，但韵的音值比单字韵偏后且圆唇，是 u 合进去的结果。这是第二阶段的代表。洛阳（李荣，1957）只有 8 个子尾变韵：au、iau、uau、yau、ou、iou、uou、you。这是第三阶段代表。

豫北 Z 变音的衰败路径导致其 Z 变韵比晋南消失得较慢。调查中我们发现，晋南演变到第二阶段，由于韵母音质成分相同仅有长短和调型的区别，而当地的声调本身又很不规则，说话人 Z 变的意识已经相当模糊，这使得第三、四阶段演变的速度很快。而豫北的演变到第二阶段或第三阶段，由于单字韵母与 Z 变韵母音值上差异显著，说话人仍能够明确意识到 Z 变韵与单字韵的不同，也就很难自然演化到与单字韵母完全同音。至于洛阳等地年轻人越来越多地使用自成音节的“-子”缀代替 Z 变音，是权威方言影响而造成的词汇替换，不是 Z 变音自身语音演变而造成的消亡。

虽然晋南和豫北 Z 变音衰败的路径和具体结果都不太一样，但也有共同之处：到了最后阶段，Z 变音从音节结构模式上看都与单字音相同了。比如洛阳的 8 个 Z 变韵母中，au、iau、ou、iou 与单字韵母完全同型，uau、yau、uou、you 只是填补了韵母与介音配合的空格，并不出现新的韵腹、韵尾或介音。这体现出单字音格局对音变有制约和吸引的作用。

王洪君关于子变韵的“合音”说有很强的说服力，在音理上似乎很能说得通。我们同意其观点，只是认为，河南境内的子尾变韵，并非完全是合音。商丘方言的子尾变韵应该是同化的结果。

7.1.2.4　名词变韵的性质和音变机制

方言学界对子尾变韵的解释，一般认为是解释为“合音”或弱化。如王洪君(2004)认为，子尾变韵是一种合音现象：

> 从综合变韵的4种类型和长变调的情况看，闻喜城关的Z变音应该来源于词根单字与另一后缀虚字的合音。合音时该虚缀的语音形式为u，语法意义相当于“-子”。比较起获嘉的Z变音，闻喜城关的Z变音明显地表现出较原始的早期形态：虚缀u虽然与词根单字已合为一个长音节，但还独占着长音节多出来的末一时间格，与词根单字原来的韵母相对离散，很容易识别。
>
> ……Z变韵的4种类型都可以用与u的合音来解释：(1) u、əu、ao、iao收音的特征都是[＋圆][－低]，与u的特征相同或相似，再后加u，就自然合并为一个长u或长o。(2) i、ʅ具有[＋前、＋高、－圆]特征，与后加u同是高元音，但在前后和圆唇上又完全矛盾，无法平滑衔接，中间就自然带入过渡音ə。(3) 其他元音则或为[－高][－圆]，或为[＋高][＋圆]，与u可以比较自然、无须过渡音地衔接，因此就简单地附加上去，并为一个长音节。(4) 带有鼻音特征的韵，与后加的u合为一个音节后，扩展流动性最强的[＋鼻]就自然会扩展到末位u的位置。

也有人从古韵“之幽”通押的现象上寻找现代方言中子尾变韵的语音原理，试图从音理上具体说明子尾到子变韵的联系和转化过程，-ə-类音如何转化为-o/-u类音。

上古的之部王力拟为ə，幽部拟为u；李方桂将之部拟作-əg，幽部拟作-əg^{w}，郑张尚芳和潘悟云则将之部拟作ɯ，幽部同王力一样拟作u。

史存直先生就曾认为，之幽交涉大体上就是[i](或[ei])与[ou]相混的现象。这种现象今天在汉语的方言中还大量存在着，“根据赵元任先生的调查，在现代吴语中，从长江以南，沿大运河两岸，直到杭州为止”，也都存在着类似的现象。“最近，上海师大有人到高淳去做方言调查，发现那里基本上是[i](或[ei])与[ou]不分的。”(史存直，1997：140)子变韵的情况似乎与之相近，反映的是“子”这样一个字由ʅ这样的舌尖元音或类似的前高非圆唇元音变为-o/-u这样的后高圆唇元音。

如陈卫恒(2004)考察上古的之幽交涉现象后认为，古韵之幽交涉与现代方言中的子尾变韵两种现象音理的共通性主要体现为下面两点：

(1) 它们都体现了两类相距遥远或相互对立的音位之间转化的可能。两类现象虽然有着古今音系、音值的不同，但从区别特征的角度看，它们体现的都是具有前、高、展特征的语音成分和后、高、圆特征的语音成分之间的联系。二者一前一后，一展一圆，对立十分明显，却可以实现转化。

(2) ɯ在两种语音现象的形成过程中可能都起了桥梁的作用。比较上文两方面的研究，我们很容易注意到，ɯ在这样遥远或对立的语音成分的转化中，处于重要的过渡环节。它可以兼顾-u和-i两个演变方向。因此，无论是在解释之幽交涉的现象中，还是在解释子变韵的特殊音变中，都有着重要的地位。

子尾到子变韵的过程，在从央元音为韵腹的子尾到-o/-u为韵尾的子变韵的转变过程中，ɯ起到的桥梁作用可能是：子尾可能首先弱化为-ə-类音，然后再变为ə，进而变为-o/-u这样的子变韵形式。林州方言的材料支持了我们这一看法。

林州方言的子尾读音比较特殊，生动地体现了子尾向子变韵转化的过程。这里的子尾，有两个读音形式：·ləʔ/·əʔ，但并非自由变读。读什么音依前字音节最后一个音素的发音点高低而定：发音点较低的入声韵[-ʔ]和[-a][-ɔ][-ə]类阴声韵后接·ləʔ，发音点较高的其他类韵后接·əʔ。比如：桌子tʂʌʔ^{21} ·ləʔ；椅子i^{53} ·əʔ。

林州南端的临淇话与县城方言大致相同，但又有些有趣的出入。主要表现为：特征为低的-ɔ类韵后的子尾，不再读·ləʔ，转读·ə；同时，最后一个音素特征为高的某些词根音节后的子尾在该片不再读·ə而有转读əu的迹象。如："柿""(小)姨""李"等止开三等字、"梯""(鞋)底"等蟹开四等字以及"篓""妞"等流摄字，依今音这些韵最后音素的语音特征都是[+高]。在词根基本韵为[əu]时，子尾读音[əu]依然自成音节；词根基本韵为[i]时，子尾[əu]与词根合为一个音节，形成了子变韵。

由此，我们可以看出，从子尾到子变韵的过程是按照音理的条件逐步地实现的。喉塞韵尾在独立音节的子尾向子变韵演变过程中的作用不可忽视。-o/-u类以后元音可能是喉塞韵尾-l的发音部位"[—前]"的特征的转化。参照李方桂先生"-ɯ 是从-g 变-i 的过渡阶段"的看法，我们认为，这里的-l 可能在一定的条件下先变为 ɯ，再进一步的变为-u。

王福堂先生（王福堂，2005）也认为，-ə-类音与-u-/-o-类音有发生学上的联系，临猗临晋的"-子"读音 ɯ 可能正是两类语音形式之间的过渡。

之幽通押也只是考察了"子"这个读音形式与后高圆唇的-u-/-o-之间转化的可能性，与"合音"说一样，都不能解释安阳及属于冀鲁官话的河南一些方言，tə 变韵形式。河南东部的商丘方言，"子"根据其前面词根的韵尾而有不同的变韵形式，也不能用"合音"现象解释。河南境内的地名变韵，与"子"这个语音形式完全没有联系，却与子尾变韵有相同的语音形式，"合音"说也无法解释这具有同样性质的名词变韵现象

我们认为，河南商丘方言的子尾变韵是同化的结果，地名变韵有些也是同化，有些难以看出其音变规律与条件。由这些相同的名词变韵的形式，子尾变韵的变韵机制与性质还需要进一步的研究。但这些名词变韵是历史音变的产物应该是可以肯定的。

7.1.3　语法变韵的性质和音变机制

河南方言中的名词变韵与动词变韵都是一种语法音变的形式。名词变韵是由语音形式的改变来构词的一种音变方式。在河南方言中有两种类型，一种是加词尾的方式，如商丘方言，根据前字韵尾的不同，加 nən 或 lən，另一种是由韵母形态变化的方式，如河南北部的子尾变韵形式，都是韵母的语音形式发生了改变，只不过改变的方式都是-u-/-o-。

河南方言中的动词变韵表示"体"和"时"的语法范畴，同时也可以表示"方式、方向和处所"等语法意义。从语音形式上看，这种通过音变表示语法意义的现象，也可以看作是一种语音的内部屈折。

在世界类型学的分类上，汉语一向被作为孤立语的代表，是缺少形态变化的语言。河南方言中的这种屈折形式，是什么性质？其来源是什么？是古汉语屈折形式的遗留还是语音发展过程中的创新现象？

前文我们讨论了河南方言中名词变韵的音变过程与其可能的语音机制。认为它是历史音变的产物。那么，动词变韵又是什么性质呢？汉语中表示"体"范畴的内部屈折，在上古已有，河南方言的"时""体"范畴的内部屈折形式与印欧语的内部屈折是否具有相同的性质？它是上古汉语的遗留还是语音创

新的结果？通过河南方言语法音变的内部比较和与汉语其他方言间的比较，我们也许可以找出其来源，从而判断其性质。

河南方言动词变韵表示“体”范畴的语法音变形式，在现代汉语方言中并非是孤立存在的，在汉语其他方言中也有此类音变。陕西商县方言动词的完成体，除了用词尾“了”以外，还能用变调和变韵的屈折手段来表示。语法意义与“了”相当，二者可以换用。如“他吃了饭啦，你吃了饭啦没有？”这个句子可以用变调、变韵的形式来表达，意义相同：“他吃[ʂʰəː^{3231}]，你吃[ʂʰəː^{3231}]饭啦没有？”“吃”本读[tʂʰʅ^{21}]，现在变为[ʂʰəː^{3231}]，韵母由舌尖后元音 ʅ 变成舌面央元音 ə，而且由短元音变成长元音，声调也由原来的 21 变为 3231。山东方言与河南方言一样，存在大面积的动词音变表示完成体的语音屈折形式，只是还没有人对此作专门的调查。

广东增城方言中，动词通过变调也可以表示动作的完成。如：

明仔去[hœ^{33}]广州

明仔去[hœ^{53}]广州

此外，完成体还可以用在动词后加 ə 尾的方式来表示。表示动作完成的动词，有的只变调不加 ə 尾，有的变调以后还要加 ə 尾，有的加 ə 之后不变调。在动宾式两字组中，动词后加不加 ə 尾取决于声调的条件。

在元音屈折表示“体”范畴方面，这些方言的音变形式表面上看似有较大的内在联系。陕西商县方言和河南方言中的动词音变表示完成体，主要是靠主元音的改变，同时也有韵尾的改变。增城方言则是通过增加韵尾 ə 来表示完成体。

上古汉语的元音屈折主要是 a 和 e 交替来表示语法意义。如“净”有动词和名词两个形式，“爽”* srăŋʔ《说文》：“爽，明也。”是明亮、洁净之义。汉语的同族词还有“亮、光”等字，都是明亮、洁净之义。“联系亲属语言的情况，汉语也应该是 a、e 元音交替作为构词和构形的手段”。（黄树先，2003）

a 是低元音，e 是一个半低元音，如果上面的推想可靠，上古汉语的元音屈折是用低元音向半低元音的变化来表示语法意义的。值得深思的是，汉语方言中完成体的表达也一致地表现出元音央化的特点。如陕西商县方言、河南长葛、舞阳、获嘉的方言动词变韵，在音变形式上表现出极大的一致性。动词音变之后都形成新的韵母系统，长葛、舞阳方言增加出 10 个音变韵母，获嘉和陕西的商县除了鼻化韵母外，也是增加了 10 个。获嘉方言在这个 10 个韵母之外，增加了 14 个鼻化韵母，商县方言增加了 9 个鼻化韵母。音变之后的韵母的主元音几乎都是半高、半低元音。如长葛、舞阳方言音变韵母的主元音是 3 个，长葛是 ə、ɛ、ɔ，舞阳是 e、ɛ、ɔ。有鼻化韵母的获嘉和商县方言音变韵母的主元音都是 5 个，商县是 ɛ、æ、ə、a、o，获嘉是 ɐ、ɛ、a、ɤ、ɔ。而广东增城方言剩下韵尾 ə，增城方言的-ə 尾似乎是属于外部屈折，和英语的-ed 性质接近。但 ə 也是一个半低元音。

金理新在《上古汉语声母清浊交替和动词的体》一文中指出，上古汉语的动词有“体”范畴，表达形式是辅音清浊交替和附加* -s 后缀（中古的去声）。商县方言与增城方言的声调屈折表示“体”范畴，可以用来自上古汉语的* -s 后缀解释，因为去声变读也是声调屈折的一种，而中古的去声又是来源于上古的* -s 后缀。上古的声调屈折到了现代汉语方言中由于语音系统内部的不同演变方式，表现形式有了差异。

即便有这种表面上的语音形式的相似，我们仍然无法断定河南方言中的“体”的形态范畴是上古汉语的遗留。一是我们无法找出这种从古至今“一脉相承”的语音联系；二是上古汉语中，元音屈折形式可以表示其他的语法范畴，如“态”范畴，构词、构形的范畴等。没有发现元音屈折表示“体”范畴的现象。三是，从北部的兰银官话到稍南的中原官话（获嘉方言属于晋语，作者认为应该归为中原官话，在此不作讨论），到更南端的粤方言，这种“内部屈折”的语音形式是逐渐递减的趋势。一般认为，南方方言更多地保留了古音，如果说是上古汉语的遗留，就难以解释这种从北到南递减的语音现象。

另外，根据古音贵遗存与创新变韵的各自特征来看，河南方言的语法音变现象都是属于语音创新的类型。

1. 古音遗存以古音类为界线，创新音变以今音类为界线

所谓“今音类”指的是方言现实的共时音系中的音位。创新音变是现实的语音环境触发的，受现实的语音机制的制约，是实实在在的某个“音”的变化，完全不涉及这些音的历史状况。

2. 创新音变有现实的语音条件，古音遗存不体现语音条件

创新音变的一个重要特征是有现实的语音条件。音变往往是由语音环境（音位组合关系）引起的，相同的语音环境导致相同的音变趋向，这就是音变有语音条件的理论依据。

3. 古音遗存一般是零星的，少量的，而创新音变可能是批量的

年代越久远的历史层次越难以保留，这个道理不讲自明。但是刚刚露头的创新在数量上和历史遗存就难以区分了。

以上三条古音遗存与语音创新的特征中，河南方言的语法音变都是符合“创新音变”的特征的。所以我们认为，河南方言中的语法音变是语音历史演变的产物，而不是上古汉语的遗留。

萨丕尔：“每一个语言学家都知道语音变化时常引起形态上的重新布置，但是他往往假定形态很少或完全不影响到语音历史的趋向。我以为，如今的趋势，把语音和语法孤立起来当作互不相关的语言学领域，是一件不幸的事。它们之间和它们各处的历史之间可能有基本关系，只是我们现在还没有充分掌握而已。”（萨丕尔，1997：155—172）

河南方言中的语法音变现象，也应当是与某种我们不知道的“时、体”的语音形式之间的语音关系，这种关系可能是合音的关系，也可能是弱化的结果。只是我们还无法确定这个与“语法音变”发生关系的语音形式具体是什么而已。

7.2　由河南方言的语法音变看汉语方言形态变化与古汉语是屈折语说

从19世纪类型学发轫之时，汉语在世界语言类型中，被公认为属于孤立语，缺少性、数、格、时和体等形态变化。如果把汉语界定在“现代汉语普通话”的范围内，这一说是没有疑义的。但汉语有几千年的发展历史，又有丰富的方言变体。现代汉语普通话缺少形态变化，不等于古代汉语和现代汉语方言中也缺少形态的变化。现代汉语方言中用语音变化表达语法意义的内部屈折，不但形式丰富，分布也较为广泛。汉语方言中不但有构形方面的形态变化，还有时、体、态、级、数、格、方式、处所、趋向等语法范畴，现代汉语普通话中虽然不多，但也有形态变化，如用声调的变换表示自动和使动，以及屈折变化构成新词的形态变化。

方言是语言的活化石，方言中的语言现象常常是古代共同语语言现象的遗迹。现代汉语方言中的屈折变化可为古汉语是否是屈折语提供佐证，也可

帮助我们从中发现汉语形态由繁趋简的过程。语法的变化与语音的变化常常互为动因，屈折变化所表示的形态范畴与语音更是有密切的关系，立足于动态的、纵向的角度，联系历史去考察汉语方言中大量存在的内部屈折形式，探讨其历史演变过程，理出其渊源，可以帮助解决目前语言学界很多理论问题，如可以为汉藏语比较、原始汉语的性质问题的研究，甚至对上古音的构拟提供一些线索。

从河南方言语法音变这种内部屈折形式入手，我们从共时和历时两个角度，考察了其他现代汉语方言中的内部屈折手段及其所表达的形态范畴，发现汉语方言中的内部屈折存在不同的层次：有些是创新（由于语音演变的影响和语法类推的作用）的结果，有些是上古汉语屈折形式的遗留。结合亲属语言比较研究成果和上古汉语形态范畴方面的研究成果，我们承认"古汉语是屈折语"的学说是可信的。但是，汉语方言中的内部屈折更多的是"创新"而不是存古。

大量"创新"的内部屈折，尤其是广泛存在于河南、山东等北方官话中的"体"范畴，以及在现代汉语方言中分布极广的"数"的范畴，让我们看到，似乎汉语曾一度有从分析性的孤立语向综合性的屈折语演变的趋势，但这些创新的内部屈折又走向简化与消退，且创新的屈折形式基本上都发生在官话方言中。这是一个非常有意义的现象。

7.2.1　古汉语是屈折语说

屈折分内部屈折和外部屈折两种形式：内部屈折（internal flexion），又称语音交替、内部变形，是通过词的语音交替（改变语音）来构成不同的语法形式，表示不同的语法意义。如英语中时、体、数的语法形态。又如阿拉伯语以固定的辅音框架表示语汇意义，而以元音交替表示不同的语法意义。如k-t-b（写），katab（写好了），kutiba（被写好了），katiba（写的人），kitaba（写好的东西）。又如英语的 foot（脚，单数），feet（脚，复数）；sing（唱，原形），sang（唱，过去式）。

跟内部屈折相对立的是"外部屈折"。外部屈折是通过附加词缀来表示形态变化，一个词缀往往表示多种语法意义。如英语 book（书，单数），books（书，复数）；work（工作，原形），works（工作，现在时，单数，第三人称）。其中词缀-s 在名词后面表示复数，在动词后面表示现在时、单数、第三人称。

内部屈折的作用在不同的语言中有所不同。阿拉伯语主要用内部屈折表示形态变化;英语主要用外部屈折表示形态范畴,内部屈折只是辅助性手段,只有少数不规则动词用内部屈折表示形态变化;一般认为现代汉语没有内部屈折这种方式。事实上,不但现代汉语普通话中有内部屈折,现代汉语方言中更有丰富的内部屈折形式,只是与西方语言比较,汉语的内部屈折在表现形式和表达的语法意义方面有自己的特点。

内部屈折是采用词根语音变化的方式进行构形,语音变换可以是元音,也可以是辅音,在有声调的语言中也可以是声调。例如,西非有声调语言的约鲁巴语(Yoruba)语中的 ko 念高调,指“学习”,念中调则指“写”,念低调则指“拒绝”。汉语也是有声调的语言,和其他有声调的亲属语言一样,汉语普通话和方言中的内部屈折,用声调的变换表示语法意义的屈折形式远比元音和辅音的变换表达语法意义的屈折形式更为丰富,现代汉语方言中的声调屈折可以表达多种语法意义。“时、体、态、级、数、格”以及构词构形等形态范畴,都可用声调屈折这种语音形式来表达。但是,从上古汉语直到现代汉语中的屈折形式都不是单一的,除了声调之外,也有不少元音和辅音的屈折。

笔者认为,上古汉语中应有不少语音屈折形式。主要有以下几种:元音屈折、辅音屈折、声调屈折。元音屈折主要有:(1) 元音交替来区别动词和名词的形态特征;(2) 长元音表示主动,短元音表示被动。辅音的屈折主要有:(1) 清浊交替表示主动、自动和使动;(2) 清浊交替表示“体”范畴。声调的屈折:(1) 去声变读的屈折形式区别词性;(2) 去声变读表示使动。

上古汉语中的这些屈折形式很多在现代汉语方言中仍可以看到。只是,经过漫长的语言演变,上古汉语的内部屈折逐渐趋于简化以致消亡,只在汉语方言和一些文献中留下痕迹。但从这些零星存在的内部屈折中,我们还是可以看到古汉语屈折形式的一些特征与面貌。

7.2.1.1　古汉语中的屈折范畴

语法类型分类中被认为最原始的孤立语,其最常用的例子是汉语,而汉语绝不是一个原始民族所使用的语言,另外,根据汉语方言的材料,结合亲属语言的比较研究和上古汉语的研究成果,我们可以推测,早期汉语应该是有丰富的形态范畴的。这些形态虽然消失了,但仍以各种形式保存在书面文献和现代汉语方言中。

瑞典学者高本汉提出，原始汉语是一种具有屈折形态变化的语言。高氏在其《原始汉语为变化语说》（*Proto-Chinois Langue Flexion-nelle*，中译文载《东方杂志》第 26 卷第 5 号）一文中说："在各种语言之中，保守性最强的莫若代词，法国语虽然形态变化大多消失，而在代词中保留尚多。远古中国语中，有相类之例……原始中国语与拉丁语具有相同的格的变化，中国语与法国语之发展过程相同。"其根据是《论语》《孟子》《左传》等上古典籍中，人称代词"吾"和"我"、"尔"和"汝"等字具有主格和宾格的区别。如《论语》一书中，"吾"用于主格 95 次，宾格 3 次，"我"用于主格 16 次，宾格 26 次，尤其可注意的是当"吾""我"同处一句中是，"吾"必为主格，"我"必为宾格。而从古音看，"吾"相当于英语 I，古读[ŋuo]，"我"相当于英语 me，古读[ŋa]，"汝"相当于英语 thou，古读[ȵʑo]，"尔"相当于英语 thee，古读[ȵʑia]，其主元音的屈折变化表现了语法意义的变化。

自高本汉以来，不少学者在这方面进行了相当深入的研究。雅洪托夫(1969)、李方桂(1983)都认为，汉语的形态仍以不同的语音形式保存在汉语的文献中。梅祖麟提出上古汉语 s-词头构词功能反映的是形态方面的屈折变化；潘悟云对汉语的谐声现象进行了重新解释，认为汉语的谐声除了同语音现象发生关系外，还有形态方面的变化(1987)，并归纳出的与汉语谐声现象相联系的 12 条形态方面的变化。严学宭(1979)对汉语同族词语的语音演变模式进行了分析，一共归纳出 6 种变换模式：变换辅音声母，变换元音，变换辅音韵尾，变换元音伴随辅音声母变换，变换元音伴随辅音韵尾变换，变换辅音声母和韵尾。王力也从汉语内部材料出发，对汉语的形态进行了系列研究。国内从事民族语研究的学者，也有拿民族语的形态和汉语进行比较的，如吴安其对汉藏语动词的使动、完成体的研究，比较重视汉语文献材料的应用(1997)。但是由于证据太少，因此原始汉语究竟是否屈折语，一直存在争议。但在汉语丰富的文献中，保存下来的形态还是相当丰富的。我们可以见到的语音屈折手段主要有以下几种：元音屈折、辅音屈折、声调屈折。

7.2.1.2　元音屈折

1. 元音交替来区别动词和名词的形态特征

如，"净"有动词和名词两个形式，"爽"* srăŋʔ《说文》："爽，明也。"是明亮、洁净之义。汉语的同族词还有"亮、光"等字，都是明亮、洁净之义。根据这些情况来看，汉语也应该是 a、e 元音交替。e 是半低元音，a、e 的交替也是由低元音向半低元音靠拢。

再如（下面的例子引自张志毅《汉语屈折变化的简化与消失》）：

[*hiuəi]（围，动词）→[*hiuei]（帷，名词）

[*heanŋ]（衡，名词）→[*hoanŋ]（横，形容词）

[*piuən]（分，动词）→[*puən]（半，名词）

2. 长元音表示主动，短元音表被动

郑张尚芳（1987）在论证汉语有长短元音时，曾和独龙语的长短元音进行比较。汉语文献表明，长短元音可能用来表示形态变化。《公羊传·庄公二十八年》："《春秋》伐者为客，伐者为主。"何休注："伐人者为客，读伐长言之，齐人语也。见伐者为主，读伐短言之，齐人语也。"

根据杨将领《独龙语的长元音》（《民族语文》，2000）一文中指出的独龙语强调句中的施事可以采用长元音形式。独龙语的这种形态变化和《公羊传》记载的"伐"字的用法完全相同。

"伐"，《广韵》月韵房越切，合口三等，上古读 *bŏt。《经典释文》（卷七）或读蒲害切，是一等字，上古或音 *bōts，正是长元音。从《公羊传》的记载及何休的解释，汉语的长元音表主动，短元音表被动是比较明显的。这说明，大概到何休三国的时候，在汉语某些方言如东方的齐方言，还用长短元音的交替来表示形态的变化。

7.2.1.3　辅音的屈折

1. 清浊交替来表示主动、自动和使动

潘悟云认为，上古汉语表示使动意义的语音手段主要有三种：(1) 声母的清浊交替。浊声母表自动，清声母表使动。(2) 加后缀 *-s 表使动。(3) 加前缀 s-表使动。周祖谟（1945）、周法高（1962）、王力（1965）在他们的著作中都认为上古汉语中有自动和使动的语音屈折变化。如：

"败"：薄迈切，自动词，《广韵》："自破曰败。"《左传·隐公五年》："乱政亟行，所以败也。"另一读补迈切，使动词，《广韵》："破他曰败。"《左传·隐公元年》："败宋师于黄。"

"脱" *kh · lot、*g · lot，"税" *qljŏts，"说" *qljŏts、*qljŏt，"蜕" *lŏt，从几个词的语音形式看，词根是 lot，前头有不同的前缀。潘悟云拿汉语的"脱"等字和缅文进行比较，对汉语表现出来的形态变化作了详细分析："脱的使动形式，舒芮切，拟作*skhlljŏts。汉语的脱有清浊两个形式，和缅文一样，汉语也用清浊来表示主动、使动。"汉语的"蜕"有动词和名词两个形式："蜕"*k·lŏt、*kh·lots、*qljŏt，《说文》："蜕，蛇蝉所解皮也。从虫，捝省。"又用作动词，《广雅·释诂一》："蜕，解也。"王念孙疏证："蜕之言脱也。"

"别"字有清浊两个读音，"分别"是方列切，上古音为*pret，使动词。"离别"是皮列切，上古音是*brĕt，自动词。吴安其证明"别"在上古汉语中是以清浊的交替来表示自动和使动。

在上古汉语中，上述形态的语音表现，一定是相当普遍的，后来随着形态现象的消失，大部分的异读在口语中失去，只有小部分异读藉着经典的家传师授，才得以在经师音读中保存下来。例如"败"的并、帮两读，在隋代的口语中一定已经没有分别了。

一些语言里用清浊交替或清与清送气交替表示使动的屈折形式仅限于很少一部分动词，它是一个凝固的、不活跃的、残存的语法形式，有的语言里仅能找到几组这类清浊交替表示使动词语法意义的例词。

此外藏缅语中还有用声调高低变化、元音长短变化等屈折形式表示使动的。这一方面说明藏缅语中的屈折形式确实是丰富多样的；另一方面又表明各种复杂的屈折形式之间存在着一定的内在联系；再一方面表明这些纷繁的屈折形式都是语言演变历史长河中的某个历史阶段的特征，它们仍处在变化之中，只是变化的快慢、变化的方式、变化的内容存在不平衡、不一致，致使我们现在能从变化状态的差异中窥见它们的发展脉络。

2. 辅音的清浊交替表达"体"的形态范畴

金理新在《上古汉语声母清浊交替和动词的体》一文中指出，上古汉语中清辅音和浊辅音配对的动词，读浊辅音声母的动词是读清辅音声母的动词完成之后所主生的结果，即后者是完成体形式。也就是说上古汉语的动词有体范畴，而表达形式是辅音清浊交替和附加*-s后缀（中古的去声）。

《左传》中的有些例句，表达的是动词已经完成的意义。如：

四月，郑祭足帅师取温之麦。秋，又取成周之禾。周郑交恶。（隐公三年）

卫庄公娶于齐东宫得臣之妹，曰庄姜。（隐公四年）

四年春，卫州吁弑桓公而立。（隐公四年）

这些例句中的完成意义，从形式上看，没有分析性手段的形式，即没有用助词来表达完成体，是否运用了语音的内部屈折去表示动作的完成体，我们无法从语音形式上判别。但汉语中表达时体语法意义的虚词“着、了、过”在先秦还没有虚化。“着”的虚化到六朝时才完成，“了”由动词虚化为助词，大约从晚唐起。“过”作为表示动作行为经历的助词，大约是在宋代以后。古汉语中表达完成体的语法手段，很有可能是用内部屈折的形式。借助活的汉语方言、少数民族亲属语言去推测远古汉语历史原貌，上述例句中“取、娶、弑”等动词的“完成体”语法意义，可能像原始藏语那样，有复辅音或词尾的变化。

在藏缅语族，绝大多数语言都是用助词、助动词或附加成分来表示“体”的语法范畴，如阿昌语、基诺语、载瓦语、独龙语、哈尼语、拉祜语等。这和汉语用形态助词“着、了、过”表示“体”的语法范畴极为相似，也应该算作是分析性手段。据孙宏开的研究，原始藏缅语语法范畴的主要表现形式是用音节的或非音节的音素粘附形式，用分析性手段表示语法意义是后起的形式，藏缅语是由原始的粘着型逐步过渡到屈折型，最后变成分析型。彝缅语支的语言，也是经过了丰富的粘附性前后缀阶段，经历了数千年的磨损以后，现在变成了简单形态系统，并以虚词作为表达语法意义和语法关系语言的。

为此，我们可以推断，藏缅语族“体”的语法范畴表现形式也是由综合性手段向分析性手段发展的。结合少数民族亲属语言“体”的表现形式由综合型性手段向分析性手段发展的史实，以及汉语方言文献材料，我们推想古汉语也是采用内部屈折等综合性手段来表示“体”的语法范畴。

7.2.1.4 声调的屈折

1. 去声变读的屈折形式区别词性

古汉语中存在很多去声破读现象，即利用去声的变读来区别词性。四声别义是上古汉语构词的一种方式，较早的阶段是四声破读把动词变成名词，较后的阶段是把名词变成动词。梅祖麟认为，动词变为名词是承继共同汉藏语的构词法，名词变成动词，是类比作用的产物。根据梅祖麟的统计，唐纳和周法高两位先后编的去声别义字表，例子有 200 项左右。梅氏在《四声别义的时间层次》一文中，证实了用去声变读屈折手段构词的时间至少在上古汉语的早期。下面是去声变读区别词性的例子：

A. 动变名的例子（“＞”前是动词，后面是名词）：

给，居立切＞饩，许既切

“给”是供给的意思，动词。《左传·僖公四年》：“贡自不入，寡君之罪也，敢不共给。”

“饩”是供给的食物，名词，如《考工记·玉人》“以致稍饩”，郑玄注：“致稍饩，造宾客纳禀食也，饩或作气。”

入，入执切＞内，奴对切，名词

立，力入切＞位，于愧切

泣，去急切＞泪，力遂切

B. 名变动的例子：

*ʔak 恶，善恶，名词＞*ʔak 恶，好恶，动词

*ŋlakw 乐，入声，喜乐，名词＞*lak 乐，去声，好也，喜欢，动词

*kea 家，古牙切，阳平，名词＞*kea 嫁，古讶切，去声，动词

上古汉语早期的-s 尾音失落后变成去声，因此去声跟非去声之别原来是有-s 尾跟没有-s 尾之别。去声别义中的动变句型是承继共同汉藏语的一种构词法；名变动型在藏文和共同汉藏语中无源可溯，是后起的一型。

此外，还有运用四声的破读把内向动词变成外向动词，如：买→卖、受→授、赊→贳、贷（他德切）→贷（他代切）、学（胡觉切）→教（户教切）、乞（去讫切）→乞（去既切）。非去声是内向动词，去声是外向动词。黄坤尧先生（1990）的区别动作方向一类中，还有以下一些例子。假，见纽马韵，假入；见纽祃韵，假出。籍，从纽昔韵，借入；从纽祃韵，借出。禀，帮纽寝韵，受；帮纽沁韵，给。

2. *去声变读表示使动*

啗：徒敢切，自动。另　读徒滥切，以食喂人，《史记·项羽本纪》“拔剑切而～之”，《索隐》：“～，徒览反，凡以食喂人则去声，自食则上声。”

沈：直金切，自动。《诗经·菁菁者莪》“泛泛杨舟，载～载浮”，《释文》不注音，以为如字。另一读直禁切，使沉，《左传·定公三年》“执玉而～”，《释文》：“音鸩。”今温州方言的沉自动义平声，使动义去声。

借：资昔切，借入，自动。《左传·襄公四年》“寡君是以愿～助焉”，《释文》：“子亦反。”另一读子夜切，借出，即使之借入也，《论语·卫灵公》“有马不能调良，则～人乘习之”，《释文》：“子夜反。”

从上古汉语形态范畴和屈折形式的研究成果，我们发现，*-s 尾在上古汉语中极重要的一种屈折手段，其表达的语法意义不止一种。它可以表示既事形式，上古汉语中“时”范畴，也可以表示动词的完成，“体”的范畴，也可以表示

使动，"态"的范畴，也可以用来构词。去声来源于上古的*-s尾。去声表示动词既事形式，已从藏语既事形式的-s尾，得到印证。现代汉语方言中保留的去声破读区别词性与词义的语音屈折，应该就是上古汉语这种屈折形式的遗留。

7.2.2 现代汉语方言中的形态变化及其分布

7.2.2.1 汉语方言中的形态范畴

1. 态的语法范畴

我们在上文中看到汉语方言中有大量的表示"体"范畴内部屈折形式。除此之外，汉语方言中属于动词的语法范畴的还有"态"的语法范畴。

"态"的语法范畴表示动作的主体和客体在句子中表达方式的不同。一般谈到态，主要指主动态和被动态。现代汉语普通话中通过动词的内部屈折构成的"态"范畴，一般不表现为主动与被动的对立，而是表现为自动与使动的对立，如普通话中利用声调的屈折变化来表示自动和主动：

吐 t^hu^{214}（自动），t^hu^{51}（使动） 饮 in^{214}（自动），in^{51}（使动）

倒 tau^{214}（自动），tau^{51}（使动） 落 luo^{214}（自动），la^{51}（使动）

普通话中的自动与使动的表达，主要是用去声与非去声的交替来表示的。汉语中的去声破读表示语法意义的屈折形式，可以追溯到上古汉语。上古汉语中去声表示使动义，非去声表示自动义的例子很多。如：

饮：于锦切，自动；于禁切，使动，使人饮

离：力支切，自动；力智切，使动，使之相离

家：古牙切，自动，取妻曰家

嫁：古讶切，嫁人，即使人取妻

观：古完切，自动；古玩切，使动，使之观

现代汉语方言中也有用去声与非去声交替表达主动与被动、自动与使动这两种对立的"态"范畴的屈折形式。如山西寿阳方言声调屈折表示"态"的语法范畴也是用非去声表示自动，去声表示使动：

跑 p^hou^{214}（自动）；p^hou^{51}（使动）（使快速滚动）

连 lei^{33}（自动）；lei^{53}（使动）

烧 sou^{33}（自动）；sou^{51}（使动）（使发红或失去色彩）

醒 $si\eta^{214}$（自动）；$si\eta^{51}$（使动）（和好面后放一放，使其变软）

在河南方言中“醒”也是两种读音，上声表自动，去声表使动，意义与山西寿阳方言完全一样。

安徽含山方言中，主动和被动对立的屈折形式，是声调、辅音、元音同时变化来表达的：

蒸 ɕyn˧ 主动；ɕyeʔ˥ 被动，热气、水蒸气喷出有灼烫感

藏 tɕʰiaŋ˦˥ 躲藏（指人），主动；tsʰaŋ˦˥ 收藏（指物），被动

挂 kʰua˦˥ 划拨出，主动；kua˧ 划（破）、挂（破），被动

上古汉语中动词的“态”范畴在文献中有较多的保留，表示使动意义的语音手段主要有三种：（1）浊声母表自动，清声母表使动。（2）加后缀-s 表使动。（3）加前缀 s-表使动。

汉语方言中使动的语法意义是用多种语音手段表示的，主要有元音、辅音和声调的屈折变化，其中声调的变换是最常见的形式。现代汉语中去声表示使动的语音形式，应当是来自上古的后缀 *-s 表使动的屈折形式，因为汉语的去声是来自 *-s 后缀。

2. 数的语法范畴

“数”主要是与名词和代词相关的语法范畴，一般用名词（或代词）的词形变化区别单数和复数。现代汉语普通话的人称代词和指人的名词后面可以加“们”表示复数，但表示复数时也可不加“们”。汉语中的名词已经没有“数”的范畴，但方言中有代词的“数”的形态范畴。如陕西和山西方言有通过音长、声调的变换或声调变换和韵母变换并用的手段来表示单复数。下面是汉语方言中表示“数”范畴的主要的屈折形式。

（1）用声调的变换构成人称代词“数”的语法范畴。在陕西商县方言、甘肃天水方言、山西永济方言、湖北黄冈方言，以及广东惠州、增城方言中，都有用声调的变换来表示单复数的内部屈折形式。如：

陕西商县方言“我”“你”“他”读上声（53）表示单数，读阴平（21）则表示复数：ŋɤ^{53}（我）→ŋɤ^{21}（我们）；ȵi^{53}（你）→ȵi^{21}（你们）；tʰa^{53}（他）→tʰa^{21}（他们）

山西永济方言：我 ŋuə^{53}，单数；我 ŋuə^{35}，复数

惠州方言：ŋɔi^{213}（我）→ŋɔi^{35}（我们）；ni^{213}（你）→ni^{35}（你们）；佢 kʰy^{11}（他、她）→kʰy^{35}（他们、她们）

黄冈方言人称代词也用声调的变换区分“单复数”：“我”“你”读上声

调(53)、“他”读阴平调(33)表示单数意义；读入声调(213)的“我”“你”“他”表示复数意义。

(2) 综合语音形式表示“数”的范畴。

甘肃一些方言利用声调和韵母的变化来表示第一人称代词和第二人称代词的单复数。如天水方言：

第一人称：ᶜne(我)；꜁nao(我们)；第二人称：ᶜni(你)；꜁niu(你们)

苏北赣榆话人称代词利用音素的增减表示单复数，每个词形的来源从语音演变的过程可以看出：

我 uo，俺 an(单数)；俺 an(复数)

你 ni(敬称)，n(单数)，n(复数)

他 t^ha(单数)，t^ham(复数)

山西洪洞方言人称代词单数和复数的区别则是利用改变韵母又改变声调的复合手法而形成的内部屈折。如：

单数：ŋo^{33}(我)，ȵi^{33}(你)，ŋa^{21}(那)

复数：ŋua^{33}(我们)，ȵia^{42}(你们)，ŋu^{21} tia(那家)

山西万荣的人称代词单复数的区别是通过改变音长和声调进行的。如：

单数：ŋɤ^{55}(我)，ȵi^{55}(你)，t^ha^{55}(他)

复数：ŋɤ^{51}(我们)，ȵi^{51}(你们)，t^ha^{51}(他们)

广东四邑两阳地区主要用音节内部的韵尾变化或兼用声调变化来表示。如：

	我	我们	你	你们	他	他们
江门话：	ŋai	ŋɔk	lei	liɛk	k^hui	k^hiɛk
阳江话：	ŋɔ	ŋɔk	nei	niɛ	kei	kiɛk

根据钱乃荣先生的研究，吴语人称代词复数形式与单数形式的关系可分为两种，一是用加词尾形式构成复数，二是由韵母形态屈折变化构成复数。他认为有的地点变化规则清楚，有的不清楚。规则最清楚的是比较偏僻的乡村和小镇。如：

王家井：我 ŋɯ^{233}→伢 ŋA^{233}(我们)

你 ȵiz^{233}→ȵiA^{233}(你们)

其 dʑiz^{233}→dʑiA^{233}(他们)

崇仁：我 ŋɤ²²→牙 ŋᴀ³³（我们）

依 ŋuŋ²²→na²²（你们）

夷 ɦi³¹²→耶 ɦia³¹²（他们）

从这些屈折变化的语音形式来看，汉语方言中的“数”范畴是后起的语法现象。这些内部屈折形式是各种音变的结果，如合音、变调等，和上古汉语的屈折形式没有联系。

我们说汉语方言中“数”的范畴是后起的形式，基于以下几个理由。一是上古缺乏相应的文献材料支持：上古代词不分单复数，如“我”既表单数也表复数，看不出这个“我”语音上有什么区别；二、表示“数”范畴屈折形式各方言之间没有一致性，这些语音形式之间也找不到其对应规律，不像有同一来源；三、有些方言中表示“数”范畴的语音形式可以用音变现象解释并能判断其时间层次。

汉语方言中的“数”范畴，有的是合音现象，有的是变调现象。这些屈折形式都属于“创新”形式。如山西洪洞方言人称的单复数变化用的是内部屈折和附加法的结合，这种内部屈折有源于“我家”“你家”的合音，第三人称的合音尚未完成。商县话“他”表示单数的时候由阴平转为上声是语法因素所促成的类推作用（袁家骅，2001）。黄冈方言的“数”的屈折是声调演变的结果。黄冈方言人称代词的形态变化是凭借入声调读音来实现的。古入声字在黄冈方言中绝大多数都读 213 调。黄冈方言入声自成调类，入声调（213）读音的大量存在，就可能使得个别并非古入声字的字混迹其中，也读入声调。人称代词“我”“你”为中古上声字，“他”为中古平声字，都不在古入声字之列，所以黄冈方言“我”“你”“他”另外的入声调一读，肯定是语音演变的结果。说明黄冈的声调变换表示“数”的形态范畴也是后起的。

另外，汉语方言中“数”范畴的屈折形式在各地方言没有一致性。商县方言人称代词声调用高降表示单数，低降表示复数。山西永济方言高降调表示单数，用相反曲度的升调表示复数。惠州方言曲折调表示单数，高升调表示复数。可见汉语方言中声调变化表示单复数的调值形式不固定，各方言中表示“数”范畴的语音形式不一致，并且不是成系统的、能产的手段，虽然“数”范畴在汉语方言中的分布很广，但仍无法说明它们是存古形式，只能说明它们是各自创新的不同形式。

戴昭铭（2000）由吴语的复数形式的表现类型，认为“屈折变化”仅是少数地方人称代词单数加词缀后，由于历史音变成了综合音节才在语音上构成了与单数形式的对立，并非在单复数构成上本来普遍存在屈折变化的规则，这种变化同印欧语的共时系统中用屈折变化构成语法对立的原理仍有区别。此说有一定道理。通过对汉语方言中这些内部屈折构成"数"范畴的现象，"数"的屈折变化的确是历史音变的产物。

3. 格的语法范畴

格是表示词语之间结构关系和语义关系的语法范畴。一般用名词和代词的形态变化表示各种不同的格。现代汉语普通话没有"格"的语法范畴，方言中有"格"范畴的存在，但只有代词的具有"格"的范畴，名词没有"格"的范畴。人称代词的"格"范畴山西方言比较普遍，如太原、榆次、寿阳、榆社、汾阳等方言，如山西各地方言，第一二人称代词的主宾格采用基本韵母，而所有格则通过改变音节的韵母这种内部屈折来表现。如下表（乔全生，1996）：

	太原	榆次	寿阳	榆社
第一人称代词（"我"的主宾格）	ŋɤ^{53}	ŋɤ^{312}	ŋɤ^{312}	ŋɤ^{312}
第一人称代词（"我"的所有格）	ŋəʔ^{53}	ŋəʔ^{312}	ŋəʔ^{312}	ŋəʔ^{312}
第二人称代词（"你"的主宾格）	ni^{53}	ȵi^{312}	ȵɿ^{312}	ȵɿ^{312}
第二人称代词（"你"的所有格）	niəʔ^{33}	ȵiəʔ^{31}	ȵiəʔ^{31}	ȵiəʔ^{31}

汾阳方言第一二人称代词单数作主宾语与作定语（限于亲属称谓）的形式不同（宋秀令：《汾阳方言的人称代词》，《语文研究》1992 年第一期），作主语时，第一人称用"俺"ŋi^{324}，第二人称用"你"n^{324}，作亲属称谓的定语，第一人称用"恩"ŋəŋ^{324}，第二人称用"你"ȵi^{434}。也是改变韵母的方式来构成"格"范畴。

甘肃方言和粤方言中也有"格"范畴的存在。甘肃临夏一带的汉语方言中第一二人称代词单数"我""你"作主语时和作宾语时的语音形式不同。

a. 你(nie)我(nga)再要不打。（你不要再打我）

b. 我(ŋe)你(nia)想的呱！（我很想你啊）

a 句中"你"为主语，"我"为宾语；b 句中"我"为主语，"你"为宾语。这种现象的存在，与这些地区长期同少数民族语言（汉藏语系藏缅语族和阿尔泰语系突厥语族)接触且受其影响有关。[1]

甘肃方言一些方言中第二人称代词读上声，即“你(ᶜni)”，如果读为阳平“你(꜀ni)”，就表示第三人称，意义相当于普通话的“他”。

惠州话亲属称谓前的单数人称代词通过把声调念成高平调构成领格。单数人称代词后的中心词一般是名词时，惠州话在人称代词后加上相当于普通话结构助词“的”的“ε^{33}”构成领格。如：捱 ε^{33} 书(我的书)、你 ε^{33} 衫(你的衣服)、佢 ε^{33} 单车(他的自行车)。如果中心词是亲属称谓，单数人称代词则通过把声调念成高平调而构成领格。如：

ŋɔi^{313}(我)→ŋɔi^{35}阿爸(我的爸爸)、ŋɔi^{35}老公(我的丈夫)、ŋɔi^{35}老婆(我的妻子)

ni^{313}(你)→ni^{55}阿妈(你妈妈)、ni^{55}姐婆(你的外婆)、ni^{55}阿女(你的女儿)

另外，黄冈方言中，“我”“你”“他”人称代词非入声调读音用在主格、宾格位置(上声“我、你”、阴平调“他”)，入声调人称代词绝不会出现在主格、宾格位置，也是“格”的语法范畴。

汉语各个方言中的“格”范畴，分别属于不同的性质。黄冈方言是声调的演变产生的语法现象，是创新的结果。

惠州方言的“格”范畴也应该是一种音变现象。单数人称代词后面跟名词时，后加 ε 构成领格，不能算是一种内部屈折形式，声调变化表示领格似乎是一种语流音变现象。甘肃临夏方言是外来语言影响的结果。

山西各地方言的“格”范畴，则属于另一种情况。这些地区都是用代词变韵的形式来表示“格”范畴，和河南各地“体”范畴的形式好像是同一性质。考察上古汉语“格”范畴，也是用改变韵尾的方式来表示的。

按照高本汉关于上古汉语有“格”的形态屈折的理论，山西方言中代词的“格”范畴很可能是保留了上古汉语的屈折形式。汉语方言中名词没有“格”范畴，应该是屈折形式简化的结果。

4. 级的语法范畴

级是表示性质状态的程度的语法范畴，一般通过形容词、副词的形态变化来区分原级、比较级和最高级。英语单音节形容词和一部分副词一般用词尾

---

〔1〕 雒鹏年：《甘肃方言几类实词中存在的一些语法现象》，《西北师大学报》(社会科学版)1997 年第 1 期。

变化，即外部屈折的形式区分这三种级，如 fast（快，原级）、faster（比较快，比较级）、fastest（最快，最高级）。多音节词则一般用前加虚词 more、less、better、worse 表示比较级，most、least 表示最高级。现代汉语方言却有用辅音变化的内部屈折形式来表示形容词“级”范畴的语法现象，例如含山话 iŇ 形容词，指小孩儿顽皮。tɕiŇ 形容词，指小孩儿特别顽皮（让人感到非常讨厌）。iŇ 为较弱级，其标志为 ø。tɕiŇ 为较强级，其标志为 tɕ。

“级”的形态范畴在汉语方言中仅剩下个别现象，使我们没法看清其真实面貌，只能说“级”的形态范畴在汉语方言已接近消亡。

7.2.2.2 语音屈折手段构词与构形的形态变化

现代汉语普通话中保留最多的内部屈折形式，是用屈折手段构词，如：

（1）元音变化的屈折形式表示不同词性和词义。如：和꜀xə 形容词；xuo꜄ 动词。还꜀xai 副词；꜀xuan 动词。得꜀də 动词；꜂dei 助词。

（2）声调的变换构成新词是汉语普通话中最常用的一种内部屈折形式。如：

凉 $liaŋ^{35}$ 形容词；$liaŋ^{51}$ 动词

难 nan^{35} 形容词；nan^{51} 名词

冲 $tʂ^{h}uəŋ^{55}$ 动词；$tʂ^{h}uəŋ^{51}$ 形容词

少 $ʂau^{214}$ 形容词；$ʂau^{51}$ 名词

好 xau^{214} 形容词；xau^{51}，动词

分 $fən^{55}$ 动词；$fən^{51}$ 名词

更 $kəŋ^{55}$ 动词，变化，更替；$kəŋ^{51}$ 副词，表程度加深。

（3）送气清音与不送气清音交替是辅音的屈折形式，这种屈折形式有时伴随着声调的变化。如：

藏，$ts^{h}aŋ^{35}$ 送气，平声，动词；$tsaŋ^{51}$ 不送气，去声，名词

传，$tʂ^{h}uan^{35}$ 送气，平声，动词；$tʂuan^{51}$ 不送气，去声，名词

长，$tʂ^{h}aŋ^{35}$ 送气，平声，形容词；$tʂaŋ^{214}$ 不送气，上声，动词

这种屈折形式直接来源于古代汉语。如：藏，昨郎切，动词；徂朗切，名词。传，直挛切，动词；直恋切，名词。长，直良切，形容词；知丈切，动词。

方言中也有很多屈折构词的形态变化。其语音形式和普通话中的一样，主要也是元音屈折和声调屈折，也有综合语音形式的屈折，其中声调屈折的形

式仍是最常见的形式。

属于江淮官话的安徽含山方言中的元音的屈折变化，区别词义的同时也区别了语法意义，起到了构形和构词的双重作用。如含山话中的元音屈折现象：

脏tsɔ：名词，“尘土、污垢、垃圾”等义；tsaŋ：形容词，“不净”

ɕia：动词，“下去、下来”；xa：量词，义为次、趟、回等，用于器物的容量

tei：形容词，“符合、吻合”义；təɯ：动词，“对接、衔接”义

含山话中的声调屈折，表现为不同的声调，表达的词性不同，词义有一定的联系：

ml：名词，义为泥土；ml：动词，义为往墙上涂抹泥巴，以修砌墙壁

xo：名词，义为伙食；xo：动词，义为聚餐

ʃa：名词，义为沙土，沙粒；ʃa：动词，义为（沙粒等细碎物）漏出

河南平顶山、商水：

磨 mo^{53}，阳平，动词，～刀；mo^{51}，去声，名词，石～，动词，使转动

瓦 ua^{55}，上声，名词，破砖烂～；ua^{51}，去声，动词，～瓦

叉 $tʂ^{h}a^{55}$，上声，动词；$tʂ^{h}a^{51}$，去声，名词，劈～

揣 $tʂ^{h}uai^{213}$，平声，动词，～着手；$tʂ^{h}uai^{55}$，上声，～摩

含山话中的辅音屈折：

tsəʔ˥，名词，义为塞子；səʔ˥，动词，义为阻塞、堵塞

（səʔ˥也有名词义，指炉膛内起支撑燃料和通风作用的铁条。作为名词时的辅音 ts、s 并存现象，当是方言内部屈折简化的过渡形式）

ʃən，动词，义为伸出；露出；展出；ʧən，形容词，义舒服

古汉语中屈折构词与构形的手段也很多，主要也表现为元音屈折、辅音屈折和声调屈折。去声屈折主要形式是利用去声的变读来区别词性。四声别义是上古汉语构词的一种方式，较早的阶段是四声破读把动词变成名词，较后的阶段是把名词变成动词。梅祖麟认为，动词变为名词是承继共同汉藏语的构词法，名词变成动词，是类比作用的产物。根据梅祖麟的统计，唐纳和周法高两位先后编的去声别义字表，例子有 200 项左右。梅氏在《四声别义的时间层次》一文中，证实了用去声变读屈折手段构词的时间至少在上古汉语的早期。上古汉语早期的-s 尾音失落后变成去声，因此去声跟非去声之别原来是有-s 尾跟没有-s 尾之别。去声别义中的动变句型是承继共同汉藏语的一种构词

法；名变动型在藏文和共同汉藏语中无源可溯，是后起的一型。

从上古汉语形态范畴和屈折形式的研究成果，我们发现，*-s 尾在上古汉语中是极重要的一种屈折手段，其表达的语法意义不止一种。它可以表示既事形式，即上古汉语中“时”的范畴，也可以表示动词的完成，“体”的范畴，也可以表示使动，“态”的范畴，也可以用来构词。去声来源于上古的*-s 尾。去声表示动词既事形式，已从藏语既事形式的-s 尾，得到印证。现代汉语方言中保留的去声破读区别词性与词义的语音屈折，应该就是上古汉语这种屈折形式的遗留。

在上古汉语中，上述形态的语音表现，一定是相当普遍的，后来随着语言的演变，形态范畴逐渐消失，只有小部分保留在古代文献汉语方言中。方言是活的语音材料，我们从方言中分布的屈折形式还可以推想上古汉语屈折形式的面貌。如上古汉语四声别义的屈折现象，在普通话和方言中仍可以看到，说明现代汉语中的屈折构词和构形，的确有上古汉语的遗迹。

7.2.3 汉语方言屈折形式的特点

7.2.3.1 汉语方言的内部屈折有不同的层次

语法的研究和语音、词汇的研究一样，有时也必须联系历史去考察，才能看清其真实面貌。通过对汉语方言屈折形式的考察，结合上古汉语，我们认为，汉语方言中的内部屈折形式有些是“创新”，有些是存古。它们有不同的来源，也处于不同的历史层次当中。

袁家骅等先生(1983)指出：现代方言的某些狭义的形态变化，“大概是创新的结果而未必是古汉语特点的残余。”这个理论有其合理性。汉语方言中的屈折形式更多是创新的结果。属于“创新”的屈折形式主要有“体”“数”的形态范畴。“格”范畴在各方言中的情况不一，有的明显可以看出是后起现象，如黄冈方言和惠州方言“格”范畴是声调演变的结果；有的是语言接触留下的痕迹，如甘肃临夏方言。有的则是上古汉语的遗留，如山西各地方言。属于存古形式的形态变化主要是构词和构形方面的形态变化。而“级”的语法范畴因为只剩下个别现象，很难看清其真实面貌。

从黄冈方言“格”范畴的形成过程，我们可以更清楚地看到黄冈方言中屈折形式的创新过程及其发展趋势。黄冈方言人称代词表领属关系时，在正式场合和中心词为文理词时，读非入声调，日常交际中读入声调；人称代词采用非入声调读法的场合比采用入声调读法的场合要多。如：

a. 借是我^{213}堂客

b. 借是我^{213}（我^{53}）爱人

c. 借是我^{53}妻子

从 a 到 b 再到 c，人称代词经历了从入声调到入声调与非入声调并行再到非入声调的过程，其发展脉络应该是：

非入声 a→入声→入声/非入声 a1→非入声 a1

虽然 a 与 a1 在形式上可能是一致的，但他们分别属于不同的层次。a 是非入声的“我”在音变演变过程中变为入声，且负载了表“领属”这样的语法意义，是古音之后的创新，这种创新在受到普通话的影响之后，又回归到“非入声”这一语音形式，也就是 a1。从这个过程中我们可以看到，黄冈方言“格”的形态屈折“创新”之后又走向消退。

如前所述，汉语方言中“体”“数”这两种存在最多的形态范畴是创新音变的结果，而非上古汉语的遗留。以及“态”即构词构形方面的形态则都是古汉语屈折形式的遗留。“态”范畴和构词构形的形态，在上古汉语中大量存在，且与现代汉语方言中的屈折形式有很多一致的地方。如普通话中去声破读区别词义与词性的构词形态就是上古汉语四声别义这一屈折形式的直接遗留。普通话中的“恶”“乐”“好”，用去声与非去声区别词义与词性，可以追溯到上古时代。在上古汉语中，去声与非去声的变化区别词性，表达使动与自动是一种很常用的声调屈折手段。

汉语方言的内部屈折形态范畴正体现了“创新音变有现实的语音条件，古音遗存不体现语音条件。古音遗存一般是零星的，少量的，而创新音变可能是批量的”这两个特征。表示“体、数、格”语法范畴的内部屈折我们几乎都可以清楚地看到其音变条件和音变原理。基本上都是在“今音”语言环境中发生的音变。并且，属于创新音变的“体、数”的形态范畴，也是分布较广的，尤其是河南方言中的语法音变，都是大批量存在的。

而构词与构形方面的形态特征，则可以直接追溯到古代，我们也可以清楚地看到它们从古到今发展的足迹。

7.2.3.2　汉语方言内部屈折的创新与简化

现代汉语方言的内部屈折表现出以下特征：

一、内部屈折的形式在汉语方言中的分布具有不均衡、不系统和不一致性。形态变化只散见于各地不同的方言之中而不具有普遍性。

二、在同一方言内部，不同的内部屈折形式表达语法意义的能力也很不均衡。如声调的变换可以表达多种语法意义，在表达同一语法意义时，声调变换形式的运用也远比元音和辅音为多。

三、不同形态范畴数量多寡不一。构词构形的形态变化在汉语中是保留最多的形态范畴。其次是“数”范畴，中原官话、江淮官话、西南官话、吴方言、粤方言中都有“数”的形态范畴。其中，构词构形形态大多是上古汉语的遗留，“数”范畴则是后起现象。由上古屈折形式遗留下来的内部屈折，除了构词和构形方面的范畴保留较多的形式之外，大多数都只剩下残余形式。

四、汉语方言中的内部屈折形式大多与分析形式并存，且这两种形式大多表现出在不同语境中的对立。如：黄冈方言的声调屈折表现为，表复数的入声调读音“我^{213}”“你^{213}”“他^{213}”，与用附加词尾“们”并存。用“们”表复数时用在正式场合，或人称代词之后有数量词、代词等复指成分；河南长葛和舞阳方言的动词变韵表示时、体的形态范畴也和相应的助词“了、着、过、到”并存，用动词变韵表示语法意义具有口语化特点，用虚词表示相应的语法意义多用在正式场合，这是由于普通话影响导致的内部屈折的消退。

汉语方言屈折形式的以上特点说明，汉语曾经用屈折形式表示语法意义，后来逐渐演变为用分析形式来表达语法意义，分析形式是后起现象。这是由于语言系统中语法手段的发展变化导致的。如“着、了、过”的语法化导致“时、体”内部屈折的消失。另外，语音系统的发展变化也导致了内部屈折的减少和消亡。亲属语言在这方面可以为我们提供佐证。一些以分析形式为主表达语法意义的亲属语言里，语法关系（包括语法意义）主要用虚词和语序来表示，这些虚词多数是从实词虚化而来，也有的虚词在亲属语言中是和某些粘着形态成分或屈折形态成分有着某种联系，经过长时间的历史演变，逐步与词干分离，固化为一个独立性较大的虚词。同时也说明了汉语中的屈折手段趋向简化，逐渐走上了一条消亡的道路。

汉语方言的内部屈折虽然有其不同的历史来源，有的是创新，有的是存古，但不管是创新还是存古，它们表现出一个共同的发展趋势，就是走向简化和消退。存古的语言形式走向消退，是很容易理解的现象，而创新之后再走向消退，则是一个比较奇特的现象。其实，创新是方言内部演变的结果，再次走向消退，是受了普通话影响的结果。汉语方言中的内部屈折从古至今的发展脉络，应该是这样一个过程：

屈折→简化→创新屈折→简化→消退

汉语方言中，一方面，存古的内部屈折形式正在逐渐消退，其消退的速度不一，在方言中的分布也就表现出不系统和不均衡性。另一方面，又有大面积的内部屈折在语言的发展中产生，而这些创新的内部屈折也处于简化当中。这是一种有趣的现象。

7.2.3.3　汉语方言中的屈折形式与亲属语言的关系

汉语方言的屈折形式与亲属语言表现出很多相似性与一致性，而与印欧语有比较大的区别。作为有声调的分析性语言之一，汉语方言的狭义形态不同于印欧语，它较少用外部形态表示语法意义。从上面对汉语方言屈折形式的考察，我们看到，汉语方言中声调屈折变化是最常用的形式，汉语方言中所出现的形态范畴几乎都有用声调变化的手段来表达的。比如数、级、格、态等，时、体的范畴。

汉语方言中的屈折形式不是单一的，所表达的形态范畴也比较丰富。但汉语方言中的屈折形式与形态范畴不是一对一的关系，常常一个形态范畴有多种表达手段。从前文描写的“数”的范畴，我们可以看到，有的方言用声调的变化来表示“数”范畴，有的用元音的变化来表示，也有的方言同时兼用多种手段。如安徽含山方言，既用声调的变化表示单复数，又用声调同时又有元音变化或长短音变化来表示单复数。这和藏语的动词屈折形态的特点有相似之处。据瞿霭堂《藏语动词屈折形态的结构及其演变》一文的研究，藏语动词的屈折变化属对比式而不是对应式，即语法意义和语法形式之间是对比关系而不是对应关系。一个形态成分同一种语法意义并无固定的联系，而是不同的语法意义在不同的形态成分的对比中体现出来不同类型的语言，它们的形态变化是不同的。在亲属语言与汉语中，多种语音形式表示同一范畴的现象，表明各种复杂的屈折形式之间存在着一定的内在联系；也表明这些纷繁的屈折形式都是语言演变历史长河中的某个历史阶段的特征，它们仍处在变化之中，只是变化的快慢、变化的方式、变化的内容存在不平衡、不一致，致使我们现在能从变化状态的差异中窥见它们的发展脉络。

汉语的屈折形式，除了以上两点区别于印欧语而与亲属语言具有相似性和一致性之外，在屈折形式简化和消退的过程上，以及从综合性手段向分析性手段演变的特征上，都表现出与亲属语言具有相似性和一致性的特点。这一特点，可为汉藏亲属语言的比较提供一些参考。

7.2.4　结论

我们从汉语方言的材料可以看到，汉语方言中的内部屈折分布范围相当广泛，存在的形式也相当丰富，并且有些内部屈折形式与上古汉语的屈折形式有很多联系，如四声别义，自动与使动的形态范畴，在现代汉语普通话与方言中都有比较丰富的表现，在形式上与上古汉语、亲属语言都有紧密的联系。在广泛运用声调屈折的特点上也表现出与亲属语言的一致。这一类内部屈折应当是上古汉语屈折形式的遗留，这些形态虽然消失了，但仍以各种形式保存在书面文献和现代汉语方言中。从汉语方言中这些内部屈折的遗迹，我们可以推测早期汉语应该有丰富的形态范畴，古汉语为屈折说是可信的。

同时，现代汉语方言中的形态变化大部分是创新的结果，这些创新的内部屈折又走向简化的道路。这个“屈折→简化→创新屈折→简化→消退”的过程当如何解释，有待进一步的研究。

参考文献

[1] George N. Clements, Susan R. Hertz,王嘉龄译.非线性音系学与声学解释[J].国外语言学,1995,1:28-33.

[2] James D. Mccawley,张伯江译.汉语词类归属的理据[J].国外语言学,1994,4:29-36.

[3] J. K. Chambers, Peter Trudgill. Dialectology(second edition)[M].北京:北京大学出版社,2002.

[4] P. K. Benedict. Semantic Differentiation in Indo-Chinese—Old Chine 蜡 lâp and 傩 nâ, HJAS, 1939,4:218.

[5] Wang, W. S-Y. Competing Change as a Cause of Residue[J]. *Language*, 1969, 45:9-25.

[6] Wang, W. S-Y. Language Change—A Lexical Perspective[J]. *Annual Review of Anthropology*, 1979, 8:353-371.

[7] U. Weinreich, W. Labov, M. Herzog.语言演变理论的经验基础[J].国外语言学,1988,4.

[8] William Labov.拉波夫语言学自选集(*Studies in Sociolinguistics: Selected papers by William Labov*)[M].北京:北京语言文化大学出版社,2001.

[9] [美]爱德华·萨丕尔著,陆卓元译.语言论[M].北京:商务印书馆,1997:155-172.

[10] 安华林.固始话的阴阳平异读[M].郑州:中州学刊,1997(增刊).

[11] 包智明,侍建国,许德宝.生成音系学理论及其应用[M].北京:中国社会科学出版社,1997.

[12] [美] 布龙菲尔德著，袁家骅，赵世开，甘世福译，钱晋华校.语言论[M].北京：商务印书馆，1997：16.
[13] 曹志耘.地理语言学及其在中国的发展[A].汉语语言学文萃（方言卷）[C].北京：北京语言大学出版社，2004.
[14] 曹志耘.南部吴语语音研究[M].北京：商务印书馆，2002：48.
[15] 曹延杰.德州方言地名读音[J].方言，1997，1.
[16] 陈保亚.语言接触导致汉语分化的两种模式[J].北京大学学报（哲学社会科学版），2005，42(2).
[17] 陈卫恒.古韵之幽交涉与今方言子变韵现象音变原理的一致性[J].殷都学刊，2004，2.
[18] 陈卫恒.林州"子"尾读音研究[J].语文研究，2003，3.
[19] 陈忠敏.重论文白异读与语音层次[J].语言研究，2003，3.
[20] 陈忠敏.吴语及邻近方言鱼韵的读音层次[A].语言学论丛（第二十七辑）[C].北京：商务印书馆，2003：53.
[21] 戴昭铭.历史音变和吴方言人称代词复数形式的来历[J].中国语文，2000，3.
[22] 丁邦新.一百年前的苏州话[M].上海：上海教育出版社，2003.
[23] 丁邦新.汉语方言区分的条件[A].丁邦新语言学论文集[C].北京：商务印书馆，1998.
[24] 丁邦新.与《中原音韵》相关的几种方言现象[A].丁邦新语言学论文集[C].北京：商务印书馆，1998：128－129.
[25] 丁全，田小枫.南阳方言[M].郑州：中州古籍出版社，2001.
[26] 丁声树.河南省遂平方言记略[J].方言，1989，2.
[27] 董绍克.山东阳谷梁山两县方言的归属[J].方言，1986，1.
[28] 董绍克.山东阳谷方言的变调[J].方言，1993，1.
[29] 董绍克.汉语方言词汇差异比较研究[M].北京：民族出版社，2000：226.
[30] 董绍克.阳谷方言志[M].北京：中国广播电视出版社，1991.
[31] 房青.非线性音系学与汉语研究[J].汉语学习，2003，2.
[32] 冯蒸.《尔雅音图》的疑母[J].云梦学刊，1997，1.
[33] 冯蒸.《尔雅音图》音注所反映的宋初非敷奉三母合流[J].语言研究，1994（增刊）.

[34] 冯蒸.《尔雅音图》音注所反映的宋代知庄章三组声母演变[J].汉字文化,1994,3.
[35] 耿振生.20世纪汉语音韵学方法论[M].北京：北京大学出版社,2004：231－257.
[36] 龚佩琏.新县方言的语音系统及其与普通话的对应规律[J].信阳师范学院学报(哲学社会科学版),1982,2.
[37] 古本正.试谈河南襄城方音和北京语音的差异[J].方言与普通话集刊[C].北京文字改革出版社,1959.
[38] 关伟华.知庄章声母在长葛话中的读音及演变[J].汕头大学学报(人文社会科学版),2005,2.
[39] [瑞典] 高本汉.中国音韵学研究[M].北京：商务印书馆,1994.
[40] 郭锡良.汉字古音手册[M].北京：北京大学出版社,1986.
[41] 贺巍.河南省西南部方言的异同[J].方言,1985,2：119－123.
[42] 贺巍.洛阳方言记略[J].方言,1984,4.
[43] 贺巍.洛阳方言研究[M].北京：社会科学文献出版社,1994：45－64.
[44] 贺巍.获嘉方言研究[M].北京：商务印书馆,1989.
[45] 贺巍.冀鲁豫三省毗连地区的方言分界[J].方言,1986,1.
[46] 贺巍.济源言记略[J].方言,1981,1.
[47] 贺巍.晋语舒声促化的类别[J].方言,1996,1.
[48] 贺巍.汉语官话方言入声消失的成因[J].中国语文,1995,3.
[49] 贺巍.中原官话的分区(稿)[J].方言,2005,2.
[50] 何大安.规律与方向——变迁中的音韵结构[M].北京：北京大学出版社,2004.
[51] 何大安.云南汉语方言中与腭化有关诸声母的演变[J].史语所集刊[C].1985,56.2：261－284.
[52] 何伟棠.增城方言的语法特点[J].方言,1993,2.
[53] 何一凡.《中原音韵》见、知、照(章庄)系声母发展的不同层次[A].《中原音韵》新论[C].北京：北京大学出版社,1991.
[54] 黄培需.河南睢县语音与北京语音的比较[J].方言与普通话集刊(第6本)[C].北京：北京文字改革出版社,1959.
[55] 黄笑山.《切韵》和中唐五代音位系统[M].台北：文津出版社,1995.

[56] 侯精一,温端正.山西方言调查研究报告[M].太原：山西高校联合出版社,1993.
[57] 侯精一.现代汉语方言概论[M].上海：上海教育出版社,2002.
[58] 宁继福.十四世纪大都方言的文白异读[A].《中原音韵》新论[C].北京：北京大学出版社,1991.
[59] 江蓝生.语言接触与元明时期的特殊判断句[A].语言学论丛(第二十八辑)[C].北京：商务印书馆,2003.
[60] 蒋冀骋.近代汉语音韵研究[M].长沙：湖南师范大学出版社,1997.
[61] 金基石.尖团音问题与朝鲜文献的对音[J].中国语文,2001,2.
[62] 金理新.上古汉语声母清浊交替和动词的体[J].语文研究,2005,4.
[63] 吉田久美子.《合并字学集韵》的疑母[J].汉字文化,1999,2.
[64]〔元〕孔齐.至正直记[M].粤雅堂丛书,一册：5.
[65] 黎新第.官话方言促变舒声的层次和相互关系试析[J].语文研究,1987,1.
[66] 黎新第.明清时期的南方系官话方言及其语音特点[J].重庆师范学院学报,1995,4.
[67] 李方桂.上古音研究[M].北京：商务印书馆,2001.
[68] 李静,房秋凤.河南平顶山方言同音字汇[J].平顶山师专学报,2000,8.
[69] 李静.平顶山方言音系[J].天中学刊,1998,6.
[70] 李存聚.河南方音与北京语音的比较[A].方言与普通话集刊[C].北京：北京文字改革出版社,1959.
[71] 李立成.元代汉语音系的比较研究[M].北京：外文出版社,2002.
[72] 李荣.杭州方言词典[M].南京：江苏教育出版社,1998.
[73] 李荣.官话方言的分区[J].方言,1985,1.
[74] 李如龙.福建方言[M].福州：福建人民出版社,1997.
[75] 李如龙.论汉语方言语音的演变[J].语言研究,1999,1.
[76] 李如龙.汉语方言的比较研究[M].北京：商务印书馆,2001.
[77] 李如龙,辛世彪.晋南关中的全浊送气与唐宋西北方言[J].中国语文,1999,3.
[78] 李申.徐州方言志[M].北京：语文出版社,1985.
[79] 李霞.西南官话语音研究[D].上海：上海师范大学硕士学位论文,2004.
[80] 李小平.山西日临县方言舒声促化现象分析[J].山西师范大学学报(社会

科学版),1998,4.
[81] 李新魁.李新魁自选集[M].郑州：大象出版社,1993.
[82] 李新魁.《中原音韵》音系研究[M].郑州：中州书画社,1983：11,22.
[83] 李新魁.关于《中原音韵》语音系的基础和入派三声[J].中国语文,1963,4.
[84] 李新魁.《中原音韵》的性质及其代表的音系[J].江汉学报,1962,8.
[85] 李新魁.《中原音韵》音系[M].北京：社会科学文献出版社,1981.
[86] 李秀红.周口地区过渡语简析[J].周口师范高等专科学校学报,2001,18,3.
[87] 林焘,王理嘉.语音学教程[M].北京：北京大学出版社,1992.
[88] 刘宝俊.论现代汉语方言中的一等 i 介音现象[J].华北师范大学学报(哲社版),1993,1.
[89] 刘春卉.河南确山方言中与古入声有关的几种声韵拼合规律[J].河南教育学院学报(哲社版),2002,4.
[90] 刘冬冰.开封方言记略[J].方言,1997,4.
[91] 刘冬冰.古合口韵在今光山方言中的变异[J].语言研究,1994,6.
[92] 刘静.《中原音韵》车遮韵在宋元俗文学中的运用[J].陕西师范大学学报(哲学社会科学版),2003,4.
[93] 刘俐李.20 世纪汉语声调演变研究综述[J].语言文字学,2003,9.
[94] 刘若云.惠州话词内屈折变化形式刍议[J].语言研究,2003,2.
[95] 刘颂浩.襄城方言音系[J].方言,1993,(4)：284－294.
[96] 刘勋宁.再论汉语北方话的分区[J].中国语文,1995,6.
[97] 刘勋宁.现代汉语研究[M].北京：北京语言文化大学出版社,1998.
[98] 刘勋宁.中原官话与北方官话的区别及《中原音韵》的语言基础[J].中国语文,1998,6.
[99] 刘勋宁.文白异读与语音层次[J].语言教学与研究,2002,4.
[100] 刘祥柏.徽州方言晓组合口一二等字的声母今读[J].长江学术,2002,2.
[101] 刘雪霞.北京话的文白异读面面谈[J].(香港)语文建设通讯,2005,82.
[102] 刘雪霞.中原官话有无历史层次[J].中州学刊,2005,6(增刊).
[103] 刘泽民.客赣方言历史层次研究[D].上海：上海师范大学博士学位论文,2004.
[104] 刘镇发.北京话入派三声的规律与北方官话间的关系[J].语言研

究,2004,24(2).
[105] 卢甲文.郑州方言志[M].北京：语文出版社,1992.
[106] 卢甲文,胡曜汀.河南方言资料[M].郑州：河南人民出版社,1984.
[107] 鲁允中.普通话的轻声和儿化[M].北京：商务印书馆,1995.
[108] 罗常培.临川音系[M].北京：商务印书馆,1940.
[109] 罗常培.汉语音韵学导论[M].北京：中华书局,1982：45.
[110] 罗常培.《中原音韵声类考》[J].历史语言研究所集刊,1932,2(4)：73-74.
[111] 马培芝.灵宝方音与北京语音的对应[A].方言与普通话集刊[C].北京：文字改革出版社,1959.
[112] 麦耘.关于章组声母翘舌化的动因问题[J].古汉语研究,1994,1.
[113] 麦耘.《韵法直图》中二等开口字的介音[J].语言研究,1987,2.
[114] [法] 马伯乐著,聂鸿音译.唐代长安方言考[M].北京：中华书局,2005.
[115] [法] 梅耶著,岑麒祥译.历史语言学中的比较方法[M].北京：科学出版社,1957.
[116] 宁继福.《中原音韵》表稿[M].吉林：吉林文史出版社,1985.
[117] 潘悟云.上古汉语使动词的屈折形式[J].温州师范学院学报,1991,2.
[118] 潘悟云.汉语历史音韵学[M].上海：上海教育出版社,2000.
[119] 潘悟云.语言接触与汉语南方方言的形成[EB].东方语言学网,2006,3.
[120] 朴炯春.中古知庄章三组声母在今山东方言中的读音研究[D].济南：山东大学博士学位论文,2001.
[121] 平山久雄.北京文言音基本方言里入声的情况[J].语言研究,1995,1.
[122] 平山久雄.平山久雄语言学论文集[M].北京：商务印书馆,2005.
[123] 钱乃荣.当代吴语研究[M].上海：上海教育出版社,1992.
[124] 钱曾怡.汉语方言研究的方法与实践[M].北京：商务印书馆,2002.
[125] 钱曾怡,张树铮,罗福腾.山东方言研究[M].济南：齐鲁出版社,2001.
[126] 桥本龙太郎.语言地理类型学[M].北京：北京大学出版社,1985.
[127] 乔全生.晋方言轻唇音声母的演变[J].语文研究,2005,1.
[128] 乔全生.山西方言人称代词的几个特点[J].中国语文,1996,1.
[129] 瞿霭堂.藏语动词屈折形态的结构及其演变[J].民族语文,1985,1.
[130] 绍荣芬.《中原音韵》音系的几个问题[A].《中原音韵》新论[C].北京：北

京大学出版社,1991.
[131] 史存直.古韵“之、幽”两部之间的交涉[A].音韵学论文集[C].上海：华东师范大学出版社,1997：140.
[132] 侍建国.官话语音的地域层次及其历史因素[A].中央研究院历史语言研究所集刊(第六十九本,第二份)[C].1998.
[133] 石明远.古庄章知三组声母在莒县方言的演变[J].方言,1990,2.
[134] 宋学,许仰民.河南省信阳地区九县(市)的声调及其与普通话对应规律[J].信阳师范学院学报(哲学社会科学版),1987,2.
[135] 孙立新.陕西方言纵横谈[M].香港：华夏文化出版社,2000.
[136] 孙宏开.论藏缅语的语法形式[J].民族语文,1996,2.
[137] 孙宏开.论藏缅语语法结构类型的历史演变[J].民族语文,1992,5,6.
[138] 苏向红.浙北吴语区长兴县的河南话音系[J].湖州师范学院学报,2003,25,1.
[139] 孙修光.豫北方言与普通话语音的比较分析[J].焦作工学院学报(社会科学版),2001,3.
[140] 田希诚.山西方言的尖团音问题[J].语文研究,1990,2.
[141] 田希诚.山西方言古二等字的韵母略说[J].语文研究,1993,4.
[142] 汪锋,王士元.语义创新与方言的亲缘关系[J].方言,2005,2：157－167.
[143] 王福堂.汉语方言语音的演变和层次[M].北京：语文出版社,2005.
[144] 王广庆.河洛方言诠诂[M].郑州：中州古籍出版社,1993.
[145] 王国启.固始话声韵调系统及其与普通话的对应规律[J].信阳师范学院学报,1982,3.
[146] 王洪君.从山西闻喜的小方言差异看Z变音的衰变[J].语文研究,2004,1.
[147] 王洪君.汉语非线性音系学[M].北京：北京大学出版社,1999：88,216.
[148] 王洪君.入声韵在山西方言中的演变[J].语文研究,1990,1.
[149] 王嘉龄.生成音系学的历程和特点[J].语言文字应用,1998,1.
[150] 王军虎.晋陕甘方言的“支微入鱼”现象和唐五代西北方音[J].中国语文,2002,3.
[151] 王军虎.陕西方言的ɥ类韵母[J].方言,2001,(3)：250－252.
[152] 王力.汉语语音史[M].北京：中国社会科学出版社,1985.

[153] 王力.三百年前宁陵方音考[J].国学论丛,1927,1(2).
[154] 王力.汉语史稿[M].北京：中华书局,1980.
[155] 王松茂.河南柘城音与北京音的对应关系[A].方言与普通话集刊[C].第3本,北京：文字改革出版社,1959.
[156] 王士元,连金发.语音演变的双向扩散[A].语言的探索——王士元语言学论文选译[M].北京：北京语言文化大学出版社,2000.
[157] 王士元.王士元语言学论文集[M].北京：商务印书馆,2002.
[158] 王泽龙.古入声字在河南话与普通话中的调类分派比较研究[J].河南教育学院学报(哲学社会科学版),2001,4.
[159] 王启龙.杭州方言音系[J].清华大学学报(哲学社会科学版),1998,1.
[160] 吴安其.汉藏语使动和完成体前缀的残存与同源的动词词根[J].民族语文,1997,6.
[161] 吴安其.语言接触对语言演变的影响[J].民族语文,2004,1.
[162] 夏剑钦.浏阳方言研究[M].长沙：湖南教育出版社,1998.
[163] 夏剑钦.中古开口一等韵字在浏阳方言有i介音[J].中国语文,1982,6.
[164] 项梦冰.客家话古非组字的今读[A].语言学论丛(第二十八辑)[C].北京：商务印书馆,2003.
[165] 谢留文.客家方言研究[M].北京：中国社会科学出版社,2003.
[166] 邢向东.小议部分“舒声促化字”[J].语文研究,2000,2.
[167] 邢向东.论时空观在汉语方言研究中的体现[J].山东大学学报(哲社版),1998,4.
[168] 熊燕.客、赣方言蟹摄开口四等字今韵母的层次[A].语言学论丛(第二十七辑)[C].北京：商务印书馆,2003：83.
[169] 熊正辉.官话方言分 ts tʂ 的类型[J].方言,1990,1.
[170] 许宝华,潘悟云.不规则音变的潜在语音条件[J].语言研究,1985,1.
[171] 徐通锵.历史语言学[M].北京：商务印书馆,2001.
[172] 徐通锵.山西方言古浊塞音、浊塞擦音今音的三种类型和语言史的研究[J].语文研究,1990,1.
[173] 徐通锵.音系的非线性结构原理和语音史的研究[J].民族语文,1996,6.
[174] 许仰民.信阳方言的声韵调系统及其特点[J].信阳师范学院学报(哲学社会科学版),1994,4.

[175] 薛才德.汉语方言梗摄开口二等字和宕摄开口一等字的读音类型[J].云南民族大学学报(哲学社会科学版),2005,1.
[176] 薛凤生.《中原音韵》音位系统[M].北京：北京语言学院出版社,1981.
[177] 闫德亮.罗山方音概述[J].信阳师范学院学报(哲学社会科学版),2004,3.
[178] 严修鸿.一种罕见的鼻音韵尾增生现象——连城县隔川话"阴阳转"类型分析[J].中国语文研究,2002,2.
[179] 杨剑桥.北京话文白异读的来源[J].(香港)语文建设通讯,2005,79.
[180] 杨剑桥."尖团音"辨释[J].辞书研究,1999,5.
[181] 杨剑桥.汉语声母发展史[A].中西学术(2)[C].上海：复旦大学出版社,1996.
[182] 杨剑桥.汉藏比较语言学论略[J].复旦大学学报,1987,5.
[183] 杨剑桥.汉语现代音韵学[M].上海：复旦大学出版社,1996.
[184] 杨剑桥.汉语音韵学讲义[M].上海：复旦大学出版社,2005.
[185] 杨剑桥.近代汉语的唇音合口问题[J].语言研究,1994(增刊).
[186] 杨剑桥.实用古汉语知识宝典[M].上海：复旦大学出版社,2003.
[187] 杨耐思.《中原音韵》音系[M].北京：中国社会科学出版社,1981.
[188] 杨信.当代苏州方言尖团音情况的初步考察[J].语言研究,2002(特刊).
[189] 杨亦鸣,王为民.《圆音正考》与《音韵逢源》所记尖团音分合之比较研究[J].中国语文,2003,2：131-136.
[190] 叶宝奎.明清官话音系[M].厦门：厦门大学出版社,2001.
[191] 殷焕先,董绍克.实用音韵学[M].济南：齐鲁书社,1990.
[192] 袁家骅等.汉语方言概要[M].北京：语文出版社,2001.
[193] 游汝杰.汉语方言同源词的判别[J].方言,2004,1.
[194] 游汝杰.汉语方言学导论(修订本)[M].上海：上海教育出版社,2000.
[195] 游汝杰.汉语方言学教程[M].上海：上海教育出版社,2004.
[196] 余志鸿.语文接触与语文变异[J].民族语文,2000,4.
[197] 詹伯慧.汉语方言及方言调查[M].武汉：湖北教育出版社,1991.
[198] 张清常.唐五代西北方音一项参考材料——天城梵书金刚经对音残卷[J].内蒙古大学学报,1963.
[199] 张光宇.汉语方言见系二等文白读的几种类型[J].语文研究,1993,2.

[200] 张惠英.崇明方言词典[M].南京：江苏教育出版社,1993.
[201] 张启焕,陈天福,程仪.河南方言研究[M].开封：河南大学出版社,1993.
[202] 张邱林.陕县(原店镇)方言蟹摄开口二等见系字的读音[J].华中师范大学学报(哲学社会科学版),1995,5：85-86.
[203] 张盛裕.潮阳方言的语音系统[J].方言,1981,1.
[204] 张世禄.中国音韵学史(下册)[M].上海：上海书店出版社,1984.
[205] 张树铮.从寿光方言看《中原音韵》的知庄章声母[A].《中原音韵》新论[C].北京：北京大学出版社,1991.
[206] 张卫东.文登荣城方言中古见系部分字的文白异读[J].语言学论丛,1984,12：36-49.
[207] 张维佳.关中方言鼻尾韵的音变模式化[A].汉语语言学文萃(方言卷)[C].北京：北京语言大学出版社,2004.
[208] 张维佳.秦晋之交南部方言宕摄舒声字白读音的层次[A].汉语语言学文萃(方言卷)[C].北京：北京语言大学出版社,2004.
[209] 赵跟喜,赵健.天水方言中的尖团音问题[J].社科纵横,2004,3.
[210] 赵清治.长葛方言中的动词变韵[J].方言,1998,1.
[211] 赵荫棠.《中原音韵》研究[M].北京：商务印书馆,1936.
[212] 赵遐秋,曾庆瑞.《中原音韵》音系的基础和"入派三声"的性质[J].中国语文,1961,4.
[213] 赵元任.Harvard Journal of Asiatic Studies Vol.5 (Distinctive and Non-Distinctive Distinctions in Ancient Chinese).
[214] 郑张尚芳.方言介音异常的成因及 e>ia、o>ua 音变[A].语言学论丛(第 26 辑)[C].北京：商务印书馆,2002.
[215] 郑张尚芳.方言的舒声促化现象说略[J].语文研究,1990,2.
[216] 郑张尚芳.汉语方言异常音读的分层及滞古层次分析[EB].东方语言学网,2006.
[217] 郑张尚芳.中古三等专有声母非、章组、日喻邪等声母的来源[J].语言研究,2003,2.
[218] 周振鹤,游汝杰.方言与中国文化[M].上海：上海人民出版社,1986.
[219] 周祖谟.问学集[C].北京：中华书局,1966.
[220] 周祖谟.文字音韵训诂论集[C].北京：北京大学出版社,2000.